事業者必携

# 入門図解 会社の終わらせ方・譲り方
## 【解散清算・事業承継・M&A】の法律と手続き実践マニュアル



公認会計士 武田 守
認定司法書士 松岡 慶子 監修

三修社

本書に関するお問い合わせについて

本書の記述の正誤に関するお問い合わせにつきましては、お手数ですが、小社あてに郵便・ファックス・メールでお願いします。大変恐縮ですが、お電話でのお問い合わせはお受けしておりません。内容によっては、お問い合わせをお受けしてから回答をご送付するまでに１週間から２週間程度を要する場合があります。

なお、本書でとりあげていない事項についてのご質問、個別の案件についてのご相談、監修者紹介の可否については回答をさせていただくことができません。あらかじめご了承ください。

# はじめに

本書のテーマは、事業の「終わらせ方」と「譲り方」です。

事業経営から撤退する場合には、「いかにダメージを少なくして撤退するか」という出口戦略が問題になります。「会社を終わらせる」場合にも廃業から破産や民事再生などの倒産まで、さまざまな形態がありますから、どのような処理方法をとるのがベターかということについて検討しなければなりません。「経営には行き詰っているが、大きな負債を抱えているわけではない」という状況であれば、「自主廃業」という形で会社を解散し、通常清算の手続きで処理を進めることもできます。また、事業を廃止する場合には、登記や税金、社会保険関係の届出が必要になります。

他方で、「事業」を他者に譲るという方法もあります。事業を「譲る」手段としては、M&Aなどが考えられます。M&Aは、法律用語ではありませんが、さまざまな経営課題を解決するための有効な手段として活用されています。具体的には、企業同士の合併や企業が他の企業を買収する行為を指します。新技術やノウハウの獲得、市場シェアの拡大、事業の整理統合、後継者不足などを背景とする事業承継など、幅広い目的でM&Aが行われています。

本書では、株式会社を中心とした事業の「終わらせ方」と「譲り方」についての法律知識や手続きを集約した入門書です。解散・清算に関わる法律・税務・社会保険の手続きを解説し、登記申請書や確定申告書などの書式を掲載しています。破産や民事再生手続き、M&Aの手段としての合併や株式売却、会社分割、事業譲渡、事業承継など、各種手続きについての重要事項もあわせて記載しています。本書をご活用いただき、皆様のお役に立てていただければ幸いです。

監修者　公認会計士　　武田　守
認定司法書士　松岡　慶子

# Contents

はじめに

## 第1章　事業を終わらせるには

1 どんな事業の終わらせ方があるのか 10

Q&A 事業を終了させるか否かについて、いつの時点で判断すればよいでしょうか。 13

2 倒産とはどんな事なのか 14

3 清算型と再建型のどちらを選択すればよいのか 16

4 事業を止めれば廃業できるのか 18

Q&A 事業が思わしくなく、「いよいよ倒産か」という事態になった場合には、可能な場合、事前に関係者に連絡しておくべきでしょうか。 24

## 第2章　解散・清算・廃業の知識

1 会社の解散について知っておこう 26

2 会社の清算について知っておこう 30

3 清算手続きの流れについて知っておこう 33

Q&A 特別清算について教えてください。 35

4 どんな税務処理が必要になるのか 38

5 保有財産・債権債務を整理・処分する 42

6 解散・清算の際には社内的にこんな手続きを忘れない 46

7 従業員に事情を説明する 49

8 従業員以外の関係者に事情を説明する 52

Q&A 官公庁に届けるにはどうしたらよいのでしょうか。 58

9 個人事業主の廃業の手続きについて知っておこう 59
書式1 個人事業の廃業届出書 61
書式2 所得税の青色申告の取りやめ届出書 62
書式3 給与支払事務所等の廃止届出書 63
書式4 事業廃止届出書 64

## 第3章 解散・清算と登記手続き

解散・清算に関わる書式の作成方法 66
書式1 解散決定・清算人および代表清算人を選任した場合の株主総会議案例 71
書式2 解散、清算人・代表清算人選任の登記申請書 73
書式3 書式2の登記すべき事項の記載例 74
書式4 株主の氏名又は名称、住所及び議決権数等を証する書面（株主リスト） 75
書式5 印鑑（改印）届書 76
書式6 存続期間を設定した場合の株主総会議案例 77
書式7 書式4の存続期間を設定した場合の登記申請書 78
書式8 知れている債権者への催告書 79
書式9 清算事務終了後の決算報告書を承認する株主総会議事録 80
書式10 決算報告書（書式7の別紙資料） 81
書式11 清算結了登記の登記申請書 82

## 第4章 解散・清算と社会保険の手続き

1 事業所を廃止する場合の手続き 84
書式1 健康保険・厚生年金保険適用事業所全喪届 87

書式2　労働保険確定保険料申告書　88
書式3　労働保険料還付請求書　89
書式4　雇用保険適用事業所廃止届　90

2　廃業に伴う従業員の退職手続き　91
書式5　健康保険厚生年金保険被保険者資格喪失届　94
書式6　健康保険 任意継続被保険者 資格取得申出書　95
書式7　雇用保険被保険者資格喪失届　96
書式8　離職証明書（会社の廃業による正社員の退職）　97


## 第5章　解散・清算と税務上の手続き


1　解散・清算の際の税務申告　100

2　解散事業年度の確定申告書の書き方　102
書式1　解散事業年度の確定申告書　108
書式2　法人事業概況説明書　116

3　清算事業年度の確定申告書の書き方　118
書式3　清算事業年度の確定申告書　120

4　残余財産確定事業年度の確定申告書の書き方　128
書式4　残余財産確定事業年度の確定申告書　130

5　その他必要になる税務上の手続き　137
書式5　欠損金の繰戻しによる還付請求書　140
書式6　異動届出書（解散）　141
書式7　異動届出書（清算結了）　142
書式8　給与支払事務所等の廃止届出書　143
書式9　事業廃止届出書　144

## 第6章　破産の法律と手続き


1 清算型の倒産手続きについて知っておこう 146
2 法人自体の破産について知っておこう 148
3 申立てについて知っておこう 154
4 破産手続開始決定について知っておこう 159
5 破産管財人が選任されると管財事件になる 161
6 資産について知っておこう 165
7 別除権について知っておこう 169
8 相殺権について知っておこう 171
9 否認権について知っておこう 173
10 債権の確定から配当までの注意点 175
11 代表者の個人破産について知っておこう 178


## 第7章　M&Aと民事再生のしくみ


1 新たなスタートのために会社を終わらせることもある 182
2 不採算部門の切り崩しや第二会社方式で再建する 184
3 株式売却について知っておこう 186
**Q&A** 会社の売却先はどのように見つけたらよいでしょうか。 189
4 株式売却の手順を知っておこう 190
書式1　株式譲渡契約書 193
5 事業譲渡について知っておこう 195

6 事業譲渡の手続きの流れをおさえておこう 199

書式2 事業譲渡契約書 201

7 合併について知っておこう 204

8 合併手続きの流れをおさえておこう 209

書式3 吸収合併契約書 212

9 会社分割について知っておこう 214

10 分割契約書の作成や手続きについて知っておこう 217

書式4 会社分割契約書 220

書式5 新設分割計画書 222

11 再建型の倒産処理手続きについて知っておこう 224

12 民事再生手続きについて知っておこう 228

Q&A 小規模な事業に関する個人再生手続きとはどのような手続きなのでしょうか。 232

Column 株式交付 234


## 第8章 事業承継の知識


1 事業承継で会社の株式を引き継ぐ 236

2 生前贈与の活用と贈与による事業承継 240

3 相続税と贈与税の納税猶予特例について知っておこう 244

4 納税資金が不足する場合の対策 250

5 相続によらない事業承継 252

Column 中小企業倒産防止共済って何？ 254

# 第1章
# 事業を終わらせるには

# 1 どんな事業の終わらせ方があるのか

前向きな終わらせ方と後ろ向きな終わらせ方がある

## 終わらせ方にもいろいろある

会社の終わらせ方には、いろいろありますが、考え方としては、大きく分けると前向き・発展的な終わらせ方と、後ろ向き・衰退的な終わらせ方があります。

前向き・発展的な終わらせ方とは、事業の維持・拡大を図ることを目的として、今までとは会社のあり方を変えるものです。M&A（合併と企業買収を意味する言葉で、様々な事業再編手法を総称した用語）が典型といえるでしょう。具体的な方法としては、会社の合併（204ページ）、会社分割（214ページ）、などがあります。

一方、後ろ向き・衰退的な終わらせ方の典型は、事業不振による会社の倒産が挙げられます。具体的には、破産（148ページ）、清算（30ページ）、株式の売却（会社売却）などがあります。

これらは、「事業が不振であるため会社を存続できない」という点で共通しているわけですが、それ以外の理由でやむを得ず会社を終わらせる場合もあります。「業績は堅調だが、いろいろな理由から次の経営者が見つからず、廃業する」という場合が典型だといえるでしょう。

## 会社を終わらせる場合に検討する要素

事業をたたむ場合、特に後ろ向き・衰退的な方向で会社を終わらせる場合には、まず、①財務状況、②キャッシュフロー状況、③会社内部の状況、④外部環境、について検討することになります。

財務状況では、赤字の大きさや期間が判断基準となります。また、財務状況がまだ良好な状態でも、「資金繰り」が大変という場合もあります。いわゆる黒字倒産という例もあるため、キャッシュフロー状況も十分に吟味しなければなりません。会社内部の状況では、社員の士気、経営陣のやる気の見極めをはじめ、経営資源の見直しを行います。外部環境では、業界の動向、取引先の反応などの見極めを行う必要があります。

## 前向き・発展的に会社を終わらせる場合の判断基準

合併など、事業再編の方法によって、前向き・発展的に会社を終わらせる場合、会社を形作る基本要素である人材・物資・資金、いわゆるヒト、モノ、カネを基準に判断することになります。

まず、人材（ヒト）については、会社を終わらせることによって、事業を発展させるための人材確保ができるのか、人材を今まで以上に有効活用できるようになるのか、といったことを検討する必要があります。

物資（モノ）については、有効活用できるモノが手に入るのか、また、手に入らなかった場合は、どの程度の影響があるのか、といったことを検討します。この場合のモノは、特許や技術力など目に見えないが価値のあるモノも含まれます。モノについては、会社を終わらせるこ

■ 事業の終わらせ方

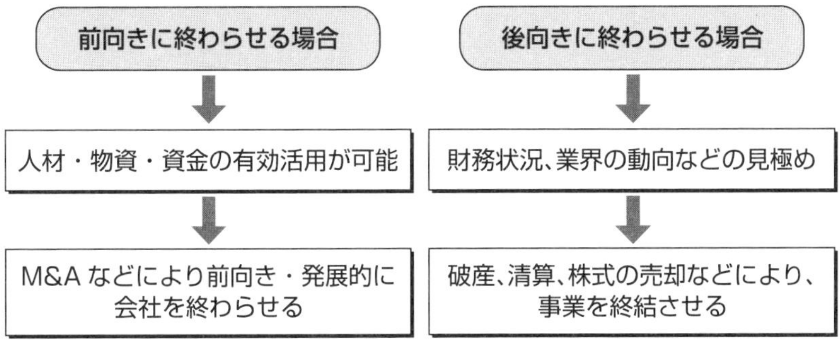

とで社外に流出してしまうリスクも併せて検討する必要があります。

資金（カネ）については、手持ちの資金や、借入金を含めて実際にどのくらいまで投入・確保できるか、投入・確保できるお金に見合った利益がいつまでにどの程度期待できるかといったことの他、反対にお金を投入して失敗した際のリスクなども十分検討し、得られる利益とリスクの両方を比較して決断する必要があります。

また、これらの要素の他に、「ヒトを育てる時間」「モノを調達するための時間」「市場を確保するための時間を大幅に短縮することができるかどうか」という時間についての判断、「事業の拡大により情報の入手が容易になるか、困難になるか」といった点を考慮して、会社を終わらせるかどうかの判断をすることになります。

## 法人と個人では手続きが違う

会社や事業を終わらせると言っても、会社と個人とでは終わらせ方が違います。会社は、法律によって法人格が与えられます。会社自体が権利や義務の主体となれるわけです。一方、事業を営んでいても、個人事業は、事業そのものに法律的に権利や義務が与えられるわけではありません。この大きな違いが会社や事業を終わらせる場合に大きく影響します。

ここでいう会社とは、会社法上の法人、つまり、株式会社、合同会社、合名会社、合資会社を指します。これらの会社を終わらせる場合、設立時と同じようにいろいろな法的な手続きが必要です。一方、個人事業の場合は、そのような手続きは必要ありません。事業主が終わらせようと思えば、それで終わりになります。

税務についての処理も違います。会社の場合は法人税法に基づいて、個人事業の場合は所得税法に基づいて処理が行われます。つまり、税率、課税の範囲などが違ってきます。

## Q 事業を終了させるか否かについて、いつの時点で判断すればよいでしょうか。

A 事業の終了に関して、後ろ向き・衰退的な方向で終わらせる場合の判断時期については、まず、赤字になったときが考えられます。特に、赤字となった事業年度が何期も続いた場合は、さすがに抜本的な事業再建か、会社を終わらせることを考えなければならないでしょう。

そして、会社を終わらせるかどうかの決断を嫌が応でも大急ぎでしなければならないのは、債務超過になったときです。債務超過とは、貸借対照表の「純資産の部」がマイナスになった状態です。つまり、この時点で会社を清算すると、借金が残るという状況のことです。債務超過に陥ると、銀行は融資の引き揚げに動くことがあります。取引先も手を引く可能性が非常に高くなります。証券取引所では、債務超過が１年以内に解消しない場合には上場廃止になるという規定さえあります。

したがって、債務超過になった場合、最初に自社の経営資源を分析し、会社を解散・清算させることも十分に考慮に入れた上で、今後も事業を残す価値があるかどうかを慎重に判断することになります。ただし、債務超過のため、会社を終わらせようと決断しても、負債が多すぎて、会社を倒産させることさえできないというケースもよくあります。たとえば、民事再生手続き（228ページ）を申請するには、そのための手続きだけで数百万円単位、またはそれ以上のお金がかかります。借金を重ねると、数百万円程度のお金であっても用意するのが難しくなります。また、中小企業の場合、たいてい金融機関の借入れについては、経営者やその家族が個人的に連帯保証人になっています。したがって、会社を倒産させることによって、経営者やその家族は、個人も破産に追い込まれるということが非常に多いのが実情であることに留意しなければなりません。

# 2 倒産とはどんな事なのか

倒産にも私的な手続きと法的な手続きがある

## 廃業や倒産とはどんなことなのか

倒産とは簡単にいえば、経営が成り立たなくなることです。実際にはどの段階で倒産に至るのかは、必ずしも定かではありません。たとえば、資産よりも負債の方が多くなっていたとしても、それが一時的なものであれば倒産とはいえませんし、逆に負債を上回る資産があるにもかかわらず支払いができない状況になれば倒産してしまいます。

ここでは、「個人や企業が経済的に破たんして債務の支払いが困難になった状態」という程度にゆるやかに理解しておきましょう。倒産したといわれる会社であっても、それが本当に消滅に向かうものであるか、様々な手立てを経て立ち直る方向に向かうものであるか微妙なところがあるわけです。

企業が倒産状態にある場合に、事業を止める方法として、大きく「廃業」と「倒産処理手続き」という２つの方法があります。

「廃業」とは、経営者自身の判断で事業を止めることを指します。そのため、自主清算とも呼ばれています。経営者が、企業の経営が傾いてきたため、事業をたたもうと考えた場合に、自分の意志で実行に移すことができることが特徴です。しかし、本来企業が事業を廃止することは、取引先や身内である従業員に対して、多大な迷惑になります。そのため、借入れがない場合や、仮に借入れなどがあっても、それを自力で返済できる規模・状態である場合など、関係者に迷惑がかからないときに「廃業」を選択することが許されると考えられています。

これに対して倒産処理手続きとは、破産手続きをはじめ事業者以外の第三者の介入が必要な事業の廃止方法です。たとえば、複数の債権者から借入れをしており、借入金が返済できない場合などが典型例です。このとき、企業の経営者が特定の債権者にだけ借入金の返済を行って廃業しようと考える場合など、債権者間の利害調整が必要な場面が出てきます。そのため、公平な処理のための法制度として、倒産手続きが用意されているわけです。

## 法的整理と任意整理について

倒産処理手続きにもいろいろあります。裁判所の関与を求め、法の規制に従った手続きを行う法的整理と私的整理があります。法的整理の中には再建型と清算型があります。

再建型の手続きとしては、①民事再生手続き、②会社更生手続きがあげられます。順に、法的な規制がだんだん厳しくなっていきます。

また、清算型の手続きの代表としては③破産があります。どの手続きを選択するかは、企業が置かれている状況と経営者の意思にかかっているといえます。

私的整理は、任意整理とも呼ばれます。この手続きは裁判所を通さない、あくまでも関係者の同意に基づくソフトな手続きですから、ロスも少なく柔軟な対応が可能です。再建型としても清算型としても、どちらにも利用可能な方法です。

可能であれば私的整理を第１に考えたいというのが経営者・関係者の一致した希望でしょう。しかし、問題の企業の体質がどの程度まで悪化しているのか、また、その原因がどのようなものか、改善の可能性はあるのかなど、実現の度合いは企業ごとに自ずから決まってきます。結局、私的整理は、経営者の強い願望と関係者の同意が、どの時点で妥協し、合意に達するかにかかっています。

# 3 清算型と再建型のどちらを選択すればよいのか

営業利益が出ているかがポイント

## 再建をめざせるかどうかを判断する７つの基準

会社には「経営を続ける」ということで果たし得る自社の従業員や取引先企業などに対する社会的責任があることは言うまでもありません。このような観点から、会社経営者として再建したいという意志があるのであれば、企業の社会的責任を果たすためにも、実際に再建できる可能性が現時点でどの程度あるのか、まず確認してみましょう。清算を考えるのは、以下のチェック事項をクリアすることが難しいという判断をしてからでよいでしょう。

### check 1　倒産処理の手続申立ての費用を用意できるか

法的整理で必要となる手続申立費用とは、裁判所に納める予納金と弁護士費用です。予納金は数百万円単位の高額になるケースもあります。少なくとも100万円以上持っていなければ通常は法人の倒産処理はできないと考えておいた方がよいでしょう。

### check 2　倒産処理手続中の運転資金が確保できるか

会社が倒産状態になれば、どこからも借入れはできません。再建にあたっては、仕入代金や給与などを含め、当面の運転資金は会社が保有している財産から調達しなければなりません。

### check 3　取引先が今後も取引を続けてくれるか

販売先などの取引先がなくなってしまえば、事業を継続することはできません。今後も同様な取引関係を継続していけるかということは、大切な要素です。再建を選択するのであれば、取引を継続してもらえるのかどうかが大きな要素となります。もちろん販売先ばかりではなく、仕入先や下請先などの協力も不可欠です。

### check 4　事業に必要不可欠な設備に抵当権などを設定している債権者が担保権を実行しないこと

本社、工場などに抵当権を有している債権者は、そのほとんどが金融機関です。本社はともかく工場などの商品を生みだしたり、サービスを提供する場がなくなってしまえば、事業を継続することは不可能になってしまいます。

### check 5　事業計画、弁済計画が立てられるか

会社が今後どんな事業展開を行うのかという事業計画を立てることで、年間の売上と利益が予測でき、それに従って弁済計画を立てることができます。弁済計画が立てられなければ、弁済条件を提示することはできません。

### check 6　債権者の同意が得られるか

再建型・清算型の法的手続きでは共に、債権者全員が手続きに参加できるように債権者一覧表を提出します。

その手続きにあたっては、債権者から弁済計画への同意を得ること、またその同意と認められるための割合が会社更生法や民事再生法などの法律で定められています。たとえば、民事再生法により再生計画案を可決するためには、債権者集会に出席した者の過半数であって、議決権を行使することができる再生債権者の議決権総額の２分の１以上の賛成が必要です。

### check 7　リストラ資金が調達できるか

リストラが必要な場合が多いですから、従業員をはじめとして、労働組合に協力してもらう事も重要な要素です。特に退職勧奨を行う場合、優秀な社員が希望退職してしまうことが多々あります。しかし、リストラといえば、何も社員への退職金だけを確保すればよいというわけではありません。たとえば本社、工場などの売却を行う場合には、それに伴う本社、工場などの移転費用も必要になります。

# 4 事業を止めれば廃業できるのか

**利害関係者の数と借入金の残額が可能か不可能かを分ける**

## 自主廃業とはどんな場合なのか

自主廃業とは、会社を清算するのに第三者の介入もなくすんでしまうような場合を指します。弁護士など専門家の手を借りなくても事業を終了させることができるわけで、短時間にほとんどコストをかけることなくできるメリットがあります。具体的には個人事業主に近い小さな規模の会社や、無借金の会社で活用することができます。したがって、経営者は、自分の会社が置かれている状況を、時間をかけて整理・検討して、廃業する必要があるのか、そして、廃業するべきだと判断した場合であっても、実際にいつ実行に移すのかについて、自分自身のタイミングで自由に廃業の時期を選択することができるわけです。

借入金（負債または債務とも呼ばれる）よりも会社が持っている資産の方が多い状態で事実上の廃業の判断が行われるのが通常であり、現段階では資産の方が多くても、このまま経営を継続すると、今後は会社の経営が苦しくなることが予想される場合など、即座に返済のメドが立たない債務に追い立てられるような状況にはなっていないことが前提です。したがって、事実上の廃業が可能な場合としては、経営者以外の利害関係者が少ないことが絶対条件です。経営者以外の利害関係者とは、具体的には、第三者と身内です。第三者には、金銭の借入先、売掛金・買掛金のある相手、オフィスやテナントを借りている場合はそのオーナー、リース物件がある場合はリース会社などがあります。身内は、解雇されて職を失う従業員などです。

結局、利害関係者とは金銭がらみの人々ということになります。したがって、事実上の廃業ができるかどうかの基準として、会社にどの程度のお金があるか、廃業後に借入金が残る場合は、月々どの程度の返済ができるかということも重要になります。未返済の多額の借入金が残っている状態では、事業を止めるだけで廃業するというのは難しいのが現実です。この場合には弁護士などの手助けを借りて、廃業に向けて手続きを進めて行くことになります。

これに対して、そもそも事業の終了方法として廃業を選択することが適切ではない場合もあります。その場合には、倒産手続きを選択することになります。明らかに借入額が多いときに、債権者側から破産などの倒産手続きを申し立てて、借入金の返済を確保しようとする場合があります。経営者自身の申立ての場合も、債権者の申立ての場合も、破産などの倒産手続きにおいては、事実上の廃業のように廃業を行うかどうか、またはいつ行うかを、自由に決定することはできません。借入額がさらに増大する前に、早急に清算を行うために、いわば最後の手段として選択する手段だといえます。

以上のように自主廃業は、経営者にとってタイミングさえ見極めれば、自由に時間をかけて事業の停止に関する判断を行うことが許された手段であるということができます。

## 会社の規模によって廃業できるかどうか変わってくる

利害関係者の数や借入金の額は会社の規模が大きくなればなるほど増えます。したがって、事実上の廃業ができるかどうかは、会社の規模によって変わります。

### ①　会社の規模が個人事業主と変わりないくらいに小さい場合

比較的簡単に自主廃業ができることになります。売掛金・買掛金は少額で、関係者も少ない場合が多いと考えられます。在庫などを徐々に減らしながら清算することは十分に可能でしょう。オフィスやテナントがなく、自宅をオフィスやテナント代わりにしていれば、これらを返還することを考える必要もありません。従業員も家族であることが多いので、大きな問題にはなりません。あえて挙げれば、借入金の問題程度です。ただ、これも、信用金庫などの借入先と自分で相談して、少しずつ返済していくようにすれば大きな問題にはなりません。

**② 規模が少し大きな会社の場合**

銀行などからの借入れがある場合の返済は大きな問題となるでしょう。売掛金・買掛金の清算も、取引先の数や金額が大きくなれば弁護士に交渉を依頼する必要があります。また、オフィスやテナントのオーナーに対しても保証金の返還や、未払いの家賃などの清算でトラブルが発生するおそれがあります。リース物件も同様です。従業員もそれなりの人数になれば、トラブルが発生する可能性は否定できません。

規模が少し大きな会社とはどの程度の規模の会社なのかは一言ではいえませんが、上記のような問題が1つでもある場合は、事実上の廃業であっても弁護士に依頼してサポートしてもらうのがよいでしょう。ただ、この場合にも会社に資産があればあるほど、清算は簡単にすみます。

## 廃業するための手順について

会社を廃業させるという決断を経営者が行った場合には、具体的な廃業までに想定される手順は以下のようになります。大まかに分類すると、これまでの会社の営業を終了させて、金銭に関する清算手続きに入る準備段階（解散手続きと呼ばれる）と、会社の持っている資産と負債とを照らし合わせて、債権者への配当などを通じて清算を行い、名実共に会社の存在を終了させるまでの手続き（清算手続きと呼ばれる）とに分けることができます。

① 事業の縮小と次の収入源の確保・廃業、解散登記
② お金の借入先との折衝
③ オフィスやテナントがあればそれを返還

④　廃業の30日前までに従業員への解雇通知をする（解雇予告手当の方法も検討する）
⑤　売掛金・買掛金の現金決済
⑥　仕入れの停止
⑦　備品や在庫の売れ残りの処分
⑧　清算結了の登記

上記①の段階が解散手続きの主要な要素といえるでしょう。その後清算手続きに速やかに入っていくためには、会社の実際の稼働を止める必要があります。そのため、これまで会社が手がけてきた事業は徐々に縮小していき、最終的には営業終了まで導いていく必要があります。通常は、営業終了後に株主総会の解散決議を通じて、会社は解散登記が行われて、以後、清算のためにのみ存続することになります。

また、廃業の場合には、一般的には経営者が次の事業等を見据えて行うため、当座の収入源を確保しておく必要があるといえるでしょう。

上記②～⑦の手続きは、主に清算手続きの本体をなす工程ということになります。清算とは、いわば資産と負債を突き合わせて、負債をゼロにすることが最終目的となるため、いかに資産を増やし、いかに負債を返済して減少させるのかが重要となっていきます。そのため、会社が持っている資産を現金化する作業と、銀行や取引相手からの借入金額を確定して、返済が必要な場合には、返済方法や返済までの期間などについて、話し合い等によって折り合いをつけなければなりません。そこで上記②、③では、借入先などとの折衝やテナント等の返還が挙げられており、他方で、⑥仕入れを停止して債務が膨れ上がることを防ぎ、売れ残りを処分することで、少しでも現金を増加する努力や、⑦備品をはじめ会社が持っている資産を現金化するプロセスが挙げられています。そして、最終的に現金として残ったものと負債額とを突き合わせて、負債をゼロにするべく、必要な返済などが行われることが予定されています。

また、会社の廃業は、第三者である借入先や取引相手ばかりではなく、身内である従業員等にも多大な影響をもたらします。もっとも、会社が廃業により消滅するために、従業員が解雇されること自体は、避けられない現実ですが、生活の基盤を失う従業員のことを考慮して、解雇通知を解雇よりも30日以上前に行うことが定められており、新たな生活の土台を築く期間が、従業員に保障されています。

具体的な清算手続きを終えた会社は、⑧の清算結了の登記が行われることによって、完全に存在が消滅することになります。解散手続きでは、実際の会社の稼働が停止するわけですが、これのみでは会社は廃業せず、清算手続きが完了することによって、本当の意味で廃業が完成することに注意が必要です。

これら①～⑧の手続きのうち、廃業と解散登記以外の手続きは、並行して進んでいくものと考えてください。また、規模の小さな会社の事実上の廃業の場合、金銭の借入先との折衝程度しかやることがないケースもあります。利害関係者との話し合いが終わっていれば、解散登記だけで終わりというケースもあります。

## 廃業する前に気をつけておきたいこと

廃業の判断は、会社の資産状態が悪化する前に、経営者の任意のタイミングで自由に行うことができます。

しかし、以下の留意点があります。たとえば、会社の抱えている在庫の数があまりにも多すぎる場合には、在庫が原価割れを起こしてしまい、現金化しようにも思わぬ損失を被るおそれがあります。

また、ある時点で廃業を行おうと経営者が考えている場合でも、その段階で取引先との間に契約を結んだ事業等があると、取引先との契約で債務不履行に基づく損害賠償請求を起こされるおそれがあるなど、タイミングに制約がかかるおそれがあります。

経営者は、会社の資産が確実に現金化できるか、取引先や従業員との契約で廃業の時期に制約がかからないかなどを、常に意識しておく必要があります。

## 優良資産がある場合には他の方法と併用することもある

廃業の手法としては、事業譲渡や会社分割を併用するケースがよく用いられます。会社や経営者に金銭がなく、廃業するには経営者が破産を申し立てるしかないような場合の苦肉の策です。

事業譲渡は、事業だけを切り分けて他社に売却し、その売却益で会社を清算する方法です。会社分割は、会社を終了させたい事業を持つ会社と存続させたい事業を持つ会社とに分割し、終了させたい事業しか持っていない会社を廃業させる方法です。ただし、廃業する会社の債権者を不当に害するような濫用的な方法とならないように注意が必要です。

### ■ 会社を廃業するための手順

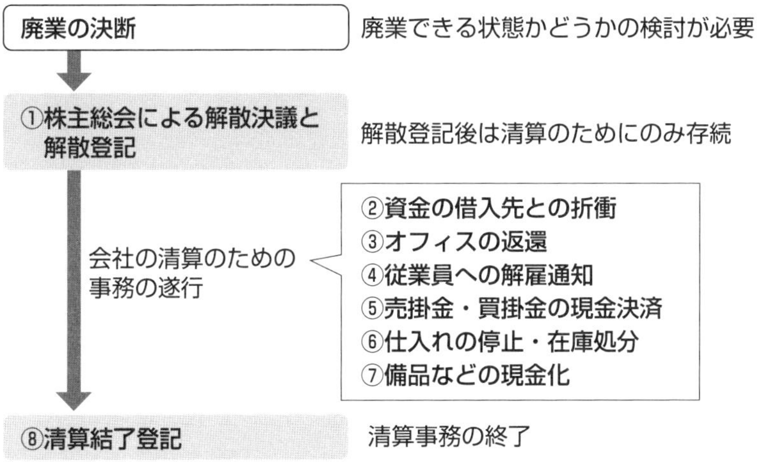

**Q** **事業が思わしくなく、「いよいよ倒産か」という事態になった場合には、可能な場合、事前に関係者に連絡しておくべきでしょうか。**

**A** 会社を終わらせる際に経営者としてやっておかなければならないことは、利害関係者にできる限り迷惑をかけないことと、処理作業には主体的に関わるということです。

まず、利害関係者への対応ですが、株主は、出資の範囲でしか責任がないのですから、リスクを覚悟していることを前提に対応します。一方、従業員には、十分な対応が必要です。会社の再建を考えている場合、なおさら、従業員の協力は不可欠ですから、できる限りの誠意を見せるように心がけるべきです。銀行などの金融機関は、貸出先の会社が倒産して、貸したお金が返ってこないこともある程度想定しています。借りた側として、落ち着いて対応すれば十分です。また、金融機関以外の債権者に対しても、その債権内容に応じて、対応を考えなければなりません。そして、処理作業に主体的に関わるとは、主に専門家に任せ切りにしないということです。専門家の作業には常に関与して、経営者の意思を反映させることが必要です。

アドバイスを求める専門家として、最初は顧問税理士が適当です。顧問税理士は、会社の財務を専門家の立場から財産の状況などを十分に把握しています。さらに財務以外の会社の実情も知っています。会社を終わらせる際の税務も担ってもらえます。また、会社を終わらせる際に、法的な手続きをとって利害関係者との調整が必要になる場合があります。法的な側面から会社を終わらせるための相談には会社法など関連法令に強い弁護士からのアドバイスが必要になります。

なお、必要な準備もなく関係者に倒産の可能性を漏らすことは無用の混乱を招きますので、まずは専門家に相談すべきです。また、専門家に相談する際は、最終判断は経営者自身が行うという心構えが重要です。

# 第2章
# 解散・清算・廃業の知識

# 1 会社の解散について知っておこう

## 会社が解散しても直ちに法人格が消滅するわけではない

### どのようなものなのか

解散は、会社の法人格を消滅させるきっかけです。あくまで「きっかけ」なので、解散すれば直ちに会社が消滅するわけではありません。会社を消滅させるには、解散後に清算という手続きを経る必要があります。清算は、債権債務の後始末や、残余財産の株主への分配などを行う手続きです。なお、解散しても清算手続きが行われない場合もあります。会社が破産した場合と合併（204ページ）した場合です。破産の場合は、破産手続きによって原則消滅します。一方、合併の場合は、消滅予定の会社は、合併と同時に解散し、清算手続きを経ずに消滅します。

会社法では、会社が解散する原因が７つ規定されています。その中では、株主総会決議による解散が実務上最もよく行われています。

株主総会決議によって解散し、会社を清算するメリットは４つ考えられます。１つ目は、解散の理由を問わないことです。そのため事業が不振の会社を早めに整理したい場合や、会社組織から個人事業主に変更したい場合など様々な用途に利用できます。２つ目は、破産手続きと比べてコストが安いことです。３つ目は、清算手続きは、手続きが簡単で柔軟な処理が可能なことです。４つ目は、破産と比べた場合に、マイナスのイメージが薄いことです。

### 解散事由について

会社法には、会社が解散する原因が７つ規定されています。

① **定款で定めた存続期間が満了すること**

会社は、定款で会社の存続期間を定めることができます。存続期間が満了すると、満了日の翌日の午前０時に会社が解散します。会社の寿命を定款で決めるとイメージすれば理解しやすいでしょう。ただ実務上は、定款で存続期間が定められているケースはほとんどありません。

**②　定款で定めた解散事由（解散の原因）の発生**

たとえば、「○○建物についての建設工事、及び、それに関わる諸手続きが終了した場合には当社は解散する」と定款に定める場合です。ある一定の事柄が生じた場合には、会社は解散すると定款に規定されている場合、その事柄が生じると会社は解散します。ただ実務上は、定款に解散事由を定めている場合は少ないといえます。

**③　株主総会で解散を決議した場合**

株主総会で解散を決議する場合は、特別決議（原則として議決権を行使することができる株主の議決権の過半数を有する株主が出席し、出席した株主の議決権の３分の２以上の株主が同意した場合に成立する決議）による議決が必要です。解散の理由は何でもかまいません。株主総会決議で解散する場合に、注意すべきことは、株主総会をいつ開催するかです。解散の効力は、解散決議が成立した時点で発生し、それ以降は会社の営業活動は禁止されます。したがって、株主総会の開催日は慎重に決める必要があります。

**④　合併**

合併（204ページ）は、消滅する会社の権利義務を承継会社がそっくりそのまま（包括的に）引き継ぐ点が特徴です。

**⑤　破産手続開始の決定**

会社について破産手続開始の決定がなされた場合には、裁判所が破産登記の手続きをするので、解散登記を申請する必要がありません。また、破産の場合は、裁判所が選任した破産管財人が破産手続きの処理を行うため、会社法の規定による清算手続きは原則として行われません。

### ⑥　解散を命じる裁判があった場合

解散を命じる裁判は、公益上の理由から会社の存続を認めがたい場合に、裁判所の判断で会社を解散させる制度です。たとえば、会社が正当な理由なく成立後１年以内に開業しない場合などに適用される制度です。裁判の申立資格があるのは、法務大臣、株主、社員、債権者、その他利害関係人です。また一定の条件を満たす株主であれば、裁判を起こして、会社の解散を請求できます。

### ⑦　休眠会社のみなし解散の制度

会社法には、清算手続き（特別清算を含む）以外にも、会社を消滅させる手続きとして、休眠会社の「みなし解散」の制度があります。みなし解散は、会社に関する最後の登記があってから12年間経過した会社を「休眠会社」として強制的に解散させてしまう制度です。実体のない会社の登記を放置しておくと、現実に会社として活動しているかのように見えてしまい登記の信頼性が損なわれます。そこで、一定期間、登記を変更していない会社を休眠会社とみなして、その登記を職権で抹消する扱いにしているのです。なお、「12年間」という数字は、非公開会社の場合、役員の任期が最長で10年であり、10年に一度は役員変更の登記をする必要があることをふまえたものです。

休眠会社の整理によって解散したとみなされた場合は、登記官が職権で解散登記を行います。なお、みなし解散から３年以内であれば、株主総会の特別決議によって会社を継続できます。

## 会社継続とは

解散したものの清算が終了していない会社が、解散前の状態に戻って会社を継続することを会社継続といいます。なお、会社が継続できるのは、次の４つの解散事由によって解散した場合だけです。解散事由は、①定款で定めた存続期間満了、②定款で定めた解散事由の発生、③株主総会の決議、④休眠会社のみなし解散です。

## どのような手続きを行うのか

会社を継続するには、株主総会で会社継続の特別決議をし、同時に新たに取締役を選びます。また代表取締役を置く場合は、株主総会または取締役会で代表取締役も選びます。そのため、会社継続の登記を申請するときは、取締役、代表取締役の就任登記もあわせて申請することになります。なお、解散及び清算人の登記について抹消登記の申請は不要です。登記官が、解散及び清算人の登記を職権で抹消するからです。

休眠会社のみなし解散の場合は、解散後３年以内であれば、株主総会の特別決議で継続できます。ただし、継続の登記をする前提として、清算人の就任登記をしなければなりません。みなし解散の場合、登記官は職権で解散登記を行いますが、清算人の登記は行わないからです。

株式会社を継続したときは、会社を代表すべき取締役が会社継続の登記と取締役等の就任登記を同時に申請します。

■ 解散事由の発生後の手続き

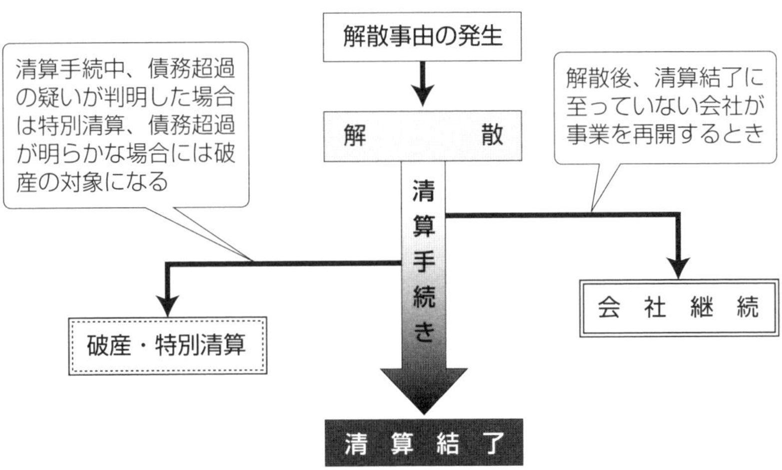

# 2 会社の清算について知っておこう

**会社解散後は債権債務を整理し、残余財産を株主に分配する**

## 何のために清算手続きをするのか

会社を終わらせる場合には、解散登記をすればそれで終わりというわけにはいきません。会社などの法人が事業活動を終わらせることを解散といいますが、その後に残務処理や財産整理が残っています。

解散した会社について、債権債務の後始末をして、残った財産を株主に分配する手続きを清算といいます。清算に関する業務は清算人が担当します。会社から委任を受けた弁護士などが処理を行うこともあります。清算中の会社は、清算の目的の範囲内でのみ存続を許されているため、営業活動を行うことができません。

なお、清算手続中に、特別清算（35ページ）や破産（148ページ）などの清算型の倒産処理手続きに移行する場合があります。具体的には、債務超過の「疑い」がある場合は特別清算に移行します。一方、債務超過であることが「明らか」になった場合は、破産手続きに移行します。

## 会社法上どんなことが規定されているのか

会社法には、①清算人の職務や員数、②清算人を選ぶ方法、③代表清算人を選ぶ方法、④清算人会の設置、⑤監査役・監査役会の設置などが規定されています。

### ① 清算人の職務や員数（人数）

清算人の職務は、ⓐ現在の業務を終了させること、ⓑ債権を回収すること、ⓒ債務を弁済すること、ⓓ会社に残った財産を株主に分配すること、です。会社法では、清算人は１名以上必要です。

### ②　清算人を選ぶ方法

会社法では、ⓐ定款で定める方法、ⓑ株主総会で選ぶ方法、ⓒ解散時の取締役を清算人にする方法、ⓓ裁判所が選ぶ方法の４つの方法が定められています。

### ③　代表清算人を選ぶ方法

会社法では、代表清算人を置くかどうかは任意とされています。代表清算人を選んだ場合は、その人が清算株式会社を代表します。代表清算人の選任方法は、定款で定める方法、株主総会決議で選ぶ方法、定款の定めに基づく清算人の互選による方法があります。

### ④　清算人会の設置

会社法では、監査役会を設置している株式会社は、清算人会の設置が義務付けられています。反対に監査役会を設置していない会社であれば、清算人が３名以上いても、清算人会の設置は必要ありません。

### ⑤　監査役・監査役会の設置

清算株式会社に置くことができる機関は清算人、清算人会を除くと監査役、監査役会だけです。監査役については、ⓐ清算手続きに入る前に公開会社と大会社であった会社は清算株式会社においても必置です。

また、ⓑ指名委員会等設置会社・監査等委員会設置会社で上記ⓐの適用を受ける会社は、指名委員会等設置会社の場合には監査委員が監査役となり、監査等委員会設置会社の場合には監査等委員が監査役となります。

## どんな手続きをするのか

ここでは清算人が行う手続きを８つ紹介します。

### ①　会社の財産調査

清算人は、解散日現在の財産目録と貸借対照表を作成し、その内容について、株主総会の承認を得ます。

### ②　現在の業務を終了させること

清算人は、会社について完了していない業務の後始末をします。ここでいう後始末とは、たとえば、取引先との取引基本契約の解消などをいいます。また、従業員は解雇することになりますから、就業規則や法律の定めに従って退職金や解雇予告手当を支払います。もちろん、税務処理も忘れてはいけません。

**③　官報公告等**

清算人は、解散後すぐに、２か月以上の期間を定めて、債権者に対して債権を申し出るよう官報による公告を行います。また、債権者とわかっている人に対しては、個別に債権を届け出るように催告をします。

**④　財産の換価**

清算人は、会社の債務を弁済するために、会社の財産を換価します。会社の財産と考えられるのは、商品在庫、不動産、機械、備品などの設備、有価証券などです。

**⑤　債権の回収**

清算人は、売掛金や貸付金の取立てや、担保権の実行によって債権を回収します。

**⑥　負債の返済**

清算人は、会社財産の処分や債権の回収によって得た資金などをもとに、負債の返済に充てます。なお、債権者に対する③で定めた期間中は、裁判所の許可を得ないと債務の弁済を行うことはできません。

**⑦　残余財産の株主への分配**

すべての債務を弁済した後に、財産が残っていれば、その財産を株主に分配します。残余財産の分配は金銭で行うのが原則ですが、金銭以外の財産による分配も可能です。

**⑧　商業登記の手続き**

すべての作業が終了後、法務局へ清算結了の登記を行い、すべての清算作業は終了です。会社を代表すべき清算人が、解散及び清算人就任登記、清算結了の登記の申請を行うことになります。

# 3 清算手続きの流れについて知っておこう

決算報告が株主総会で承認されると清算が終了し、会社が消滅する

## 清算はどのような流れで進むのか

株主総会決議によって解散する場合、株主総会の解散決議を行った後、清算手続きに入ります。この株主総会決議の際に、清算人の選任も併せて行う場合が多いようです。清算人が解散決議後すぐに行うべきことが2つあります。解散及び清算人の登記の申請と、債権者に対する官報公告等です。またこれらの手続きと並行して、清算人は、解散日現在の財産目録と貸借対照表を作成し、その内容について株主総会の承認を得ます。さらに、清算人は、現在の業務の終了、財産の換価、債権の回収などを進めていきます。債権者に対する公告で定めた債権申出期間の経過後、債権者に債務を弁済します。そして、債務の弁済後に、残った財産があれば、株主に分配します。

残余財産の分配が終わり、清算事務が終了したときは、清算人は決算報告を作成して、株主総会の承認を得ます。決算報告が株主総会で承認されると清算手続きは終了となり、会社（法人格）は消滅します。

清算人は、株主総会で決算報告が承認された時から、２週間以内に、清算結了の登記を申請しなければなりません。

清算人は、清算結了の登記から10年間、清算した会社の帳簿と、事業・清算に関する重要な資料（帳簿資料）を保存する義務を負います。

なお、利害関係人は、裁判所に対して、清算人に代わって帳簿資料を保存する人を選任するように申し立てることができます。

## どのような手続きを行うのか

株式会社が定款で定めた存続期間の満了、解散事由の発生、株主総

会決議による解散の場合、解散登記と清算人の登記を申請します。登記申請の期限は、株主総会決議による解散の場合、決議後２週間以内です。株主総会決議による解散では、同じ総会で清算人を選任することが多いようです。また、解散の登記と清算人の登記は、申請の際の添付書類も重複しています。そのため、この２つの登記は一度にまとめて申請するのが一般的です。この２つの登記の申請者は、会社を代表すべき清算人です。代表清算人がいれば、その者が申請します。代表清算人がいない会社では、各清算人が申請できますが、申請する清算人は、法務局に代表印の印鑑届をする必要があります。登録免許税は、解散登記が３万円、清算人の登記が9000円です。

### ■ 清算手続きの流れ

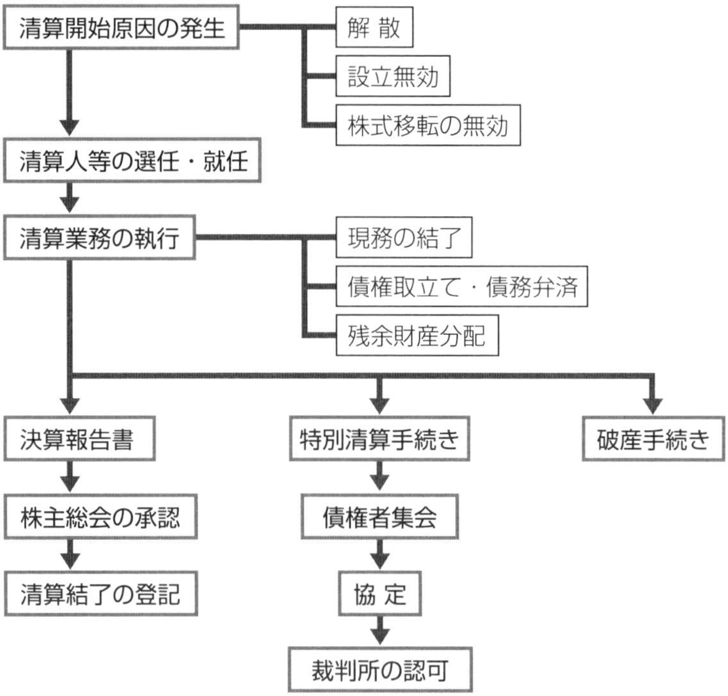

## Q 特別清算について教えてください。

A 特別清算は、解散して清算中の株式会社が、債務超過の疑いがある場合などに利用できる清算型の手続きです。特別清算は、子会社に対する不良債権の損金処理をしたい親会社が子会社を清算するために用いられることがあります。また、会社分割や事業譲渡を行い、不採算部門を他の会社に移して、その会社を特別清算手続きによって消滅させるということも行われています。特別清算は、清算型の手続きという点で破産手続きと似た部分がありますが、破産と比較した場合、次のような特徴があります。

①特別清算は、個人、法人のいずれも利用できる破産と異なり清算をする株式会社のみが利用できます。ただし、特別清算を利用する場合、債権者の同意を得ることが難しいことも多いため、実際のところ中小企業で特別清算を利用するケースはまれのようです。

②破産では破産管財人が選任され、清算事務を行います。一方、特別清算では、裁判所の監督の下、株主総会決議によって選任された清算人が清算事務を遂行するため、管財人は選任されません。清算人には、これまでの経営者である取締役を選任することができます。

③負債の処理については、破産では法律の規定に従って債権額に比例した配当が行われます。これに対して、特別清算では債権者の多数決によって定めた「協定」に基づく弁済が可能である他、債権者ごとに異なる条件で和解することもできます。そのため、破産よりも特別清算の方が、柔軟に負債処理ができる可能性があります。

④手続費用についても、たとえば、特別清算であれば、申立時に総債権者の３分の２の同意があれば予納金は協定型の場合は５万円ですみます（東京地裁の扱い）。一方、破産の場合は、少額管財手続き（破産管財人が調査・配当などの手続きを行う管財手続きのうち、比較的

少額の予納金で行うことができる手続きのこと）を利用しても最低20万円の予納金が必要です（東京地裁の扱い）。

破産では、会社の経営者が会社の財産を流出させる行為を行っていた場合には、破産管財人にはその行為の効力を否認する権限があります（173ページ）。このような制度は特別清算にはありません。会社の経営者が会社の財産を流出させており、その行為の効力を否認したい場合には、否認権の制度がある破産を選択します。破産では、債権者の同意が必要になる場面はそれほど生じません。これに対して、特別清算を行う場合には、債務の減免等の処理方法について、債権者から同意を得る必要があります。そのため、債権者の同意が得られる見込みがなければ、破産を選択します。これらの事柄を考慮して、破産を選択するか特別清算を選択するかを決定することになります。

### ●手続きには２パターンある

特別清算手続きには、「協定型」と「和解型」の２つのパターンがあります。協定型とは、債権者集会で債務弁済計画を示して、債権者集会でその計画を可決し、裁判所の認可を受けて債務の減免を図る手続きです。これに対して、和解型とは、個別に債権者との間で和解を行い、債務を減免してもらう手続きです。

債権者が少なく個別に同意を得る目途が立つ場合には、個別に債権者との交渉を行う和解型の手続きを利用するとよいでしょう。

### ●どんな手続きをするのか

清算中に債務超過の疑いが生じたときは、普通清算から特別清算に移行します。特別清算では、会社の解散の特別決議後、①特別清算の申立て（申立てによる場合がほとんどです）、②特別清算の遂行（債権者集会など）、③協定の申出、認可、④特別清算の終結決定の４つの手続きが追加されます（協定型の場合）。

特別清算は、申立てを受けた裁判所が特別清算の開始決定をすることで始まります。清算人は会社の財産状況を調査して債権者集会で報告し、会社の資産や負債を確定させます。協定型の場合、その資産や負債を前提として、清算人は債務の減免等に関する協定案を作成します。協定案については、債権者集会で可決され、裁判所の認可決定を受ければ、その効力を生じます。協定に基づき債務の弁済が完了すれば、清算人の申立てにより裁判所が特別清算終結決定を下し、特別清算手続きが終了します。

裁判所は、協定の見込みがないとき、協定の実行の見込みがないときや、特別清算を行うことが債権者の一般の利益に反するときは、破産手続開始の決定をしなければなりません。また、協定が否決された場合や、協定の不認可が確定した場合には、裁判所は破産手続開始の決定をすることができます。

### ■ 特別清算の手続きの流れ（協定型）

会社の解散
▶
債権の申出を求める官報公告・特別清算開始の申立て
▶
財産の保全
▶
特別清算手続開始決定
▶
財産調査・債権者集会など特別清算の実行
▶
協定案の申出と債権者集会での可決
▶
裁判所による協定認可決定
▶
特別清算の終結決定

# 4 どんな税務処理が必要になるのか

お金がなくても税金を徴収される場合があるので、対策を考えておく

## 法人税についての税務処理

たとえ会社の本来の事業によって得られた利益がゼロや赤字になったとしても、法人税がかかる場合があります。具体的には、土地などの保有資産を売却した際に得た売却益や、債務の免除（借金の棒引きに伴う債務免除益）を受けて、最終的な利益がプラスになった場合などがあります。ただ、経費扱いとなる役員退職金の支給などを行い、最終的な利益を減らして課税所得を圧縮して法人税を減額するなど、ある程度の節税対策は可能ですので、専門家に相談してみましょう。

債務の免除とは、財務状況等が悪化して借金が返済できなくなってしまった債務者に対して、金融機関等の債権者が債権を放棄することです。債権の放棄による債務の免除により、免除された債務の分だけ会社の利益が増えることになります。免除によって得られた利益は無税処理できる一定の場合を除き、有税処理つまり法人税上の益金となり、課税対象となります。もっとも金融機関が貸付金を棒引きするケースや、売掛債権を有する債権者が、これ以上回収の見込みがないと判断し、債権放棄するケースは、現実にはそれほど頻繁に起こりませんが、これらにより法人税が発生する場合には、納税のための資金を確保しておく必要があります。

## 消費税についての税務処理

たとえ会社が清算中で事業を停止していたとしても、消費税の課税対象となる事業者であれば、モノの売り買いをすれば消費税はかかります。たとえば、保有している課税資産を売却する場合などです。た

だ、この場合も、簡易課税制度を使うと税負担が少なくなるケースが多いので、検討してみるとよいでしょう。簡易課税とは、売上の金額のみを用いて、一定の計算式で消費税を算出する方法です。２期前（基準期間）の消費税の課税対象となる売上高が5000万円以下の小規模事業者に対して、経理作業の軽減策として設けられた特別措置です。会社を清算する場合は、課税対象になる売上が資産の売却ぐらいしかないため、簡易課税制度を利用できる可能性があります。経理作業もより簡単になりますし、納めるべき消費税が減額できる可能性もあります。簡易課税制度の適用を受けるには、簡易課税制度の適用を受ける旨の届出書を前期中に所轄の税務署へ届け出る必要があります。

また、課税対象となる事業者から外れるまで資産売却などを行わないという選択肢もあります。消費税には免税点という制度があり、２期前の消費税の課税売上高が1000万円以下である場合や、前年度半年間の課税売上高が1000万円以下である場合には、納税を免除されます。免税の適用を受けられるようになるまで、会社の事業を休止するか、事業を縮小して、その後に資産を売却するというわけです。

なお、法改正などにより、これらの取扱いも随時変更される可能性もあります。税務処理については、引き続き、税法の改正動向にも注視して経営判断をしなければなりません。

## 税務申告の手続きについて

会社を清算する際の税務申告は、解散確定申告、清算事業年度確定申告、清算確定申告の順で、法律に従って行わなければなりません。

①解散確定申告は、従来の事業開始年度から解散が確定した日までの会社の事業に関する確定申告のことを指します。「解散が確定した日」とは、株主総会で解散の決議がなされた日のことで、「解散（の）日」ともいいます。会社を清算する場合、従来の事業開始年度から解散の日までの期間が１事業年度となるため、申告が必要になるわけです。

②清算事業年度確定申告は、解散後の残余財産確定作業が１年以上に及ぶ場合に必要な申告です。残余財産とは、会社の借金などの負債をすべて清算した後に残る会社の財産をいいます。残余財産確定作業はこの会社財産を確定するまでの一連の作業のことです。具体的には、資産価値のあるものは売却して現金化し、売掛債権についても回収して現金化します。基本的に換金可能な資産はすべて現金化します。それらの現金を基に債務をすべて清算し、残った財産があればそれが残余財産です。残余財産確定作業が１年以上に及ぶ場合、解散の日の翌日から１年の期間を１事業年度（清算事業年度）とします。清算事業年度確定申告は、その間の会社の確定申告をするわけです。

③清算確定申告は、残余財産確定作業が終了した日から１か月以内に行う確定申告です。会社にとってこれが最後の確定申告になります。申告対象となる期間は、直近の清算事業年度開始日から残余財産確定作業が終了した日までです。

## 税金の還付について

会社の財政状態が悪化して倒産しそうな時には、金融機関からの与信などを保つため、粉飾決算（仮装経理）によって利益を過大に算出して申告することがあります。しかし、すでに、会社を清算するということになってしまった段階では、逆に払い過ぎた税金を返してもらいたいと思うのは、虫のよい話ではありますが、理解できないこともありません。そこで、その場合は、粉飾した経理部分を修正し、確定申告をし直すことによって、支払った法人税の還付か、支払う必要のある法人税の控除を受けられることもあります。

確定申告をし直すことができるのは、「払い過ぎた時から５年以内の法人税に関して」であることが必要です。また、あくまで、申告し直しても還付を認めるかどうかは、税務署長の裁量によるという点も注意が必要です。粉飾決算は違法行為ですから、それを会社側から

「帳消しにしてください」とは、主張できません。

仮に粉飾決算から５年を超えている場合であっても、手立てがないわけではありません。清算手続きに入ると、残余財産を確定する作業に入ります。この過程で、過去の粉飾決算によって裏付けのない資産が計上されている事実に突き当たります。この場合、差額は評価損や除却損など損失となるため、その修正すべき金額を期限切れ欠損金として、当事業年度の損金として取り扱うことができます。

これらの税金を支払わないまま、会社が倒産・消滅してしまった場合でも、税金は免除されません。しかし、会社が消滅してしまえば、取り立てたくても取り立てることはできません。そこで実際には、法律で定められた納付期限から５年経過した時点で時効となります。

## 未納の租税があると差押え等の対象になる

会社が負担する税金には、法人税、消費税、源泉徴収所得税、法人住民税、法人事業税、固定資産税などがあります。会社が、税金を滞納していると、税務署や市区町村から支払いの督促を受けます。それでも支払わないと、税務署や市区町村は滞納処分として会社の財産等を差し押さえます。

まず、国税については、国税徴収法で「すべての公課その他の債権に先立って徴収する」と定められており、そのため、租税債権は破産手続きや民事再生手続きなどでも他の債権よりも優先的な扱いがなされます。また、たとえば法人税を滞納したまま、残余財産を分配してしまった場合、会社の清算人として残余財産の分配を行った者と、残余財産の分配を受けた者に対しては、第２次納税義務つまり滞納した税金を納付する義務が発生してしまいます。会社の経営がひっ迫し、どうしても納税できない状況である場合は、そのまま放置せずに、まずは税務署や市区町村の役所へ出向き、相談すべきです。分割して長期間で納付するように変更してもらうこともできます。

# 5 保有財産・債権債務を整理・処分する

会社の財産が過大に評価されている場合があるので要注意

## 財産はどのように処分したらよいのか

会社には、様々な財産があります。会社を解散する場合、これらの財産を処分しなければなりません。処分の際に心がけなければならないことは、①財産の漏れ落ちがないようにすること、②なるべく高い値段で処分することの２点です。しかし、一般的に会社が解散する場合は赤字が累積するなど、これ以上事業を続けられないという切羽詰まったケースが多いため、時間的・精神的な余裕がなく、実際にこの２つの心がけをしっかりと行うのは難しいことです。ただ、そんな状況であっても、しっかりとこの２点を頭に入れて行動することを忘れてはいけません。

財産の漏れ落ちがないようにするには、財産リストを作成することをおすすめします。高い値段で売るためには、仲介業者や購入してくれそうな知り合いなどを探す、高く売れるようにその財産のメンテナンスをしっかりとする、といったようなことが挙げられます。

処分する財産には、不動産、有価証券、自動車、設備などが挙げられます。まず、処分金額が最も大きいと思われるのが不動産です。登記識別情報（または登記済権利証）、登記事項証明書、公図、固定資産税などの納税通知書といった売却に必要な書類を整え、まず、どの程度の金額で処分できるかを見積もります。

気をつけなければならないのは、不動産でも土地と建物とでは売却額が大きく変わる可能性があるということです。土地は、取得した時期が昔の場合、取得金額よりも高く売れる可能性が高いといえます。反対に建物は、年月が経つにつれて価値も減りますので、思ったよりも安い値段でしか売れない場合もあります。

また、不動産の場合、担保がついていることがありますので、担保権を抹消することも必要になります。

土地が工場に使われている場合には、土壌が汚染されているおそれもあります。汚染土壌だった場合は、浄化する必要があります。

処分先についてですが、土地や建物が会社の名義のものである場合には、まず社長が個人として会社から購入するということを考えてみましょう。その際、気をつけなければならないのは、自分の会社だからといっても、会社（法人）と社長自身は別の人格になるわけですから、流通している不動産価格に見合った適正な価格で購入しなければならないという点です。もし、不当に安い価格で購入した場合には、高額な所得税がかかることになるので十分注意する必要があります。

処分先が見つからない場合は、処分先の選定から物件の査定、売却までを不動産仲介業者に任せることも考えられます。ただ、この場合も、なるべく高い値段で売却することだけは、仲介業者に念を押しておく必要があります。また、処分を急ぐときには、不動産業者に直接購入してもらうことも考えます。ただし、この場合は買いたたかれて、通常よりも安い売却価格になるのを覚悟しなければなりません。

有価証券やゴルフ会員権などは、専門の仲介業者に、なるべく高い値段で処分してもらえるようにして売却を依頼するのが一般的です。また、自動車は、整備をしっかりとして、高い値段で売れるようにします。なお、ゴルフ会員権や自動車は、社長が個人として購入することもできますが、不動産と同様、適正な価格を設定した上で処理する必要があります。

什器・機器などの設備は、メンテナンスをきちんと行って、高額で引き取ってもらえるようにします。専門業者もいますが、会社の業態によっては汎用性の乏しい設備であることもありますので、その場合は、同業者などの処分先を探す必要があります。

また、従業員の中で、自分自身で起業して同じ仕事を続けていきたいという者がいれば、必要な什器・機器を譲ることも考えられます。その際、本人と相談して退職金代わりに引き渡すことを考えてみてもよいでしょう。

こうしたやり方を試みても処分できない場合には、リサイクル業者等に売却する方法を検討します。

## 財務諸表を見て債権債務を整理する

会社の債権債務の確認をする際、重要な判断資料になるのは決算書です。決算書は、会社の一定期間の経営成績や財政状態をまとめたもので、会社法上は「計算書類」、金融商品取引法上は「財務諸表」として必要書類が規定されています。会社法では、貸借対照表・損益計算書・株主資本等変動計算書・個別注記表のことを計算書類といいます。たとえば、損益計算書を見れば、会社が展開する事業の収益性を把握できます。

しかし、会社の債権債務を把握する上で一番重要な財務諸表は貸借対照表です。貸借対照表には、決算日において会社が保有している資産・負債の状態が一覧表として表示されており、債権債務の把握に極めて有用です。

## 貸借対照表に記載されていない債権債務にどう対処するか

貸借対照表は、会社の債権債務を把握する上で大きな力を発揮しますが、難点もあります。それは、貸借対照表に記載されていない簿外資産・負債が存在し得ることです。

買収企業は、その会社の買収金額を、貸借対照表に表示された財産に基づいて決定します。その際、貸借対照表のデータが信用できるものであることを当然の前提としています。そのため、もしその会社の貸借対照表に隠れた簿外負債があれば、その前提が崩れ、交渉の成否に悪影響が出ることは必至です。したがって、会社の再編にあたっては、簿外資産・負債をきちんと整理することが重要になります。

簿外資産・負債の整理の仕方は、簿外負債が生じる原因によって２つに分かれます。１つ目は、会計処理の関係で必然的に簿外資産・負債が生じる場合です。この場合は、その旨を個別注記表に記載し、その記載について質問された際にも、しっかり説明できるように準備しておきます。２つ目は、会社が節税や粉飾決算などの目的で、故意に簿外の資産や負債を作り出す場合です。この場合は、現在進行中の事業年度の会計処理の中で、簿外資産・負債を貸借対照表に盛り込むようにして、簿外資産・負債を解消することが望ましいといえます。

## 在庫品をどう処分するか

在庫品をどう処分するかを考える前に大事なことは、営業を終える日が決まったのであれば、そこからは、商品や原材料の仕入れを徐々に少なくして、ムダな在庫を抱え込まないようすることです。それでも、当然在庫品はでてきます。小売りや卸業の場合には、店頭や倉庫に在庫が残ります。製造業の場合には、工場製品や原材料などの在庫の処理が必要となってきます。こうした場合には、返品、転売、バーゲンセールなどの方法で処分を行います。

まず、仕入先などに対して、返品を受けてもらえるものはできるだけ返品させてもらいます。次に、同業者や取引先に対して、手持ちの商品や原材料を買い取ってもらう交渉を行い、在庫品を減らすように努めます。小売業の場合は、「バーゲンセール」「クリアランスセール」そして「閉店セール」などと銘打って、一挙に店頭在庫となっている商品を処分することが考えられます。

このような方法によっても処分できないものについては、買いたたかれることを覚悟の上で、リサイクル業者等と売却または処分の交渉をすることになります。

# 6 解散・清算の際には社内的にこんな手続きを忘れない

業務での必要に応じて削除や削減を行う項目がたくさんある

## 清算業務担当者を決める

社内で行うべき手続きの最初は、業務の担当者を決めることです。

業務には、会社の解散に関する通知文書の作成及び送付、市町村・年金事務所・労働基準監督署・公共職業安定所など公共機関への手続き、従業員の賃金・退職金の支給、外部からの問い合わせへの対応など、様々な仕事があります。したがって、業務担当者は、会社の事情を十分に把握している、信頼できる社内の人材の中から選ぶのがよいでしょう。

## 未回収の債権などがないか確認する

未回収の債権を回収するのも大切な社内手続きの１つです。解散の際、借入金の返済は相手からの請求がありますので、まず忘れることはないのですが、債権の回収に関しては、忙しさに忙殺されて回収漏れが起こることも考えられますので、注意が必要です。

具体的な手続きとしては、債権を確認し、リストを作ります。また、売掛債権が手形の場合もありますが、現金化まで時間がかかりますので、できる限り手形ではなく、現金で決済してもらえるように取引先に頼むなど、回収法の工夫も考える必要があります。

## 資金繰りについて

清算人が行う清算事務の中でも最も大切な業務は、清算する会社の資金繰りをしっかりと行うことです。資金繰りとは、取引先、債権者、債務者、従業員などあらゆる利害関係者との間で金銭の貸し借りに決着をつけることを意味します。資金繰りが厳しい場合は、会社の財産を処分して資金を作ることになります。

清算手続中の資金繰りに困らないようにするためには、解散・清算前の段階で、経営者が資金繰りのメドを立てておくことも必要です。

資金繰りについては、3か月間程度のスパンで資金繰りが可能かどうかをあらかじめ予測・確認しておきましょう。場合によっては、社長の個人資産から資金を拠出することも考えなければなりません。これから解散する会社に金銭を貸してくれる金融機関はないことを見据えて、資金繰りには慎重すぎるくらいの心構えで臨むことが必要です。

## 契約関係の解約や見直しをする

水道・電気・ガスといったライフラインの契約や、通信契約に関しては、一部は業務を行うために必要な支出になりますから、解散決定と同時にすべて自動的に解約することはできません。しかし、事業をしていた当時に比べて必要なサービスは明らかに減るはずですから、契約内容を見直すことは必要です。特に電気については、アンペアなど、契約内容を速やかに変更することが必要です。

機械や設備のリース契約は、原則として、業務に必要ないものについては、すぐに解約すべきでしょう。警備などのセキュリティ契約も、業務に必要なレベルまで契約内容を変更するか、解約することが必要です。総務や経理事務など、社内の一定の事務についてアウトソーシング（外部への業務委託）を活用している場合、アウトソーシングは、原則として、速やかに解約すべきでしょう。

オフィスについての火災保険や役員の賠償責任保険など、解散・清算前の時点では会社が様々な保険契約を結んでいることがありますが、事業を止めた時点で不要になる保険契約は速やかに解約します。

また、事務所の移転も忘れてはいけません。清算業務だけを行うのですから、事業を行っていたころに比べれば、狭い事務所で十分間に合うはずだからです。

　ただ、外部の関係者と連絡を緊密に取り合うためには、従来の事務所で業務を行った方がよい場合もあります。したがって、事務所の契約については、業務を効率的に行うメリットと、狭い事務所に移ることによって経費を削減できるメリットのどちらがより重要かということを検討した上で決断しましょう。

　なお、名義を変更しなければならないものもあります。たとえば、会社で保険料を支払っていた損害保険や生命保険は、解約をするか、個人に名義変更する必要があります。また、銀行からの借入金などの負債は、全部返済するのか、相手と交渉の上会社名義から個人名義に変更してもらうのかの選択をしなければなりません。

### その他こんなこともしておく

　リスクマネジメントについてもしっかりと行う必要があります。具体的には、第１に社内の資料、契約書などの書類の管理です。会社がなくなってしまうからといって、これらの書類をいい加減に扱い、悪意のある第三者などに渡ってしまった場合、関係者に大きな迷惑をかけることになるからです。第２には、会社の金など貴重品の取扱、社用車の取扱など、大事な財産が盗難に遭わないための管理です。

　書類に関するリスクマネジメントでは、不要な書類と、今後も必要な書類とを分けます。必要な書類は、誰がどのように保管するのかを決め、保管する人が速やかに必要な措置を行います。一方、不要な書類は、速やかに廃棄します。しかし、単に廃棄して終わりということではなく、間違って第三者に渡ってしまうことがないように最終的な廃棄がきちんとされたかどうかまで、確認することが大切です。

　会社の貴重品や社用車については、保管する鍵を金庫で厳重に管理し、鍵を持つ人間は最小限にして、それ以外の鍵はすべて回収します。金庫のダイヤル番号を変更する必要もあります。

## 7 従業員に事情を説明する

解雇される従業員の心情に配慮した対応が求められる

### どのように説明すべきか

会社を清算する場合、従業員を解雇せざるを得なくなりますが、従業員は事業の継続を望む場合が多いようです。会社としては、清算せざるを得なくなった事情を丁寧に説明して、納得してもらう必要があります。具体的には、自社を取り巻く経営環境、事業継続のために行った施策、資金繰りの状況などを詳しく説明して理解を求めます。

### 解雇について

清算について従業員の理解が得られたら、解雇の手続きを行います。労働基準法では、労働者を解雇する場合には、遅くとも30日前に解雇予告をしなければならないと定められています。30日前に予告をしない場合には、会社は30日分の平均賃金を解雇される従業員に支払わなければなりません。なお、解雇予告は、トラブル防止のため書面で行うのが通常です。

### 給料について

従業員の給料の支払いをいつまで行うか、いつ誰を解雇するかについては、従業員の業務内容によって決めるのがよいでしょう。営業部門や製造部門は、清算に向けて業務を縮小していくわけですから、そこに働く社員から辞めてもらうことになります。一方、管理部門である総務や経理の従業員は、業務上、清算結了間近まで会社に残ってもらわなければなりませんから、それまで給料を支払う必要があります。

また、社員の給料に未払いがある場合には、できるだけ早めに、全額を支払うことを考えなければなりません。社員への給料などは、法律上、労働債権として優先的に取り扱わなければならないとされているからです。ただし、役員の報酬や退職慰労金などは、一般債権として扱うべきものですので、支払いを優先することはできません。なお、従業員への給料を全額支払えない場合には、従業員と交渉し、同意を得た上で、給料の一部をカットしてもらうことも検討します。ただし、賃金問題は労使間のトラブルになりやすく、紛争となれば労働者側が有利となるケースが多いので、十分注意する必要があります。

## 退職金の支給や有休の買い上げなどに配慮する

会社を清算して従業員を解雇する場合には、退職金の支給や有給休暇の買上げが問題になります。退職金は、退職金制度を設けている会社について問題になります。まずは支給額など、自社の制度内容を確認しましょう。退職理由が会社都合か自己都合かによって金額に差が出てくる制度を採用している会社が多いようです。清算による解雇は、会社都合による退職として退職金を計算します。退職金制度に定められた額の退職金を支払うだけの資金余力がない場合は、給料の場合と同様、従業員と交渉して退職金の額を決めることになります。

また、退職金をいつ支払うかも問題です。資金繰りのメドが立たず、すぐに退職金が支払えない場合もあるでしょう。その場合も、退職金の支払時期を決めるために従業員と交渉する必要があります。

有給休暇の取得は、従業員からすべて消化したいという請求があれば会社は応じなければなりません。しかし、従業員が有給休暇を取得して、出社しなくなると清算業務に支障が出てしまいます。そこで、未消化の有給休暇については、買上げという形で対応することが考えられます。有給休暇の買上げは、法定の日数を超えて付与している場合を除いて原則として通常のケースでは認められません。しかし、会社の清算後は、有給休暇を取得できなくなるため、その分を買い上げるのであれば、例外的に法律違反にはあたらないと考えられます。

## 再就職についてのサポート

同業他社の求人情報を収集して、従業員に提供することです。同業他社に就職するメリットは、再就職にあたっての従業員の負担が少なくてすむことです。同業他社に再就職すれば、それまでに培った専門的な知識や技術を活かして働くことができます。そうであれば未経験の業種の会社に再就職するよりも従業員の負担は少ないでしょう。

次に、自分で会社を立ち上げる従業員にできる限りの支援を行うことです。年配の従業員になると、再就職が難しいため、自分で会社を立ち上げるケースもあります。その場合に、会社が保有している設備や備品を安価で譲渡すれば、再就職の支援になります。

また、会社の事業そのものを譲渡するという支援も可能です。この場合には、取引先に説明して、取引を継続してもらえるように働きかけるとよいでしょう。

## ■ 未払賃金の立替払制度

| | |
|---|---|
| 定　義 | 倒産により賃金が支払われないまま退職した労働者に対して、未払賃金の一部を立替払する制度 |
| 実施機関 | 全国の労働基準監督署　　独立行政法人労働者健康福祉機構 |
| 要　件 | １年以上事業活動を行っていた使用者が倒産したこと<br>ⓐ法律上の倒産（破産、特別清算、民事再生、会社更生）<br>ⓑ事実上の倒産（中小企業について、事業活動が停止し、再開の見込みがなく、賃金支払能力がない場合） |
| | 労働者が、倒産について裁判所に申し立てた日（法律上の倒産の場合）または労働基準監督署への認定申請（事実上の倒産の場合）が行われた日の６か月前の日から２年の間に退職した者であること |
| 権利行使の期間 | 破産手続開始決定等がなされた日または監督署長による認定日の翌日から２年以内 |
| 対象となる賃金 | 労働者が退職した日の６か月前から立替払請求日の前日までに支払期日が到来している定期賃金と退職手当のうち、未払となっているもの（未払賃金の総額が２万円未満の場合は対象外） |
| 立替払いされる金額 | 未払賃金の額の８割（退職時の年齢に応じて88万円～296万円の範囲で上限あり） |

# 8 従業員以外の関係者に事情を説明する

迷惑をかけないように最大限の配慮をする

## 取引先に混乱や不安を与えないようにする

会社を解散する際には、社内だけでなく、社外に対しても、きちんとした対応をしなければなりません。特に取引先への対応は、怠ってはいけません。取引先からすれば、会社の解散によって、製品流通の流れ（サプライチェーン）が途切れることになるわけですから、場合によっては、事業の継続も危うくなる可能性があります。今までお世話になってきたこと、自分や社員の将来のことを考えれば、このような迷惑をかけないようにすることが必要です。取引先へは最低限、①解散せざるを得ない事情、②現在進んでいる取引業務の進ちょくと今後の対応、③新規の取引の停止を説明します。現在進んでいる取引業務については、最後までしっかりと行うことを約束すべきです。会社がなくなった後もサプライチェーンの寸断が起こらないように別の取引先を紹介するなどの対応もできる限りすべきでしょう。

取引先に対しては、文書による通知を行って、会社の解散を正式に伝えます。文書には、今までの取引に対する御礼と会社を解散するに至った事情、取引業務への今後の対応に関する事項を書きます。

特に大切な取引先に対しては、文書による通知に加えて、謝罪を込めて直接、社長自身がいち早く説明に伺うようにすべきです。タイミングとしては、相手の経営者が、会社解散の話を社員から漏れ聞くようなことになる前に出向くことが肝心です。できれば、説明に伺う際には営業担当者などが同行するとさらに誠意が伝わります。

また、会社が解散するとなると、未払債権の支払いが難しくなり、それだけでも仕入先に迷惑をかけることになります。支払いが遅れることがありそうな場合や、一部でも支払いができそうもない場合には、あらかじめ支払いに対する現状と見通しを、具体的に仕入先に伝えるべきでしょう。そのような対応をしていれば、実際に債権の一部免除をお願いするような場合にもスムーズに話が進めることができる可能性が高くなります。

もっとも、代金が支払われない状態になっても、破産や会社清算などの手続きに沿って処理をすれば、取引先は、その未払債権について、帳簿上債権者の損失として取り扱うことができます。これを貸倒処理といいますが、債権の整理に漏れがあると、この貸倒処理ができず、取引先にさらに迷惑をかけてしまう可能性が出てきます。そのため、取引先と話し合い、債権の整理に漏れがないようにすることが大切です。

取引先の中でも、販売先に関しては、売掛金の回収が問題になります。一般的には、会社が解散するからといって、販売先が急に支払いを渋るようになることはありません。ただし、日頃から支払いが遅れがちな販売先に対しては、念のため書面によって請求を行うことがよいでしょう。それでも支払いが滞るようなときには、内容証明郵便で支払請求を行い、裁判提起の可能性を示唆するようにします。やむを得ない場合には、実際に差押えなどの法的手段に訴えることも考えなければならないかもしれません。

## 金融機関にはどのように説明すべきか

経営者にとって、最も気がかりになるのは、借入金の返済です。

金融機関への説明は、何よりも優先して速やかに行う必要があります。説明の際には特に、①解散しなければならなくなった事情、②返済をどのように行うかの２点をしっかりと説明する必要があります。

借入金の返済が厳しい場合には、金融機関に対して、とりあえず債権放棄や債務免除を持ちかけることをしてみましょう。ごく稀ですが、状況によっては受け入れられる、または、資本性借入金（銀行が企業の財務状況を判断する際に負債を資本とみなすことができる借入金のこと）を推められることがあるからです。ただし、ほとんどの場合は厳しい対応ですが、ダメでもともとの精神で挑戦してみましょう。

現実的には、金融機関が実際に興味をもつのは、どのように返済をしてもらえるのか、ということです。したがって、説明の際には、返済計画について、特に注意と詳細な説明が必要になります。資産はどの程度あって、これらをどのように処分していくつもりなのかを記した返済計画関連資料、会社の資金繰りの状況を説明する資料などを作成しておくことが必要になります。また、解散しなければならなくなった事情を説明する際には、株主総会における会社解散決議の議事録などの証拠書類も提出しましょう。

借入れが複数の金融機関に及ぶ場合は、借入先の金融機関すべての同意を得た上で、対応窓口を１つの金融機関にしてもらうような話し合いもしてみた方がよいでしょう。ねばり強く交渉すれば、決して不可能ではありません。

金融機関との説明の際に注意しなければならないことは、①返済条件の緩和をお願いする、②追加担保の差入れは原則断る、③預金を返済に回す、④業務の進ちょくについては定期的に報告する、の４点です。

金融機関には、返済計画をしっかりと説明した上で、当初通りの返済が困難な場合は返済条件の緩和をお願いします。その際、銀行は、追加担保を要求することもありますが、余裕がない場合には、原則として断わるべきでしょう。

また、返済について合意できた後も、返済計画通りに業務が進んでいるかどうかを定期的に報告する必要があります。その際には、説明通りに間違いなく業務を行っていることを証明する書類も必要です。

なお、会社が資金の借入れの際に不動産などの担保を差し入れている場合、金融機関は担保権を実行するのが通常です。ただ、不動産の価格や、債権額、他の債権者数によっては、民事執行法による不動産執行よりも任意売却（170ページ）で処理した方が、回収額が大きい場合もあります。また、信用保証協会（中小企業が金融機関に融資を申し込む際に、債務の保証人となって借入れをサポートしてもらえる組織）の保証つきの融資を受けた場合、会社の倒産により、金融機関に対しては支払いが行われますが、会社の信用保証協会に対する求償債務の履行責任は残ることになるので、注意しましょう。

## 事務所の賃貸人にはどのように対応すべきか

これまで賃借による事務所や店舗で事業を展開していた場合に、会社を解散することになれば、その事務所や店舗などを明け渡す必要がでてきます。その際、特に留意すべきポイントは、トラブルのもとになりがちな以下の２点です。

① **敷金・保証金**

前もって、敷金や保証金がどれほど戻ってくるのかをつかんでおくことが大事です。契約書をしっかり読み返して、全額戻ってくるのか、それとも原状回復費用を控除されて戻ってくるのかを確認しておかなければなりません。また、家賃に滞納がある場合には、賃貸人に預けていた敷金で充当してもらえる可能性があります。法的には、賃借人の側から敷金の家賃への充当を言い出すことはできませんが、最終局面で、家賃の支払いができないとなれば、ほとんどの場合、賃貸人の側から、家賃と敷金との相殺を持ち出してくることになります。

② **原状回復**

事務所の場合にはそれほど心配することはありませんが、店舗、特に飲食店の場合には、内装を大幅に変更していることが多いこともあり、賃貸人から原状回復について、過剰に請求されることがありますので注意が必要です。相手の言うがままに応じると想定外の大きな費用を要することになりかねませんので、不当な要求には断固として応じるべきではありません。場合によっては、訴訟問題にまで発展することも考えられますので、弁護士などと相談するなど、あらかじめそのつもりで対処した方がよいでしょう。

## 一般債権者にはどのように説明すべきか

一般債権者への説明に必要なことも、基本的には、金融機関への説明の場合と同じです。ただ、一般債権者は、金融機関と違って非常に数が多くなる可能性があります。すべての債権者のもとに出向き、口頭で説明するというのは、時間的に難しい場合が少なくありません。したがって、一般債権者に対しては、特に金額が多い人を除いて、文書によって、通知する方法をとることが考えられます。ただ、この際には、一部の債権だけ知ることで混乱が生じることを防ぐため債権者全員にほぼ同時に通知が届くように心がけなければなりません。また、社内で問い合わせの体制や、回答マニュアルなどをきちんと作っておくことが必要です。債権者が非常に多い場合など、ケースによっては、債権者集会を開く必要もあるでしょう。

一方、大口の債権者の場合は、金融機関同様、社長自らが直接訪問して説明すべきです。ただし、その際、気をつけなければならないのは、債権の一部放棄や返済の時期を猶予してもらうことなどは、その場で持ちかけないということです。というのは、そのタイミングで話をしてしまうと、相手から「返してもらえないと、一家崩壊になってしまうのでここだけの話にするので、ウチだけにはすぐに返してほしい」などと泣きつかれて、手続きを進め難しくなり清算のための計画が大きく崩れることになってしまうからです。それだけではなく、多額の金を返済に回してしまったことにより、銀行や他の債権者への返済ができなくなり、破産手続きに移行してしまう場合も少なくありません。破産手続きをする場合には、一部の者だけに優先して返済するのは、他の債権者からすれば平等性を欠くことになるという理由により、その返済が取り消される可能性も十分に考えられるからです。

また、一般債権者に対する事情説明で注意しなければならないことは、①債務の弁済方法の説明、②仕入した品の対応、③清算手続中も必要な契約に対する対応の３点です。

方法の説明については、まず、必ずしっかりと対応することを約束することが重要です。その上で、確実にできることを納得してもらいます。たとえば、手形の決済方法などを具体的に説明する必要があります。また、今後は、手形決済を止めてすべて現金決済にするか、回し手形（手形の受取人が自分の債務の支払いのために、受け取った手形に裏書をして譲渡する手形のこと）を使うかどちらかの方法をとらざるを得ないといったこともお願いし、納得してもらいます。

債権者が仕入先だった場合、納品ずみの品をどうするかといった問題も出て来ます。できれば、それらの品は引き取ってもらえるように交渉すべきでしょう。また、電気、水道などの契約は、業務中も引き続き必要ですが、この場合は、業務に必要最低限の契約に契約内容の見直しをする必要があります。

## ■ 関係者への事情の説明

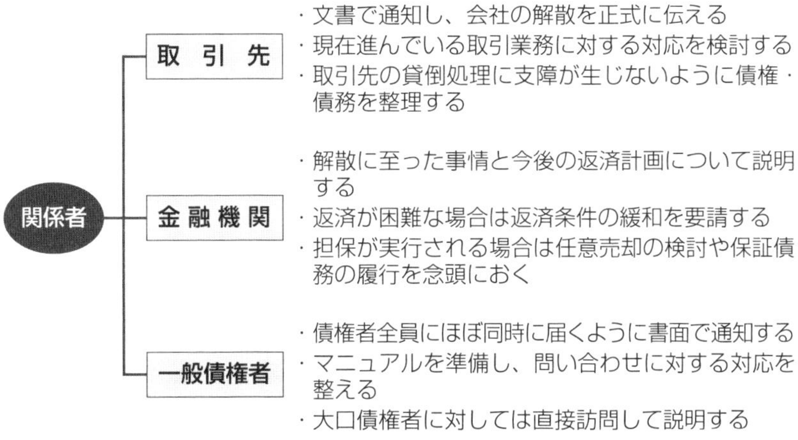

## Q 官公庁に届けるにはどうしたらよいのでしょうか。

A 解散にあたっては、取引先、関係団体、官公庁に書面で解散通知を送ります。特に関係の深かった相手に対しては、通知だけではなく挨拶に伺う必要もあるでしょう。また、商工会、商工会議所、業界団体などの加入団体については、退会届や脱会届の提出が必要になる場合もあります。具体的な届出方法は、加入団体に確認しておきましょう。

会社を解散する場合には、税務、社会保険、労働保険に関する届出と登記申請が必要です。税務関係の届出としては、所轄の税務署に対して、「異動届出書」と「給与支払事務所等の廃止届出書」などを提出します。都道府県税事務所と市区町村でも手続きをします。

社会保険（健康保険と厚生年金）については、事業所についての「健康保険・厚生年金保険適用事業所全喪届」と、従業員が解散によって健康保険と厚生年金保険の被保険者の資格を失うことについての「健康保険・厚生年金保険被保険者資格喪失届」を提出します。提出先は、事務所の所在地を管轄する年金事務所です。労働保険については、「労働保険確定保険料申告書」「労働保険料還付請求書」といった書類を提出します。労働保険に関する書類の提出先は、事業所の所在地を管轄する労働基準監督署または都道府県労働局です。雇用保険については、「雇用保険適用事業所廃止届」「雇用保険被保険者資格喪失届」「雇用保険被保険者離職証明書」を提出します。提出先は、事業所の所在地を管轄する公共職業安定所です。

また、解散と清算結了についての登記申請も必要です。

登記、社会保険、税金の手続きで必要になる具体的な書類については、第３章、第４章、第５章で見ていくことにしましょう。

# 9 個人事業主の廃業の手続きについて知っておこう

法人の廃業時に比べて煩雑ではない

## どのような届けをしないといけないのか

個人事業主が廃業する場合には、以下の各種の届出書を提出します。これらの書類には添付書類は特に必要ありません。提出期限については以下のようにそれぞれ異なりますので注意が必要です。なお、書式の掲載はありませんが、所在地の管轄の都道府県や市町村にも届出を行う必要があります。たとえば東京都の場合、廃止した日から10日以内に「事業開始等届出書」を管轄の都税事務所へ提出します。地方自治体により様式や提出期限、提出方法は異なる場合があります。都道府県や市役所へ問い合わせて確認するとよいでしょう。

### 書式１　個人事業の廃業届出書

事業を廃止した事実のあった日から１か月以内に、管轄の税務署へ提出します。事業を譲渡した場合は、相手先の住所・氏名も記入します。

### 書式２　所得税の青色申告の取りやめ届出書

青色申告を行っていた場合には、「青色申告の取りやめ届出書」を提出します。取りやめようとする年の翌年３月15日までに、管轄の税務署へ提出します。確定申告書の提出期限と同じですから、廃業年度の確定申告書と一緒に提出するとよいでしょう。

### 書式３　給与支払事務所等の廃止届出書

従業員を雇っており、「給与支払事務所等の開設届出書」を提出している場合には、廃業した日から１か月以内に、管轄の税務署宛に提出します。廃業した日を記入します。

### 書式４　（消費税についての）事業廃止届出書

課税事業者が事業を廃止した場合、管轄の税務署に提出します。提出期限は「事由が生じた場合速やかに」となっています。事業を廃止した年月日を記入します。なお、「消費税課税事業者選択不適用届出書」「消費税課税期間特例選択不適用届出書」「消費税簡易課税制度選択不適用届出書」「任意の中間申告書を提出することの取りやめ届出書」などの届出に、廃業する旨を記載して提出している場合には、この届出書を提出する必要はありません。

## 確定申告や事業税の見込み控除、廃業後の弁済義務について

個人事業主は毎年１月から12月までを１つの事業年度として確定申告しなければなりませんが、廃業した事業年度についても同様です。申告する内容も通常の確定申告と同様です。ただし、廃業はしたものの債務の弁済等の清算が12月までに完了せず、翌年にも経費が発生してしまうことがあります。その場合であっても、12月までの時点でいったん確定申告をします。そして翌年に清算が完了し、発生経費が確定した時点で、確定申告をやり直します。これを更正の請求といい、更正の請求によって廃業した事業年度の確定申告時に払い過ぎていた税金分を還付してもらうことになります。

個人事業税については翌年の経費として処理するため、廃業した事業年度に対する事業税も翌年に納付します。しかし、廃業した翌年にはこの事業税を差し引くべき収入が生じないため、見込み控除というしくみを使って、廃業した事業年度の経費として収入から差し引きます。

個人事業主は廃業をした後も、債務に未払部分があれば、個人としてその弁済義務を負い続けます。事業が立ち行かなくなってしまうまでには、個人が事業主貸という形で事業資金を捻出していることもあるでしょうし、廃業後に個人として債務を弁済する余力はないかもしれません。そうなってしまうと、自己破産を申請するしか手立てが残らなくなってしまうので、やむを得ず廃業するにしても、ある程度計画性を持って廃業手続きを進めるべきでしょう。

## 書式１　個人事業の廃業届出書

税務署受付印

| 1 | 0 | 4 | 0 |
|---|---|---|---|

# 個人事業の開業・廃業等届出書

渋谷 税務署長

元 年 11 月 7 日提出

| | | | |
|---|---|---|---|
| 納税地 | ○住所地・○居所地・◉事業所等（該当するものを選択してください。）<br>（〒150 − ××××）<br>東京都渋谷区×××○−○−○<br>（TEL 03 - XXXX - XXXX） | | |
| 上記以外の住所地・事業所等 | 納税地以外に住所地・事業所等がある場合は記載します。<br>（〒180 − ××××）<br>東京都武蔵野市×××○−○−○<br>（TEL 042 - XXXX - XXXX） | | |
| フリガナ | キムラ　ハナコ | 生年月日 | ○大正<br>◉昭和 60 年 3 月 25 日生<br>○平成<br>○令和 |
| 氏名 | 木村　花子 ㊞ | | |
| 個人番号 | 0 0 0 0 0 0 0 0 0 0 0 0 | | |
| 職業 | フラワーデザイナー | フリガナ | オフィス　ハナ |
| | | 屋号 | オフィス HANA |

個人事業の開廃業等について次のとおり届けます。

| | | | | |
|---|---|---|---|---|
| 届出の区分 | ○開業（事業の引継ぎを受けた場合は、受けた先の住所・氏名を記載します。）<br>住所　　　　氏名<br>事務所・事業所の（○新設・○増設・○移転・○廃止）<br>◉廃業（事由）自己都合による自主廃業<br>（事業の引継ぎ（譲渡）による場合は、引き継いだ（譲渡した）先の住所・氏名を記載します。）<br>住所　　　　氏名 | | | |
| 所得の種類 | ○不動産所得・○山林所得・○事業（農業）所得〔廃業の場合……○全部・○一部（　　　）〕 | | | |
| 開業・廃業等日 | 開業や廃業、事務所・事業所の新増設等のあった日 | 令和 元 年 10 月 31 日 | | |
| 事業所等を新増設、移転、廃止した場合 | 新増設、移転後の所在地 | （電話） | | |
| | 移転・廃止前の所在地 | | | |
| 廃業の事由が法人の設立に伴うものである場合 | 設立法人名 | | 代表者名 | |
| | 法人納税地 | | 設立登記 | 年　月　日 |
| 開業・廃業に伴う届出書の提出の有無 | 「青色申告承認申請書」又は「青色申告の取りやめ届出書」 | ◉有・○無 | | |
| | 消費税に関する「課税事業者選択届出書」又は「事業廃止届出書」 | ◉有・○無 | | |
| 事業の概要（できるだけ具体的に記載します。） | フラワーアレンジメント製作・生花販売等 | | | |

| 給与等の支払の状況 | 区分 | 従事員数 | 給与の定め方 | 税額の有無 | その他参考事項 |
|---|---|---|---|---|---|
| | 専従者 | 人 | | ○有・○無 | |
| | 使用人 | 4 | 月給 | ◉有・○無 | |
| | | | | ○有・○無 | |
| | 計 | 4 | | | |
| 源泉所得税の納期の特例の承認に関する申請書の提出の有無 | | | | ○有・○無 | 給与支払を開始する年月日　　年　月　日 |

| 関与税理士 |
|---|
| （TEL　-　-　） |

| 税務署整理欄 | 整理番号 | 関係部門連絡 | A | B | C | 番号確認 | 身元確認 |
|---|---|---|---|---|---|---|---|
| | 0 | | | | | | □ 済<br>□ 未済 |
| | 源泉用紙交付 | 通信日付印の年月日 | 確認印 | 確認書類<br>個人番号カード／通知カード・運転免許証<br>その他（　　） | | | |
| | | 年　月　日 | | | | | |

## 書式2　所得税の青色申告の取りやめ届出書

税務署受付印

| 1 | 1 | 1 | 0 |
|---|---|---|---|

# 所得税の青色申告の取りやめ届出書

渋谷 税務署長

元 年 11 月 7 日提出

| | | | |
|---|---|---|---|
| 納税地 | ○住所地・○居所地・◉事業所等（該当するものを選択してください。）<br>（〒150 －××××）<br>東京都渋谷区×××○－○－○<br>（TEL 03 - XXXX - XXXX） | | |
| 上記以外の住所地・事業所等 | 納税地以外に住所地・事業所等がある場合は記載します。<br>（〒180 －××××）<br>東京都武蔵野市×××○－○－○<br>（TEL 042 - XXXX - XXXX） | | |
| フリガナ | キムラ　ハナコ | 生年月日 | ○大正<br>◉昭和<br>○平成<br>○令和<br>60年 3月25日生 |
| 氏名 | 木村　花子　㊞ | | |
| 職業 | フラワーデザイナー | フリガナ<br>屋号 | オフィス　ハナ<br>オフィス HANA |

令和 2 年分の所得税から、青色申告書による申告を取りやめることとしたので届けます。

1　青色申告書提出の承認を受けていた年分

平成 23 年分から 令和 1 年分まで

2　青色申告書を取りやめようとする理由（できるだけ詳しく記載します。）

令和1年10月31日に自己都合により事業を廃止したため。

3　その他参考事項

関与税理士

（TEL　－　－　）

| 税務署整理欄 | 整理番号 | 関係部門連絡 | A | B | C | | |
|---|---|---|---|---|---|---|---|
| | 0 | | | | | | |
| | 通信日付印の年月日 | | 確認印 | | | | |
| | 年　月　日 | | | | | | |

## 書式3　給与支払事務所等の廃止届出書

| ※整理番号 | |
|---|---|

### 給与支払事務所等の~~開設~~・~~移転~~・廃止届出書

税務署受付印

令和 元 年 11月 7日

渋谷 税務署長殿

所得税法第230条の規定により次のとおり届け出ます。

| | | |
|---|---|---|
| 事務所開設者 | 住所又は本店所在地 | 〒150-XXXX<br>東京都渋谷区×××○−○−○<br>電話（ 03 ）XXXX − XXXX |
| | （フリガナ） | オフィス　ハナ |
| | 氏名又は名称 | オフィス HANA |
| | 個人番号又は法人番号 | ↓個人番号の記載に当たっては、左端を空欄とし、ここから記載してください。<br>×××××××××××× |
| | （フリガナ） | キムラ　ハナコ |
| | 代表者氏名 | 木村　花子　㊞ |

（注）「住所又は本店所在地」欄については、個人の方については申告所得税の納税地、法人については本店所在地（外国法人の場合には国外の本店所在地）を記載してください。

| 開設・移転・廃止年月日 | 平成・令和 元 年 10 月 31 日 | 給与支払を開始する年月日 | 平成・令和　年　月　日 |
|---|---|---|---|

○届出の内容及び理由
（該当する事項のチェック欄□に✓印を付してください。）

| | | | 「給与支払事務所等について」欄の記載事項　開設・異動前 | 異動後 |
|---|---|---|---|---|
| 開設 | □ 開業又は法人の設立 | | | |
| | □ 上記以外<br>※本店所在地等とは別の所在地に支店等を開設した場合 | ⇒ | 開設した支店等の所在地 | |
| 移転 | □ 所在地の移転 | ⇒ | 移転前の所在地 | 移転後の所在地 |
| | □ 既存の給与支払事務所等への引継ぎ<br>（理由）□ 法人の合併　□ 法人の分割　□ 支店等の閉鎖<br>□ その他<br>（　　　） | ⇒ | 引継ぎをする前の給与支払事務所等 | 引継先の給与支払事務所等 |
| 廃止 | ☑ 廃業又は清算結了　□ 休業 | | | |
| その他 | （　　　） | ⇒ | 異動前の事項 | 異動後の事項 |

○給与支払事務所等について

| | 開設・異動前 | 異動後 |
|---|---|---|
| （フリガナ） | | |
| 氏名又は名称 | | |
| 住所又は所在地 | 〒<br>電話（　　）　− | 〒<br>電話（　　）　− |
| （フリガナ） | | |
| 責任者氏名 | | |

| 従事員数 | 役員　人 | 従業員　人 | （アルバイト） 4 人 | （　　）　人 | （　　）　人 | 計 4 人 |
|---|---|---|---|---|---|---|

（その他参考事項）

| 税理士署名押印 | ㊞ |
|---|---|

| ※税務署処理欄 | 部門 | | 決算期 | | 業種番号 | | 入力 | | 名簿等 | | 用紙交付 | | 通信日付印 | 年 月 日 | 確認印 | |
|---|---|---|---|---|---|---|---|---|---|---|---|---|---|---|---|---|
| | 番号確認 | | 身元確認<br>□ 済<br>□ 未済 | | 確認書類<br>個人番号カード／通知カード・運転免許証<br>その他（　　） | | | | | | | | | | | |

01.06 改正

## 書式４　事業廃止届出書

第６号様式

# 事　業　廃　止　届　出　書

収受印

| | | | |
|---|---|---|---|
| 令和 元 年11 月 7 日 | 届出者 | （フリガナ） | トウキョウトシブヤクXXXXX |
| | | 納税地 | （〒 150−XXXX）<br>東京都渋谷区XXX○−○−○<br>（電話番号　03 − XXXX−XXXX） |
| | | （フリガナ） | オフィス　ハナ　　キムラ　ハナコ |
| | | 氏名又は<br>名称及び<br>代表者氏名 | オフィス HANA<br>木村　花子　印 |
| 渋谷 税務署長殿 | | 個人番号<br>又は<br>法人番号 | ↓　個人番号の記載に当たっては、左端を空欄とし、ここから記載してください。<br>X X X X X X X X X X X X |

下記のとおり、事業を廃止したので、消費税法第57条第１項第３号の規定により届出します。

| | |
|---|---|
| 事業廃止年月日 | 平成 令和（○） 元 年　10 月　31 日 |
| 納税義務者となった年月日 | 平成（○） 令和 28 年　1 月　1 日 |
| 参考事項 | |
| 税理士署名押印 | 印<br>（電話番号　　−　　−　　） |

| | | | | | | |
|---|---|---|---|---|---|---|
| ※税務署処理欄 | 整理番号 | | 部門番号 | | | |
| | 届出年月日 | 年　月　日 | 入力処理 | 年　月　日 | 台帳整理 | 年　月　日 |
| | 番号確認 | | 身元確認　□ 済　□ 未済 | 確認書類　個人番号カード／通知カード・運転免許証<br>その他（　　　） | | |

注意　１．裏面の記載要領等に留意の上、記載してください。
　　　２．税務署処理欄は、記載しないでください。

# 第3章
# 解散・清算と登記手続き

# 解散・清算に関わる書式の作成方法

## 清算人の選任から清算結了までの手続きを進めていく

### 解散・清算に向けて株主総会決議や登記申請を行う

株式会社は、定款で定めた解散の事由の発生や株主総会の決議といった事由の発生により解散します（26ページ）。解散した会社は清算手続きに入ります（30ページ）。

解散・清算の手続時には、以下のような株主総会決議や登記申請が必要です。

#### 書式１　解散決定・清算人と代表清算人を選任する株主総会議案例

定款に清算人に関する規定がなく、株主総会でも清算人を選任しない場合、法定清算人として取締役が清算人に就任します。本書式は株主総会で清算人を複数選任し、そのうち１名を代表清算人に選定した場合の清算人会非設置会社の株主総会議案例です。

#### 書式２　解散、清算人・代表清算人選任の登記申請書

本書式の記載のように、清算人選任の登記申請書には、定款の添付が必要になります。また、清算人の就任承諾書は株主総会議事録の記載を援用できない場合（席上において就任を承諾していない場合）に添付が必要となります。

なお、清算人の就任承諾書に押印すべき印鑑は、取締役会非設置会社の取締役の場合と異なり、実印である必要はありません。ただし、代表清算人が登記申請する際には、代表清算人として登記所に印鑑を届け出る必要があり、「印鑑届書」には代表清算人の実印の押印と印鑑証明書（発行後３か月以内のもの）が必要になりますので、注意しましょう。なお、書式３のように、清算人の就任年月日は登記事項とはなりません（登記の事由に記載します）。

### 書式３　書式２の登記すべき事項の記載例

登記すべき事項は、登記申請書に直接記入することもできますが、CD-Rなどの磁気ディスクなどに入力することもできます。本書式は、書式２の「登記すべき事項」欄に記載した「別添CD-Rのとおり」のデータです。清算人の氏名と、代表清算人の住所・氏名を入力します。

### 書式４　株主の氏名又は名称、住所及び議決権数等を証する書面（株主リスト）

「株主の氏名又は名称、住所及び議決権数等を証する書面」、いわゆる「株主リスト」とは、登記すべき事項について、①株主総会の決議（または種類株主総会の決議）が必要な場合、または②株主全員の同意（または種類株主全員の同意）が必要な場合に添付しなければならない書類です。①の場合、株主リストには、議決権数上位10名の株主または議決権割合が３分の２に達するまでの株主のうち、いずれか少ない方の株主について、氏名、住所、株式数（種類株式の種類と数も）、議決権数、議決権数割合を記載し、代表者が証明します。この際、登記所届出印（会社代表印）を押印しなければなりません。②の場合は、株主全員について、氏名、住所、株式数（種類株式の種類と数も）、議決権数を記載し、同様に代表者が会社代表印をもって証明します。

「解散、清算人・代表清算人選任の登記申請書（書式２）」には、登記すべき事項について、「解散決定・清算人と代表清算人を選任する株主総会の決議」が必要になるので、この株主総会に関する株主リスト（前記①）を添付します。また、「清算結了登記の登記申請書（書式11）」には、登記すべき事項について、「清算事務終了後の決算報告書を承認する株主総会の決議」が必要になるので、この株主総会に関する株主リスト（前記①）を添付します。

なお、株主リストは、会社の代表者が会社代表印をもって証明する必要がありますが、「解散、清算人・代表清算人選任の登記申請」は、代表清算人が行うので、代表清算人が株主リストに証明をします。

「清算結了登記の申請」においても同様です。一方、「存続期間を設定した場合の登記申請書（書式７）」にも、登記すべき事項について、「存続期間を設定した場合の株主総会の決議」が必要になるので、この株主総会に関する株主リスト（前記①）を添付しますが、まだ解散に至っていない会社なので、代表取締役が株主リストに証明します。

### 書式５　印鑑（改印）届書（76ページ）

新たに会社の代表者が就任した場合に、その旨の登記申請と同時に代表者の印鑑を登記所に届け出ることができます。株式会社が解散した場合は、代表取締役という役職はなくなり、新たに代表清算人が会社の代表者として就任します。そのため、会社の代表者としての印鑑の届出をする必要が生じます。印鑑の届出は、印鑑（改印）届書で行います。代表印とする印鑑については、これまで使用していたものをそのまま使い続けることも、新しいものを作り直すことも、どちらも可能です。今後使用する代表印を、印影がはっきり鮮明になるように押印します。届出人欄には届出人である代表清算人の住所を記入し、代表清算人の個人の実印を押し、代表清算人の個人の市区町村長作成の印鑑証明書を添付します。この場合、印鑑証明書は作成後３か月以内のものでなければなりません。また、印鑑カードを前任者から引き継いで使用するか、もしくは引き継がない（新しく発行する）かの選択をします。印鑑カードを前任者から引き継ぐ場合は、印鑑カード番号と前任者の氏名を記入します。特に問題なければ、前任者から印鑑カードを引き継いで使用してよいでしょう。

### 書式６　存続期間を設定した場合の株主総会議案例

登記手続上、解散の決議の時から、解散の効力発生日までが、短期間である場合を除いて、期限や条件をつけた解散決議に基づく登記の申請は認められないとされています。

たとえば、６月30日の株主総会をもって７月31日に解散する旨の株主総会議事録を添付しての登記申請は認められません。そのため、株主総会を解散直前に開催できないなどの事情がある場合には、本書式のように、存続期間を設定することになります。

### 書式７　書式６の存続期間を設定した場合の登記申請書

株主総会で定めた存続期間について申請する登記申請書です。存続期間の設定で注意すべき点は、会社の解散日は存続期間の満了日の翌日ということです。そのため、７月31日に会社を解散させたい場合、存続期間は「７月30日まで」と定める必要があります。

### 書式８　知れている債権者への催告書

清算する株式会社は、解散後、株式会社の債権者に対し、一定の期間内にその債権を申し出るべき旨を官報に公告し、かつ、債権者だとわかっている人には、個別に催告しなければなりません。催告書には会社の解散など、清算原因となった事実と債権の申出を求めること、債権申出の期間を記載します。

### 書式９　清算事務終了後の決算報告書を承認する株主総会議事録

清算事務の終了後、清算人は決算報告書を作成し、その決算報告書は、株主総会の承認を受ける必要があります。本書式は、清算事務終了後の決算報告書を承認する株主総会議事録例です。決算報告書の株主総会の承認をもって会社は消滅します。これを清算結了といいます。

### 書式10　決算報告書（書式９の別紙資料）

決算報告書には、決まった様式はありません。清算事務の過程（現務の結了、債権の取立て・債務の弁済、残余財産の分配）などが記載され、最終的に会社の債権・債務がなくなったことがわかるように記載されていれば登記上問題ありません。

### 書式11　清算結了登記の登記申請書

会社を代表すべき清算人は、株主総会で決算報告が承認された日（清算結了日）から２週間以内に清算結了登記を申請しなければなりません。

申請にあたっては、申請書に登録免許税分（2000円）の収入印紙を貼り、添付書類をつけて、本店所在地を管轄する法務局に提出します。
　登記申請書の「登記の事由（登記することになった原因）」欄には、「清算結了」と記載します。一方、「登記すべき事項」欄には、株主総会で決算書類が承認された日及び、清算結了の旨を記載します。
　申請に必要な添付書類は、株主総会議事録、決算報告書、株主の氏名又は名称、住所及び議決権数等を証する書面（株主リスト）、委任状（代理人が申請する場合のみ必要）です。ただし、決算報告書は、株主総会議事録に合綴して提出します。決算報告書を添付するのは、清算事務が終結していることを明らかにする必要があるためです。
　清算結了の登記は、解散の日から２か月経たないと申請が受理されません。清算した株式会社は、債権者に対して２か月以上の期間を定めて公告する決まりであるため、解散後２か月以内に清算が完了することはないからです。なお、登記申請後10日程度経過すると、清算結了の登記が完了し、会社の登記記録が閉鎖されます。

### ■ 株式会社の解散事由と清算人の選任方法

| 解散事由 | 清算人の選任方法 |
|---|---|
| 定款で定めた存続期間の満了<br>定款で定めた解散事由の発生<br>株主総会の特別決議 | 定款で定められた者<br>株主総会の普通決議で選任された者<br>上記の者がないときは、従前の取締役 |

※上記の解散事由が生じると、代表清算人が解散の登記を申請する必要が生じます。
なお、その他に特殊な解散事由もあります。

## 書式1　解散決定・清算人および代表清算人を選任した場合の株主総会議案例

### 第○号議案　当会社解散の件

議長は、当会社が景気悪化の影響を受け、このまま事業を継続しても債務が累積することが予想されるなど、解散せざる得なくなった理由を詳細に説明し、ついで、本日付をもって当会社を解散させたい旨を述べた。

議長が、議場に質問を求めたところ、株主○○より、「○○○○」との質問があったため、議長は「○○○○」と回答をした。その後、議長は他の質問を促したが、質問が出なかったため、議長は本議案の採決に入った。

本議案の賛否を議場に諮ったところ、出席株主の議決権の３分の２以上の賛成を得て、本議案は承認可決された。

### 第○号議案　清算人選任の件

議長は、解散に伴い清算人を選任する必要がある旨を述べ、その選任方法を議場に諮ったところ、出席株主中から議長の選任に一任したいとの発言があり、一同これを承認したので、議長は現任取締役である下記２名の者を指名し、その選任の可否につき議場に諮ったところ、出席株主は満場一致をもって議長の指名どおり選任することを承認可決した。

記

清算人　　　　東京都○○区○○二丁目３番４号　木村　太郎
同　清算人　　東京都△△区○○四丁目２番１号　木村　花子

以上

なお、被選任者は席上その就任を承諾した。

**第○号議案　代表清算人選定の件**

議長は、第○号議案で選任した清算人のうち木村太郎を代表清算人に選定したい旨を述べ、その可否を議場に諮ったところ、満場一致の賛成を得て、本議案は承認可決された。

被選定者たる木村太郎は、席上、代表清算人に就任することを承諾した。

## 書式2　解散、清算人・代表清算人選任の登記申請書

### 株式会社解散および清算人選任登記申請書

1．会社法人等番号　　0100－01－○○○○○○

1．商　　　号《フリガナ》　　株式会社○○《マルマル》

1．本　　　店　　東京都○○区○○一丁目２番３号

1．登記の事由　　解散
令和○年○月○日清算人および代表
清算人の選任

1．登記すべき事項　　別添CD-Rのとおり

1．登録免許税　　金３万9,000円
（内訳　解散分　　金３万円
清算人選任分　金9,000円）

1．添付書類
定款　　1通
株主総会議事録　　1通
株主の氏名又は名称、住所及び
議決権数等を証する書面（株主リスト）　　1通
清算人および代表清算人の就任承諾を証する書面
　株主総会議事録の記載を援用する

上記のとおり、登記の申請をします。

令和○年○月○日

東京都○○区○○一丁目２番３号
　申　請　人　　株式会社○○
東京都○○区○○一丁目７番８号
　代表清算人　　○○　○○
　連絡先の電話番号　　03－○○○○－○○○○

会社
代表印

東京法務局　○○出張所　御中

## 書式3　書式2の登記すべき事項の記載例

「解散」令和○年○月○日株主総会の決議により解散
「役員に関する事項」
「資格」清算人
「氏名」○○○○
「役員に関する事項」
「資格」清算人
「氏名」○○○○
「役員に関する事項」
「資格」代表清算人
「住所」東京都○○区○○一丁目７番８号
「氏名」○○○○

## 書式4　株主の氏名又は名称、住所及び議決権数等を証する書面（株主リスト）

（Ａ－１ 総合簡易書式）

# 証　　明　　書

次の対象に関する商業登記規則61条２項又は３項の株主は次のとおりであることを証明する。

| | | | |
|---|---|---|---|
| 対象 | 株主総会等又は総株主の同意等の別 | 株主総会 | ←株主総会，種類株主総会，株主全員の同意，種類株主全員の同意のいずれかを記載してください。<br>種類株主総会等の場合は，対象となる種類株式も記載してください。 |
| | 上記の年月日 | 令和〇年〇月〇日 | ←株主総会等の年月日を記載してください。 |
| | 上記のうちの議案 | 全議案 | ←全議案又は対象となる議案を記載してください。<br>総株主等の同意を要する場合は，記載不要です。 |

| | 氏名又は名称 | 住所 | 株式数　（株） | 議決権数 | 議決権数の割合 |
|---|---|---|---|---|---|
| 1 | ○○　○○ | 東京都新宿区××七丁目３番２号 | 800 | 800 | 50.0% |
| 2 | ○○　○○ | 神奈川県横浜市青葉区○○三丁目４番５号 | 400 | 400 | 25.0% |
| 3 | | | | | |
| 4 | | | | | |
| 5 | | | | | |
| 6 | | | | | |
| 7 | | | | | |
| 8 | | | | | |
| 9 | | | | | |
| 10 | | | | | |
| | | | 合計 | 1400 | 87.5% |
| | | | 総議決権数 | 1600 | |

| | |
|---|---|
| 証明書作成年月日 | 令和〇年〇月〇日 |
| | 株式会社〇〇 |
| 証明書作成者 | 代表清算人　〇〇　〇〇 |

登記所届出印

会社代表印

※　商業登記規則第61条第2項

　登記すべき事項につき次の各号に掲げる者全員の同意を要する場合には、申請書に、当該各号に定める事項を証する書面を添付しなければならない。

一　株主　株主全員の氏名又は名称及び住所並びに各株主が有する株式の数（種類株式発行会社にあつては、株式の種類及び種類ごとの数を含む。次項において同じ。）及び議決権の数

二　種類株主　当該種類株主全員の氏名又は名称及び住所並びに当該種類株主のそれぞれが有する当該種類の株式の数及び当該種類の株式に係る議決権の数

※　商業登記規則第61条第3項

　登記すべき事項につき株主総会又は種類株主総会の決議を要する場合には、申請書に、総株主（種類株主総会の決議を要する場合にあつては、その種類の株式の総株主）の議決権（当該決議（会社法第三百十九条第一項（同法第三百二十五条 において準用する場合を含む。）の規定により当該決議があつたものとみなされる場合を含む。）において行使することができるものに限る。以下この項において同じ。）の数に対するその有する議決権の数の割合が高いことにおいて上位となる株主であつて、次に掲げる人数のうちいずれか少ない人数の株主の氏名又は名称及び住所、当該株主のそれぞれが有する株式の数（種類株主総会の決議を要する場合にあつては、その種類の株式の数）及び議決権の数並びに当該株主のそれぞれが有する議決権に係る当該割合を証する書面を添付しなければならない。

一　十名

二　その有する議決権の数の割合を当該割合の多い順に順次加算し、その加算した割合が三分の二に達するまでの人数

## 書式5　印鑑（改印）届書

# 印　鑑　（改　印）　届　書

**※ 太枠の中に書いてください**

（地方）法務局　　支局・出張所　　令和　　年　　月　　日　申請

（注１）（届出印は鮮明に押印してください。）

会社
代表印

| | | |
|---|---|---|
| 商号・名称 | | 株式会社○○ |
| 本店・主たる事務所 | | 東京都○○区○○一丁目２番３号 |
| 印鑑提出者 | 資　格 | 代表取締役・取締役・代表理事<br>理事・（代表清算人） |
| | 氏　名 | ○○　○○ |
| | 生年月日 | 大・昭・平・西暦　○年○月○日生 |
| 会社法人等番号 | | 0100-01-○○○○○○ |

□ 印鑑カードは引き継がない。

（注２）☑ 印鑑カードを引き継ぐ。

印鑑カード番号　○○○○－○○○○○○○

前　任　者　　○○　○○

届出人（注３）　☑ 印鑑提出者本人　　□ 代理人

| | |
|---|---|
| 住　所 | 東京都○○区○○一丁目７番８号 |
| フリガナ | マルマル　マルマル |
| 氏　名 | ○○　○○ |

（注３）の印

個人実印

委　　任　　状

私は，（住所）

（氏名）

を代理人と定め，印鑑（改印）の届出の権限を委任します。

令和　　年　　月　　日

住　所

氏　名　　　　　　　　　　　　　　印

（注３）の印
〔市区町村に登録した印鑑〕

□　市区町村長作成の印鑑証明書は，登記申請書に添付のものを援用する。（注４）

（注１）　印鑑の大きさは，辺の長さが１cmを超え，３cm以内の正方形の中に収まるものでなければなりません。

（注２）　印鑑カードを前任者から引き継ぐことができます。該当する□にレ印をつけ，カードを引き継いだ場合には，その印鑑カードの番号・前任者の氏名を記載してください。

（注３）　本人が届け出るときは，本人の住所・氏名を記載し，**市区町村に登録済みの印鑑**を押印してください。代理人が届け出るときは，代理人の住所・氏名を記載，押印（認印で可）し，委任状に所要事項を記載し，本人が**市区町村に登録済みの印鑑**を押印してください。

（注４）　この届書には作成後３か月以内の**本人の印鑑証明書**を添付してください。登記申請書に添付した印鑑証明書を援用する場合は，□にレ印をつけてください。

| 印鑑処理年月日 | | | | |
|---|---|---|---|---|
| 印鑑処理番号 | 受　付 | 調　査 | 入　力 | 校　合 |
| | | | | |

（乙号・８）

## 書式6　存続期間を設定した場合の株主総会議案例

第○号議案　定款一部変更の件

議長は、当会社が景気悪化の影響を受け、このまま事業を継続しても債務が累積することが予想されるなど、解散せざるを得なくなった理由を詳細に説明した。ついで、議長は、当社を令和○年７月31日付をもって解散させるため、下記要領で定款を一部変更したい旨を述べ、その賛否を議場に諮ったところ、満場一致をもって承認可決された。

記

第○条として、次の条項を追加し、○条以下１条ずつ繰り下げるものとする。

（存続期間）
第○条　当会社の存続期間は令和○年７月30日までとする。

以上

## 書式７　書式４の存続期間を設定した場合の登記申請書

### 株式会社変更登記申請書

1．会社法人等番号　　0100－01－○○○○○○

1．商　　　号《フリガナ》　　株式会社○○《マルマル》

1．本　　　店　　東京都○○区○○一丁目２番３号

1．登 記 の 事 由　　存続期間の設定

1．登記すべき事項　　令和○年６月30日設定
存続期間
当会社の存続期間は令和○年７月30日
までとする。

1．登 録 免 許 税　　金３万円

1．添　付　書　類
株主総会議事録　　１通
株主の氏名又は名称、住所及び
議決権数等を証する書面（株主リスト）　　１通

上記のとおり、登記の申請をします。

令和○年○月○日

東京都○○区○○一丁目２番３号
申　請　人　　株式会社○○
東京都○○区○○一丁目７番８号
代表取締役　　○○　○○
連絡先の電話番号　03－○○○○－○○○○

会社
代表印

東京法務局　○○出張所　御中

## 書式８　知れている債権者への催告書

### 催　告　書

拝啓

　時下ますますご清栄のこととお慶び申し上げます。

　さて、弊社は創業以来25年にわたり皆様のご厚情をいただいて今日まで営業を続けてまいりましたが、令和○年○月○日開催の株主総会の決議によって解散致しました。つきましては、貴社の弊社に対する債権を下記のとおり、お申し出頂きたく、会社法第499条第１項により催告申し上げます。

敬具

記

１　届出期間　　本書到達の翌日から２か月以内

２　届出様式　　同封の債権届出書

以上

令和○年○月○日

東京都千代田区飯田橋１丁目１番１号

ABC商事株式会社

代表清算人　　甲野　太郎　　㊞

東京都新宿区四谷１丁目１番１号

XYZ商事株式会社

代表取締役　乙野　次郎　様

## 書式9　清算事務終了後の決算報告書を承認する株主総会議事録

### 株主総会議事録

令和○年○月○日午前10時00分より、当会社本店会議室において、清算結了総会を開催した。

| | |
|---|---|
| 当会社株主総数 | 4名 |
| 発行済株式総数 | 1,600株 |
| 総株主の議決権の数 | 1,600個 |
| 出席株主総数（委任状による出席者を含む） | 4名 |
| この持株総数 | 1,600株 |
| この議決権の総数 | 1,600個 |

出席した清算人　　甲野太郎（議長兼議事録作成者）<br>
　　　　　　　　　乙野次郎<br>
　　　　　　　　　丙野三郎

上記のとおり、定足数に足りる株主の出席があったので、本会は適法に成立した。代表清算人甲野太郎は議長となり、開会を宣した後、直ちに議題の審議に入った。

**議題　決算報告書の承認の件**

議長は、当社の清算終了に至までの経過を詳細に報告し、別紙の決算報告書の内容を朗読し、その承認を求めたところ、満場異議なくこれを承認した。よって議長は、決算報告が承認可決された旨を宣した。

議長は、以上をもって本日の会議が終了した旨を述べ、午前10時30分に閉会した。以上の決議の経過及び結果を明確にするため、本議事録を作成し、議長及び出席清算人が記名押印する。

令和○年○月○日<br>
ABC商事株式会社臨時株主総会<br>
議長兼代表清算人　　甲野太郎　㊞<br>
　　　　出席清算人　　乙野次郎　㊞<br>
　　　　出席清算人　　丙野三郎　㊞

## 書式10　決算報告書（書式7の別紙資料）

決　算　報　告　書

1．債務の弁済、清算に係る費用の支払いによる費用の額は、金○円である。

1．令和○年○月○日より令和○年○月○日までの期間内に取り立てた債権の総額は、金○円である。

1．現在の残余財産額は、金○円である。

1．令和○年○月○日、清算換価実収額金○円を、次のように株主に分配した。

（1）優先株式○株に対し総額　金○円（1株につき金○円）

（2）普通株式○株に対し総額　金○円（1株につき金○円）

上記のとおり清算事務を終了したことを報告する。

令和○年○月○日

株式会社○○

代表清算人　○○　○○　印

## 書式11　清算結了登記の登記申請書

### 株式会社清算結了登記申請書

1．会社法人等番号　　0100－01－○○○○○○

1．商　　　号《フリガナ》　　株式会社○○《マルマル》

1．本　　　店　　東京都○○区○○一丁目２番３号

1．登 記 の 事 由　　清算結了

1．登記すべき事項　　令和○年○月○日清算結了

1．登 録 免 許 税　　金2,000円

1．添　付　書　類

株主総会議事録　　１通

株主の氏名又は名称、住所及び
議決権数等を証する書面（株主リスト）　　１通

上記のとおり、登記の申請をします。

令和○年○月○日

東京都○○区○○一丁目２番３号
申　請　人　　株式会社○○
東京都○○区○○一丁目７番８号
代表清算人　　○○　○○
連絡先の電話番号　　03－○○○○－○○○○

会社
代表印

東京法務局　○○出張所　御中

# 第４章

# 解散・清算と社会保険の手続き

# 1 事業所を廃止する場合の手続き

## 適用事業所の廃止、労働保険の精算手続きを行う

### 事業所を廃止する場合の社会保険の手続き

事業所が解散、廃止、休業、合併で事業廃止となった場合は、すべての被保険者の資格喪失手続きと共に、事実発生から５日以内に「健康保険・厚生年金保険適用事業所全喪届」を年金事務所または健康保険組合に提出します。また、適用事業所でなかった事業所が事業主の申請により適用事業所となり、その後再び申請により適用事業所でなくなった場合（任意包括脱退といいます）もこの届出をします。

添付書類は、「健康保険厚生年金保険被保険者資格喪失届」（全員分）、「健康保険被保険者証」（全員分）です。また、事業所が解散となったことを証明するために、「解散登記の記載がある登記簿謄本（写）」もしくは「雇用保険適用事業所廃止届（事業主控）」を添付します。

なお、任意包括脱退により適用事業所でなくなる場合には、これらに加えて、従業員の４分の３以上の「任意適用取消申請同意書」「健康保険厚生年金保険任意適用取消申請書」を添付します。

**書式１　健康保険・厚生年金保険適用事業所全喪届**

健康保険・厚生年金保険適用事業所全喪届に記載する全喪年月日は、事業を解散、廃止した日の翌日、合併のときは合併の日、任意包括脱退のときは、認可のあった日の翌日を記入します。また、完全な廃止ではなく、休業でいずれ事業を再開する場合は、「事業再開見込年月日」を記入します。

### 労働保険料の精算手続き

労働保険に加入している事業所が事業を廃止した場合、保険関係が

消滅（終了）することになります。そのため、すでに見込みで申告・納付してあった概算保険料を精算する必要があります。この場合に行う手続きは基本的には年度更新（毎年、6月1日から7月10日までの間に、前年度の確定保険料と当年度の概算保険料を合わせて申告・納付する労働保険料の申告・納付手続きのこと）と同じ手続きです。確定保険料の額が概算保険料の額よりも多い場合は、その差額を追加して納付し、逆に少ない場合は事業主自身で還付請求の手続きをすることになります。

### 書式2　労働保険確定保険料申告書

保険関係消滅日（事業廃止日）から50日以内に所轄の労働基準監督署に「確定保険料申告書」を届け出ます。

申告書中の⑧保険料算定基礎額は、実際に雇用した労働者に支払った賃金総額を記入します。⑱の申告済概算保険料額は、すでに概算（見込み）で申告した保険料額を記入します。

⑳の差引額には、⑩の確定保険料額で確定した保険料と⑱の申告済概算保険料額に記載された保険料を精算し、納めすぎであればロの還付額へ記入します。逆に不足であればハの不足額へ記入します。

㉔の事業廃止等理由には、該当する理由に○をつけます。

## 労働保険料の還付請求手続き

労働保険料の精算の結果、すでに納めた概算保険料の額が確定保険料の額より多い場合（過払いだった場合）には、原則として次の保険年度の保険料に充当されます。

しかし、事業の廃止の場合は充当できませんので、過払分の保険料を還付してもらいます。ただし、未納の保険料、延滞金、追徴金があれば、その分は充当され、残りの金額が還付されることになります。また、一般拠出金への充当も行うことができます。還付請求は、あくまで事業主自身が行うものですから、「確定保険料申告書」（88ページ）と同時に行うようにします。

### 書式３　労働保険料還付請求書

「労働保険料還付請求書」は、「労働保険確定保険料申告書」と同時に提出します。

過払い分の保険料は、概算保険料と確定保険料の差額からその年度の一般拠出金への充当額を差し引いた残りについて、事業主が還付請求した場合に返金されます。

保険料が実際に還付されるまでには時間がかかります。提出の際、返金の時期を確認しておくとよいでしょう。

## 雇用保険の事業所廃止手続き

会社（適用事業所）を廃止または解散する場合は、適用事業所の廃止手続きを行うことになります。

### 書式４　雇用保険適用事業所廃止届

廃止手続きは、「雇用保険適用事業所廃止届」を、廃止日の翌日から起算して10日以内に、所轄公共職業安定所へ提出します。添付書類は、法人の場合は登記事項証明書、法人でない場合は事業廃止の事実を証明する書類を添付します。また、雇用保険に加入している労働者（被保険者）がいる場合、すべての被保険者について、「雇用保険被保険者資格喪失届」（96ページ）と「雇用保険被保険者離職証明書」（97ページ）の手続きも同時に行い、雇用保険適用事業所廃止届に添付して提出します。

届出書の⑤欄の廃止年月日は正確に記入します。⑪欄の廃止理由には廃止の理由を具体的に記入します。

## 書式1　健康保険・厚生年金保険適用事業所全喪届

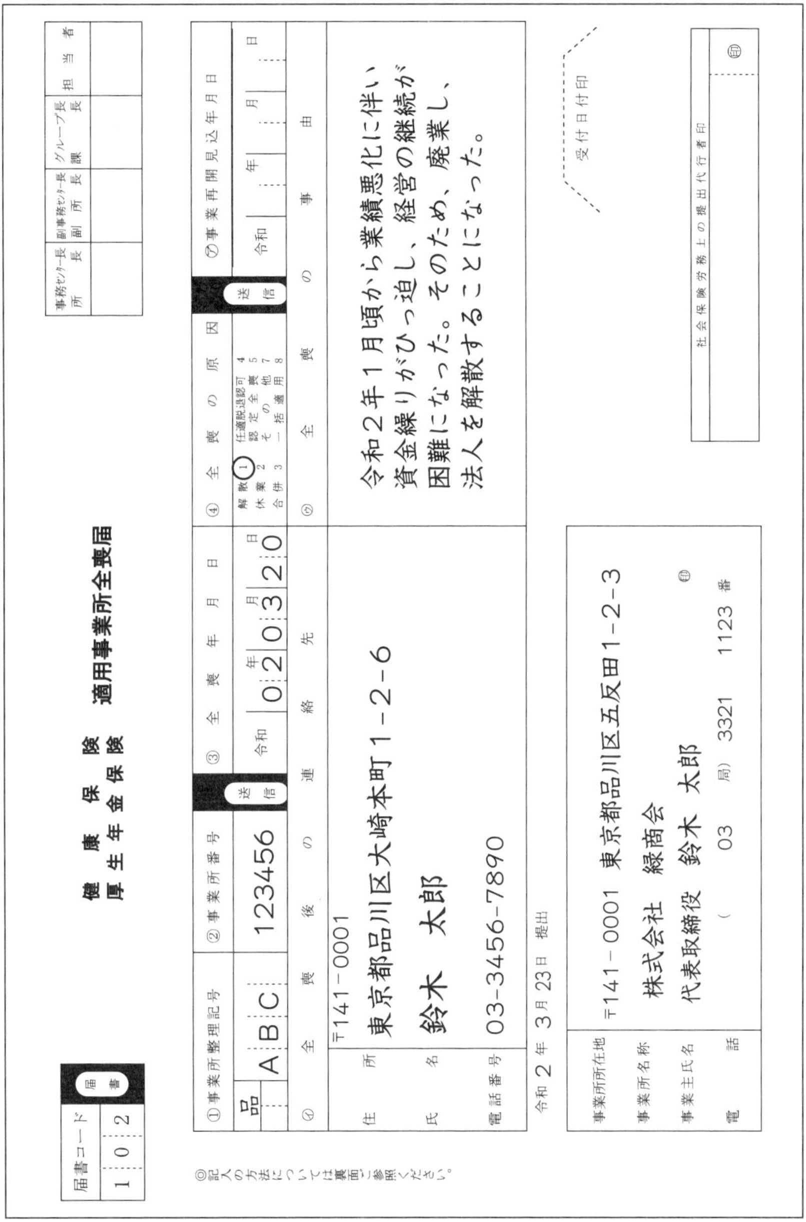

届書コード 1 0 2　届書

健康保険
厚生年金保険　適用事業所全喪届

| 事務センター長 所長 | 副事務センター長 副所長 | グループ長 課長 | 担当者 |
|---|---|---|---|
| | | | |

◎記入の方法については裏面ご参照ください。

| ①事業所整理記号 | ②事業所番号 | 送信 | ③全喪年月日 | ④全喪の原因 | 送信 | ⑦事業再開見込年月日 |
|---|---|---|---|---|---|---|
| 品 A B C | 123456 | | 令和 0 2 年 0 3 月 2 0 日 | 解散 ①　休業 2　合併 3　任適脱退認可 4　認定全喪 5　その他 7　一括適用 8 | | 令和　年　月　日 |

| ㋑全喪後の連絡先 | |
|---|---|
| 住所 | 〒141－0001 東京都品川区大崎本町1－2－6 |
| 氏名 | 鈴木　太郎 |
| 電話番号 | 03-3456-7890 |

㋒全喪の事由

令和２年１月頃から業績悪化に伴い資金繰りがひっ迫し、経営の継続が困難になった。そのため、廃業し、法人を解散することになった。

令和 2 年 3 月 23 日　提出

| | |
|---|---|
| 事業所所在地 | 〒141－0001　東京都品川区五反田1－2－3 |
| 事業所名称 | 株式会社　緑商会 |
| 事業主氏名 | 代表取締役　鈴木　太郎　㊞ |
| 電話 | （ 03 局） 3321　1123 番 |

受付日付印

社会保険労務士の提出代行者印　㊞

# 書式2　労働保険確定保険料申告書

様式第6号（第24条、第25条、第33条関係）（甲）（1）（表面）

労働保険　概算・増加概算・確定保険料　申告書
石綿健康被害救済法　一般拠出金

下記のとおり申告します。

継続事業（一括有期事業を含む。）

標準字体 0 1 2 3 4 5 6 7 8 9
第3片「記入に当たっての注意事項」をよく読んでから記入して下さい。
ＯＣＲ枠への記入は上記の「標準字体」でお願いします。

提出用

種別 32700　※修正項目番号　※入力徴定コード（項1）

令和 2 年 4 月30日

① 労働保険番号（都道府県・所掌・管轄・基幹番号・枝番号）13109654321－000（項2）

※各種区分（管轄(2)・保険関係等・業種・産業分類）

あて先 〒

②増加年月日（元号：平成は7）　－　－　（項3）
③事業廃止等年月日（元号：平成は7）9－02－03－20（項4）
※事業廃止等理由（項5）

④常時使用労働者数 10人（項6）
⑤雇用保険被保険者数 9人（項7）
⑥免除対象高年齢労働者数 2人（項8）
※保険関係（項9）　※片保険理由コード（項10）

神奈川労働局
労働保険特別会計歳入徴収官殿

⑧　⑩

（なるべく折り曲げないようにし、やむをえない場合には折り曲げマーク（▶）の所で折り曲げて下さい。）

**確定保険料算定内訳**　算定期間　平成31年4月1日　から　令和2年3月20日　まで

| ⑦ 区分 | | ⑧ 保険料・拠出金算定基礎額 | ⑨保険料・拠出金率 | ⑩ 確定保険料・一般拠出金額（⑧×⑨） |
|---|---|---|---|---|
| 労働保険料 | (イ) | （項11）千円 | (イ) 1000分の | (イ) 489000（項12）円 |
| 労災保険分 | (ロ) | 43000（項13）千円 | (ロ) 1000分の 3.0 | (ロ) 129000（項14）円 |
| 雇用保険分 | 雇用保険法適用者分 (ハ) | 41500（項15）千円 | | |
| 雇用保険分 | 高年齢労働者分 (ニ) | 1500（項16）千円 | (ニ) 1000分の | (ニ) 0（項17）円 |
| 雇用保険分 | 保険料算定対象者分 (ホ)((ハ)－(ニ)) | 40000（項18）千円 | (ホ) 1000分の 9 | (ホ) 360000（項19）円 |
| 一般拠出金（注1） | (ヘ) | 43000（項35）千円 | (ヘ) 1000分の 0.02 | (ヘ) 860（項36）円 |

（注2）一般拠出金は延納できません
（注1）石綿による健康被害の救済に関する法律第35条第1項に基づき、労災保険適用事業主から徴収する一般拠出金

**概算・増加概算保険料算定内訳**　算定期間　平成　年　月　日　から　平成　年　月　日　まで

| ⑪ 区分 | | ⑫ 保険料算定基礎額の見込額 | ⑬ 保険料率 | ⑭ 概算・増加概算保険料額（⑫×⑬） |
|---|---|---|---|---|
| 労働保険料 | (イ) | （項20）千円 | (イ) 1000分の | (イ)（項21）円 |
| 労災保険分 | (ロ) | （項22）千円 | (ロ) 1000分の | (ロ)（項23）円 |
| 雇用保険分 | 雇用保険法適用者分 (ハ) | （項24）千円 | | |
| 雇用保険分 | 高年齢労働者分 (ニ) | （項25）千円 | | |
| 雇用保険分 | 保険料算定対象者分 (ホ)((ハ)－(ニ)) | （項26）千円 | (ホ) 1000分の | (ホ)（項27）円 |

⑮事業主の郵便番号（変更のある場合記入）　－　（項28）
⑯事業主の電話番号（変更のある場合記入）　－　－　（項29）
⑰延納の申請　納付回数（項30）

※検算有無区分（項31）　※算調対象区分（項32）　※データ指示コード（項33）　※再入力区分（項34）　※修正項目

⑧⑩⑫⑭欄の金額の前に「¥」記号を付さないで下さい

⑱ ⑱ 申告済概算保険料額　594,000円

⑲ 申告済概算保険料額　円

⑳ ⑳ 差引額
(イ) 充当額（⑱－⑩の(イ)）860円
(ハ) 不足額（⑩の(イ)－⑱）円
㉑充当意思 2（項37）　1：労働保険料のみに充当　2：一般拠出金のみに充当　3：労働保険料及び一般拠出金に充当
(ロ) 還付額（⑱－⑩の(イ)）104140（項38）円

㉑ 増加概算保険料額（⑭の(イ)－⑲）円

㉒ 期別納付額

| | | | | | | | |
|---|---|---|---|---|---|---|---|
| 全期又は第1期（初期） | (イ) 概算保険料額（⑭の(イ)÷⑰＋次期以降の円未満端数）円 | (ロ) 労働保険料充当額（⑳の(イ)（労働保険料分のみ））円 | (ハ) 不足額（⑳の(ハ)）円 | (ニ) 今期労働保険料（(イ)－(ロ)又は(イ)＋(ハ)）円 | (ホ) 一般拠出金充当額（⑳の(イ)（一般拠出金分のみ））860円 | (ヘ) 一般拠出金額（⑩の(ヘ)－⑳の(ホ)）（注2）円 | (ト) 今期納付額（(ニ)＋(ヘ)）円 |
| 第2期 | (チ) 概算保険料額（⑭の(イ)÷⑰）円 | (リ) 労働保険料充当額（⑳の(イ)－㉒の(ロ)）円 | (ヌ) 第2期納付額（(チ)－(リ)）円 | | | | |
| 第3期 | (ル) 概算保険料額（⑭の(イ)÷⑰）円 | (ヲ) 労働保険料充当額（⑳の(イ)－㉒の(ロ)－㉒の(リ)）円 | (ワ) 第3期納付額（(ル)－(ヲ)）円 | | | | |

㉕ 事業又は作業の種類　衣料品の小売業（小売業）

㉓保険関係成立年月日　25年7月1日

㉔事業廃止等理由 ―㉔
(1)廃止　(2)委託　(3)個別　(4)労働者なし　(5)その他

㉖ 加入している労働保険　(イ)労災保険　(ロ)雇用保険
㉗ 特掲事業　(イ)該当する　(ロ)該当しない

㉘ 事業
(イ) 所在地　品川区五反田１－２－３
(ロ) 名称　株式会社　緑商会

㉙ 事業主
郵便番号 141－0000　電話番号（ 03 ）3321－1123
(イ) 住所（法人のときは主たる事務所の所在地）　品川区五反田１－２－３
(ロ) 名称　株式会社　緑商会
(ハ) 氏名（法人のときは代表者の氏名）　代表取締役　鈴木　太郎　㊞
記名押印又は署名

きりとり線（1枚目はきりはなさないで下さい。）

領収済通知書　労働保険　国庫金

（記入例）¥0123456789
○数字は記入例にならって黒のボールペンで力を入れて枠からはみださないように記入して下さい。

30840　取扱庁名 神奈川労働局　※取扱庁番号 00075348　徴収勘定 保険料収入及び一般拠出金収入　労働保険特別会計 0847　厚生労働省所管 6118　平成　年度

都道府県　所掌　管轄　基幹番号　枝番号　※CD　※証券受領

## 書式3　労働保険料還付請求書

様式第８号（第36条関係）

労働保険 石綿健康被害救済法　労働保険料 一般拠出金　**還付請求書**

還付金の種別：労働保険料・一般拠出金

種別　31751

| 労働保険番号 | 都道府県 所掌 管轄(1) 基幹番号 | 枝番号 | |
|---|---|---|---|
| | 1310965432 1 | 000 | （項1） |

※修正項目番号　※漢字修正項目番号

① 還付金の払渡しを受けることを希望する金融機関（金融機関のない場合は郵便局）

| 金融機関 | |
|---|---|
| 金融機関名称〈漢字〉 略称を使用せず正式な金融機関名を記入して下さい | 帝国銀行 |
| 種別（1.普通 2.当座 3.通知 4.別段）（項2） | 1 |
| 口座番号 ※右詰で空白は0を記入して下さい（項3） | 0123122 |
| 支店名称〈漢字〉 略称を使用せず正式な支店名を記入して下さい | 三田支店 |
| ゆうちょ銀行記号番号 記号－番号 ※右詰で空白は0を記入して下さい（項4） | |
| ※金融機関コード（項5） | 0004 |
| ※支店コード（項6） | 005 |
| フリガナ | カ）ミドリショウカイ　ダイヒョウトリシマリヤク　スズキ　タロウ |
| 口座名義人 | 株式会社緑商会　代表取締役　鈴木 太郎 |

| 郵便局 | |
|---|---|
| 郵便局名称〈漢字〉 略称を使用せず正式名称で○○郵便局まで記入して下さい（項7） | |
| 区・市・郡〈漢字〉（項8） | |

② 還付請求額　（注意）各欄の金額の前に「¥」記号を付さないで下さい

| 労働保険料 | 金額 | 一般拠出金 | 金額 |
|---|---|---|---|
| （ア）納付した概算保険料の額又は納付した確定保険料の額（項9） | 594,000円 | （ク）納付した一般拠出金（項15） | 円 |
| （イ）確定保険料の額又は改定確定保険料の額（項10） | 489,000円 | （ケ）改定した一般拠出金（項16） | 円 |
| （ウ）差額（項11） | 105,000円 | （コ）差額（項17） | 円 |
| （エ）労働保険料等・一般拠出金への充当額（詳細は以下③） | | （サ）一般拠出金・労働保険料等への充当額（詳細は以下③） | |
| 内訳（オ）労働保険料等に充当（項12） | 円 | 内訳（シ）一般拠出金に充当（項18） | 円 |
| 内訳（カ）一般拠出金に充当（項13） | 860円 | 内訳（ス）労働保険料等に充当（項19） | 円 |
| （キ）労働保険料還付請求額　（ウ）－（オ）－（カ）（項14） | 104,140円 | （セ）一般拠出金還付請求額　（コ）－（シ）－（ス）（項20） | 円 |

③ 労働保険料等への充当額内訳

| 充当先事業の労働保険番号 | 労働保険料等の種別 | 充当額 |
|---|---|---|
| 13109654321－000 | 31年度、概算、確定、追徴金、延滞金、（一般拠出金） | 860円 |
| － | 年度、概算、確定、追徴金、延滞金、一般拠出金 | |
| － | 年度、概算、確定、追徴金、延滞金、一般拠出金 | |
| － | 年度、概算、確定、追徴金、延滞金、一般拠出金 | |
| － | 年度、概算、確定、追徴金、延滞金、一般拠出金 | |

上記のとおり還付を請求します。

2 年 4 月 30 日

（郵便番号 141－0000 ）電話（ 03 － 3321 －1123 番）

事業主　住所 品川区五反田１－２－３

名称 株式会社　緑商会　　記名押印又は署名

氏名 代表取締役　鈴木　太郎　㊞

（法人のときは、その名称及び代表者の氏名）

官署支出官厚生労働省労働基準局長　殿

東京 労働局労働保険特別会計資金前渡官吏　殿

※修正項目（英数・カナ）

還付理由　2（1.年度更新 2.事業終了 3.その他（算調等））（項21）

還付金発生年度（元号：平成は7）　元号 7－31年（項22）　※徴定区分（項23）

※修正項目（漢字）

（この欄には記入しないで下さい）

| 歳入徴収官 | 部長 | 課室長 | 補佐 | 係長 | 係 |
|---|---|---|---|---|---|
| | | | | | |

| 社会保険労務士記載欄 | 作成年月日・提出代行者・事務代理者の表示 | 氏名 | 電話番号 |
|---|---|---|---|
| | | ㊞ | |

〔注意〕
1. ①欄について、ゆうちょ銀行を指定した場合、「ゆうちょ銀行記号番号」を記入すること。
   また、ゆうちょ銀行以外を指定した場合、「種別」、「口座番号」を記入すること。
2. 還付金の種別欄及び③欄については、事項を選択する場合には該当事項を○で囲むこと。
3. 社会保険労務士記載欄は、この届書を社会保険労務士が作成した場合のみ記載すること。

## 書式４　雇用保険適用事業所廃止届

### 雇用保険適用事業所廃止届

標準字体 0 1 2 3 4 5 6 7 8 9
（必ず第２面の注意事項を読んでから記載してください。）

帳票種別
14002

1. 法人番号（個人事業の場合は記入不要です。）
1234567890123

※2. 本日の資格喪失・転出者数
□□□□□人

3. 事業所番号
1306-789123-1

4. 設置年月日
4-250701（3 昭和　4 平成　5 令和）
元号　年　月　日

⑤ 5. 廃止年月日
5-020320（4 平成　5 令和）
元号　年　月　日

6. 廃止区分
□

7. 統合先事業所の事業所番号
□□□□-□□□□□□-□

8. 統合先事業所の設置年月日
□-□□□□□□（3 昭和　4 平成　5 令和）
元号　年　月　日

| 9. 事業所 | | |
|---|---|---|
| | （フリガナ） | シナガワク　ゴタンダ |
| | 所在地 | 品川区五反田１－２－３ |
| | （フリガナ） | カブシキガイシャ　ミドリショウカイ |
| | 名称 | 株式会社　緑商会 |

| 10. 労働保険番号 | 府県 | 所掌 | 管轄 | 基幹番号 | 枝番号 | 11. 廃止理由 |
|---|---|---|---|---|---|---|
| | 13 | 1 | 09 | 654321 | 000 | 不況により事業を廃止したもの ⑪ |

（この用紙は、このまま機械で処理しますので、汚さないようにしてください。）

上記のとおり届けます。
令和 2 年 3 月 23 日

公共職業安定所長　殿

事業主
住所　品川区五反田１－２－３
名称　株式会社 緑商会
氏名　代表取締役　鈴木 太郎
記名押印又は署名　印
電話番号　03－3321－1123

| ※公共職業安定所記載欄 | | | |
|---|---|---|---|
| | 届書提出後、事業主が住所を変更する場合又は事業主に承継者等のある場合は、その者の住所・氏名 | （フリガナ） | |
| | | 名称 | |
| | | （フリガナ） | |
| | | 住所 | |
| | | （フリガナ） | |
| | | 代表者氏名 | |
| | | 電話番号 | 郵便番号　　　— |

| 備考 | |
|---|---|
| | |

| ※ | 所長 | 次長 | 課長 | 係長 | 係 | 操作者 |
|---|---|---|---|---|---|---|
| | | | | | | |

労働保険事務組合記載欄

所在地

名称

代表者氏名　　　印

| 社会保険労務士記載欄 | 作成年月日・提出代行者・事務代理者の表示 | 氏名 | 電話番号 |
|---|---|---|---|
| | | 印 | |

（この届出は、事業所を廃止した日の翌日から起算して10日以内に提出してください。）

2019. 5

# 2 廃業に伴う従業員の退職手続き

従業員の資格喪失届の手続きが必要になる

## 社会保険の資格喪失手続きについて

会社の廃業に伴い、従業員は離職することになります。離職すると健康保険と厚生年金保険の資格も喪失します。そのため、社会保険が適用される事業所としての廃止届（健康保険・厚生年金保険適用事業所全喪届）の他に、従業員の社会保険の資格喪失手続きを行わなければなりません。資格の喪失日は原則として離職した日の翌日となります。

### 書式５　健康保険厚生年金保険被保険者資格喪失届

事業主は、労働者が社会保険の資格を喪失した日（離職した日の翌日）から５日以内に管轄の年金事務所へ「健康保険厚生年金保険被保険者資格喪失届」を提出します。添付書類として、健康保険被保険者証が必要です。離職した者と連絡がつかない場合などには被保険者証を回収できないこともあります。そのようなときは、資格喪失届の他に「健康保険被保険者証回収不能届」を提出します。

## 従業員の健康保険の取扱い

従業員は、退職後、国民健康保険や家族などの健康保険（被扶養者）など、いくつかの制度の中から該当する公的医療保険制度を選ぶことになります。

ただし、健康保険には退職後も在籍していた会社の健康保険制度に加入できる任意継続被保険者という制度があります。

退職日まで被保険者期間が継続して２か月以上あれば、被保険者資格を喪失してから２年間、任意継続被保険者になることができます。

任意継続被保険者は、会社を通さず、個人で、在職中に加入していた健康保険に継続して加入することになります。

在職中と同様に、健康保険の給付を受けることができます。ただ、在籍中は、会社が保険料の半分を負担していましたが、任意継続後は、全額を自己負担することになります。

### 書式6　健康保険 任意継続被保険者資格取得申出書

申出書には、氏名、生年月日、資格喪失年月日などを記載します。健康保険の任意継続被保険者になる場合、会社を辞めてから（退職日の翌日から）20日以内に、本人がそれまで加入していた健康保険の保険者との間で手続きをしなければなりません。つまり、全国健康保険協会管掌健康保険に加入していた人は全国健康保険協会の都道府県支部との間で手続きを行い、組合管掌健康保険に加入していた人は健康保険組合との間で手続きを行います。本書式は、全国健康保険協会に提出するためのものになります。

勤務していた事業所が倒産などによりなくなっていたとしても、任意継続被保険者として加入することができます。

また、保険料の納付方法を記載する欄もあり、口座振替を希望する場合は別途「口座振替依頼書」の提出が必要です。それ以外の毎月納付などにする場合は、保険料の納付期日までに納付しないと、２年間の任意継続被保険者加入期間の途中であっても、納付期日の翌日に資格喪失となるため注意が必要です。

## 雇用保険の資格喪失手続

雇用保険についても、事業主は「雇用保険適用事業所廃止届」と同時に、従業員の「資格喪失届」を提出することになります。

### 書式7　雇用保険被保険者資格喪失届

従業員が退職した場合、会社は退職日の翌日から10日以内に、管轄の公共職業安定所に「雇用保険被保険者資格喪失届」を提出しなければなりません。この「資格喪失届」には、被保険者の氏名、生年月日、離職年月日、退職理由などを記載します。

雇用保険被保険者資格喪失届には、本人が離職票の交付を希望しないときを除いて、退職日以前の賃金の支払状況を記入した「雇用保険被保険者離職証明書」を添付します（ただし、59歳以上の人の場合は必ず離職証明書を添付します）。その他の添付書類としては、①労働者名簿、②出勤簿、③賃金台帳などがあり、さらに離職理由によっては事実確認のための書類の提出が必要になることがあります。

## 離職証明書の作成

離職した人が雇用保険の失業等給付を受けるためには、離職票が必要になります。離職票の交付を受けるために作成しなければならない書類が「離職証明書」です。

### 書式８　離職証明書

「離職証明書」は、離職日の翌日から10日以内に管轄の公共職業安定所に届け出ます。本書式は会社の自主廃業に伴う離職を想定していますから、⑦の離職理由については、「１⑵」欄に記入します。「具体的事情記載欄」にも、離職に至るまでの簡単な経緯、つまり会社の廃業に伴う離職であることと、離職日となる年月日を記載します。⑧欄の「被保険者期間算定対象期間」には離職日から１か月ずつさかのぼり区分日付を記入していきます。⑫欄の「賃金額」にはその支払対象期間に基づき支給されたすべての賃金の総額を記入します。添付書類は、前述した雇用保険被保険者資格喪失届の他、労働者名簿、賃金台帳、出勤簿、退職届のコピー、解雇通知書など（離職理由が確認できる書類）です。なお、従業員の転職先が決まっている場合など、離職票の交付を本人が希望しないときは会社に離職証明書の作成・届出の必要はありません。ただし、離職者が59歳以上のときは本人の希望にかかわらず作成・届出をしなければなりません。

## 書式5　健康保険厚生年金保険被保険者資格喪失届

| 様式コード |
|---|
| 2201 |

健康保険
厚生年金保険　被保険者資格喪失届

厚生年金保険　70歳以上被用者不該当届

令和 2 年 3 月 23 日提出

**提出者記入欄**

| | |
|---|---|
| 事業所整理記号 | 01　アイウ |
| 事業所番号 | |
| | 届書記入の個人番号に誤りがないことを確認しました。 |
| 事業所所在地 | 〒 141−0000<br>品川区五反田1-2-3 |
| 事業所名称 | 株式会社　緑商会 |
| 事業主氏名 | 代表取締役 鈴木 太郎　㊞ |
| 電話番号 | 03（3321）1123 |

在職中に70歳に到達された方の厚生年金保険被保険者喪失届は、この用紙ではなく『70歳到達届』を提出してください。

受付印

社会保険労務士記載欄

氏名等　㊞

**被保険者1**

| | |
|---|---|
| ① 被保険者整理番号 | 12 |
| ② 氏名 | (フリガナ) イノウエ　ヨウコ<br>(氏) 井上　(名) 洋子 |
| ③ 生年月日 | (5昭和)・7平成・9令和　49年10月03日 |
| ④ 個人番号［基礎年金番号］ | 211750013525 |
| ⑤ 喪失年月日 | 9令和　02年03月21日 |
| ⑥ 喪失（不該当）原因 | (4) 退職等（令和 2 年 3 月 20 日退職等）<br>5 死亡（令和　年　月　日死亡）<br>7 75歳到達（健康保険のみ喪失）<br>9 障害認定（健康保険のみ喪失） |
| ⑦ 備考 | 該当する項目を○で囲んでください。<br>1 二以上事業所勤務者の喪失　3 その他［　］<br>2 退職後の継続再雇用者の喪失 |
| 保険証回収 | 添付 1 枚<br>返不能 ＿ 枚 |
| ⑧ 70歳不該当 | □ 70歳以上被用者不該当（退職日または死亡日を記入してください）<br>不該当年月日　9令和　年　月　日 |

**被保険者2**

| | |
|---|---|
| ① 被保険者整理番号 | |
| ② 氏名 | (フリガナ)<br>(氏)　(名) |
| ③ 生年月日 | 5昭和・7平成・9令和　年　月　日 |
| ④ 個人番号［基礎年金番号］ | |
| ⑤ 喪失年月日 | 9令和　年　月　日 |
| ⑥ 喪失（不該当）原因 | 4 退職等（令和　年　月　日退職等）<br>5 死亡（令和　年　月　日死亡）<br>7 75歳到達（健康保険のみ喪失）<br>9 障害認定（健康保険のみ喪失） |
| ⑦ 備考 | 該当する項目を○で囲んでください。<br>1 二以上事業所勤務者の喪失　3 その他［　］<br>2 退職後の継続再雇用者の喪失 |
| 保険証回収 | 添付 ＿ 枚<br>返不能 ＿ 枚 |
| ⑧ 70歳不該当 | □ 70歳以上被用者不該当（退職日または死亡日を記入してください）<br>不該当年月日　9令和　年　月　日 |

**被保険者3**

| | |
|---|---|
| ① 被保険者整理番号 | |
| ② 氏名 | (フリガナ)<br>(氏)　(名) |
| ③ 生年月日 | 5昭和・7平成・9令和　年　月　日 |
| ④ 個人番号［基礎年金番号］ | |
| ⑤ 喪失年月日 | 9令和　年　月　日 |
| ⑥ 喪失（不該当）原因 | 4 退職等（令和　年　月　日退職等）<br>5 死亡（令和　年　月　日死亡）<br>7 75歳到達（健康保険のみ喪失）<br>9 障害認定（健康保険のみ喪失） |
| ⑦ 備考 | 該当する項目を○で囲んでください。<br>1 二以上事業所勤務者の喪失　3 その他［　］<br>2 退職後の継続再雇用者の喪失 |
| 保険証回収 | 添付 ＿ 枚<br>返不能 ＿ 枚 |
| ⑧ 70歳不該当 | □ 70歳以上被用者不該当（退職日または死亡日を記入してください）<br>不該当年月日　9令和　年　月　日 |

**被保険者4**

| | |
|---|---|
| ① 被保険者整理番号 | |
| ② 氏名 | (フリガナ)<br>(氏)　(名) |
| ③ 生年月日 | 5昭和・7平成・9令和　年　月　日 |
| ④ 個人番号［基礎年金番号］ | |
| ⑤ 喪失年月日 | 9令和　年　月　日 |
| ⑥ 喪失（不該当）原因 | 4 退職等（令和　年　月　日退職等）<br>5 死亡（令和　年　月　日死亡）<br>7 75歳到達（健康保険のみ喪失）<br>9 障害認定（健康保険のみ喪失） |
| ⑦ 備考 | 該当する項目を○で囲んでください。<br>1 二以上事業所勤務者の喪失　3 その他［　］<br>2 退職後の継続再雇用者の喪失 |
| 保険証回収 | 添付 ＿ 枚<br>返不能 ＿ 枚 |
| ⑧ 70歳不該当 | □ 70歳以上被用者不該当（退職日または死亡日を記入してください）<br>不該当年月日　9令和　年　月　日 |

## 書式6　健康保険 任意継続被保険者 資格取得申出書

### 健康保険 任意継続被保険者 **資格取得** 申出書　（申出者記入用）　取

記入方法および添付書類等については、「健康保険 任意継続被保険者 資格取得 申出書 記入の手引き」をご確認ください。

申出書は、楷書で枠内に丁寧にご記入ください。　記入見本 0 1 2 3 4 5 6 7 8 9 ア イ ウ

**申出者情報**

| | |
|---|---|
| 勤務していた時に使用していた被保険者証の発行都道府県 | 東京 支部 |
| 勤務していた時に使用していた被保険者証の（左づめ） | 記号 11220244　番号 12 |
| 生年月日 | ☑昭和 □平成 □令和　49年10月03日 |
| 氏名・印 | （フリガナ）イノウエ　ヨウコ<br>井上　洋子<br>（印）自署の場合は押印を省略できます。 |
| 性別 | □男 ☑女 |
| 住所 | （〒 120-7654 ）東京 都 道 府 県 足立区西千住3-5-7 |
| 電話番号（日中の連絡先） | TEL 03（7654）3210 |
| 勤務していた事業所の | 名称 株式会社 緑商会　所在地 品川区五反田1-2-3 |
| 資格喪失年月日（退職日の翌日） | 令和 2年 3月21日 |
| 保険料の納付方法 | 保険料の納付方法について、希望する番号をご記入ください。<br>2　1. 口座振替（毎月納付のみ）　2. 毎月納付　3. 6か月前納　4. 12か月前納<br>「口座振替」を希望される方は、別途「口座振替依頼書」の提出が必要です。 |

### 健康保険 被扶養者届【資格取得時】

●任意継続被保険者の資格取得時に、被扶養者となられる方についてご記入ください。
●資格取得日の翌日以降に被扶養者となられる方は、別途「被扶養者（異動）届」をご提出ください。

**被扶養者欄**

| 氏名 | 生年月日 | 性別 | 続柄 | 職業 | 年間収入 | 同居別居の別 |
|---|---|---|---|---|---|---|
| （フリガナ）<br>（氏）（名） | □昭和 □平成 □令和　年　月　日 | □男 □女 | | | 万円 | □同居 □別居（国内在住） □別居（海外在住） |
| | | | マイナンバー | | | |
| （フリガナ）<br>（氏）（名） | □昭和 □平成 □令和　年　月　日 | □男 □女 | | | 万円 | □同居 □別居（国内在住） □別居（海外在住） |
| | | | マイナンバー | | | |
| （フリガナ）<br>（氏）（名） | □昭和 □平成 □令和　年　月　日 | □男 □女 | | | 万円 | □同居 □別居（国内在住） □別居（海外在住） |
| | | | マイナンバー | | | |
| （フリガナ）<br>（氏）（名） | □昭和 □平成 □令和　年　月　日 | □男 □女 | | | 万円 | □同居 □別居（国内在住） □別居（海外在住） |
| | | | マイナンバー | | | |

扶養に関する申立欄　　左記の事実に相違ありません。　被保険者 氏名　（印）

被保険者のマイナンバー記載欄
（被保険者証の記号番号を記入した場合は記入不要です）
マイナンバーを記入した場合は、必ず本人確認書類を添付してください。 ▶

(2019.5)

受付日付印

社会保険労務士の提出代行者名記載欄　（印）

様式番号　200110

協会使用欄　1

全国健康保険協会
協会けんぽ

（1/1）

## 書式７　雇用保険被保険者資格喪失届

様式第4号　（移行処理用）　雇用保険被保険者 資格喪失届 ~~氏名変更届~~　標準字体 0 1 2 3 4 5 6 7 8 9

（必ず第２面の注意事項を読んでから記載してください。）

※ 帳票種別　1 5 1 9　｛0 氏名変更届　1 資格喪失届

1. 個人番号　5 2 6 7 5 2 6 7 5 2 6 3

2. 被保険者番号　5018-135246-1

3. 事業所番号　1306-789123-4

4. 資格取得年月日　4-250701（3 昭和　4 平成　5 令和）　元号　年　月　日

5. 離職等年月日　5-020320　元号　年　月　日

6. 喪失原因　3（1 離職以外の理由　2 3以外の離職　3 事業主の都合による離職）

7. 離職票交付希望　1（1 有　2 無）

8. １週間の所定労働時間　4000　時間　分

9. 補充採用予定の有無　（空白 無　1 有）

10. 新氏名　　フリガナ（カタカナ）

（この用紙は、このまま機械で処理しますので、汚さないようにしてください。）

※公共職業安定所記載欄

11. 喪失時被保険者種類　（3 季節）

12. 国籍・地域コード　（17欄に対応するコードを記入）

13. 在留資格コード　（18欄に対応するコードを記入）

14欄から18欄までは、被保険者が外国人の場合のみ記入してください。

14. 被保険者氏名（ローマ字）または新氏名（ローマ字）（アルファベット大文字で記入してください。）

被保険者氏名（ローマ字）または新氏名（ローマ字）〔続き〕

15. 在留期間　西暦　年　月　日　まで

16. 派遣・請負就労区分　（1 派遣・請負労働者として主として当該事業所以外で就労していた場合　2 1に該当しない場合）

17. 国籍・地域　（　　）

18. 在留資格　（　　）

| | | | |
|---|---|---|---|
| 19. （フリガナ） | イノウエ　ヨウコ | 20. 性別 | 21. 生年月日 |
| 被保険者氏名 | 井上　洋子 | 男・(女) | （大正 (昭和) 平成 令和）49年 10月 3日 |
| 22. 被保険者の住所又は居所 | 足立区西千住３－５－７ | | |
| 23. 事業所名称 | 株式会社 緑商会 | 24. 氏名変更年月日 | 令和　年　月　日 |
| 25. 被保険者でなくなったことの原因 | 会社の廃業による退職 | | |

雇用保険法施行規則第７条第１項・第14条第１項の規定により、上記のとおり届けます。

令和 2 年 3 月 23 日

事業主
住所　品川区五反田１－２－３
氏名　株式会社 緑商会　代表取締役 鈴木 太郎　　記名押印又は署名　印
電話番号　03－3321－1123

公共職業安定所長　殿

| 社会保険労務士記載欄 | 作成年月日・提出代行者・事務代理者の表示 | 氏名 | 電話番号 |
|---|---|---|---|
| | | 印 | |

安定所備考欄

| ※ 所長 | 次長 | 課長 | 係長 | 係 | 操作者 |
|---|---|---|---|---|---|
| | | | | | |

| 確認通知年月日 |
|---|
| 令和　年　月　日 |

2019. 5

## 書式８　離職証明書（会社の廃業による正社員の退職）

様式第５号

### 雇用保険被保険者離職証明書（安定所提出用）

| | | | | | |
|---|---|---|---|---|---|
| ①被保険者番号 | 5018-135246-1 | ③フリガナ | イノウエ ヨウコ | ④離職年月日 | 令和 2年 3月 20日 |
| ②事業所番号 | 1306-789123-4 | 離職者氏名 | 井上 洋子 | | |

| | | | |
|---|---|---|---|
| ⑤事業所 名称 | 株式会社緑商会 | ⑥離職者の住所又は居所 | 〒120-7654 |
| 所在地 | 品川区五反田１－２－３ | | 足立区西千住３－５－７ |
| 電話番号 | 03－3321－1123 | | 電話番号（ 03 ）7654-3210 |

この証明書の記載は、事実に相違ないことを証明します。

事業主　住所　品川区五反田１－２－３
氏名　代表取締役　鈴木　太郎　㊞

※離職票交付　平成　年　月　日
（交付番号　番）

離職票受領印

#### 離職の日以前の賃金支払状況等

⑧　⑫

| ⑧被保険者期間算定対象期間 Ⓐ一般被保険者等（離職日の翌日 3月21日） | Ⓑ短期雇用特例被保険者 | ⑨⑧の期間における賃金支払基礎日数 | ⑩賃金支払対象期間 | ⑪⑩の基礎日数 | ⑫賃金額 Ⓐ | Ⓑ | 計 | ⑬備考 |
|---|---|---|---|---|---|---|---|---|
| 2月21日～離職日 | 離職月 | 29日 | 2月21日～離職日 | 29日 | 250,000 | | | |
| 1月21日～2月20日 | 月 | 31日 | 1月21日～2月20日 | 31日 | 250,000 | | | |
| 12月21日～1月20日 | 月 | 31日 | 12月21日～1月20日 | 31日 | 250,000 | | | |
| 11月21日～12月20日 | 月 | 30日 | 11月21日～12月20日 | 30日 | 250,000 | | | |
| 10月21日～11月20日 | 月 | 31日 | 10月21日～11月20日 | 31日 | 250,000 | | | |
| 9月21日～10月20日 | 月 | 30日 | 9月21日～10月20日 | 30日 | 250,000 | | | |
| 8月21日～9月20日 | 月 | 31日 | 8月21日～9月20日 | 31日 | 250,000 | | | |
| 7月21日～8月20日 | 月 | 31日 | 7月21日～8月20日 | 31日 | 250,000 | | | |
| 6月21日～7月20日 | 月 | 30日 | 6月21日～7月20日 | 30日 | 250,000 | | | |
| 5月21日～6月20日 | 月 | 31日 | 5月21日～6月20日 | 31日 | 250,000 | | | |
| 4月21日～5月20日 | 月 | 30日 | 4月21日～5月20日 | 30日 | 250,000 | | | |
| 3月21日～4月20日 | 月 | 31日 | 3月21日～4月20日 | 31日 | 250,000 | | | |
| 月　日～　月　日 | 月 | 日 | 月　日～　月　日 | 日 | | | | |

⑭賃金に関する特記事項

⑮この証明書の記載内容（⑦欄を除く）は相違ないと認めます。
（記名押印又は自筆による署名）
（離職者氏名）井上洋子　㊞

※公共職業安定所記載欄
⑮欄の記載　有・無
⑯欄の記載　有・無
資・聴

本手続きは電子申請による申請も可能です。本手続きについて、電子申請により行う場合には、被保険者が離職証明書の内容について確認したことを証明することができるものを本離職証明書の提出と併せて送信することをもって、当該被保険者の電子署名に代えることができます。

また、本手続きについて、社会保険労務士が電子申請による本届書の提出に関する手続を事業主に代わって行う場合には、当該社会保険労務士が当該事業主の提出代行者であることを証明することができるものを本届書の提出と併せて送信することをもって、当該事業主の電子署名に代えることができます。

| 社会保険労務士記載欄 | 作成年月日・提出代行者・事務代理者の表示 | 氏名 | 電話番号 |
|---|---|---|---|
| | | ㊞ | |

| ※ 所長 | 次長 | 課長 | 係長 | 係 |
|---|---|---|---|---|
| | | | | |

⑦

⑦**離職理由欄**…事業主の方は、離職者の主たる離職理由が該当する理由を１つ選択し、左の事業主記入欄の□の中に○印を記入の上、下の具体的事情記載欄に具体的事情を記載してください。

**【離職理由は所定給付日数・給付制限の有無に影響を与える場合があり、適正に記載してください。】**

| 事業主記入欄 | 離　　職　　理　　由 | ※離職区分 |
|---|---|---|
| | 1　事業所の倒産等によるもの | 1 A |
| □ | (1) 倒産手続開始、手形取引停止による離職 | 1 B |
| ☑ | (2) 事業所の廃止又は事業活動停止後事業再開の見込みがないため離職 | 2 A |
| | 2　定年によるもの | 2 B |
| □ | 定年による離職（定年　　歳） | 2 C |
| | 定年後の継続雇用 { を希望していた（以下のａからｃまでのいずれかを１つ選択してください）<br>を希望していなかった | 2 D |
| | a　就業規則に定める解雇事由又は退職事由（年齢に係るものを除く。以下同じ。）に該当したため<br>（解雇事由又は退職事由と同一の事由として就業規則又は労使協定に定める「継続雇用しないことができる事由」に該当して離職した場合も含む。） | 2 E |
| | b　平成25年3月31日以前に労使協定により定めた継続雇用制度の対象となる高年齢者に係る基準に該当しなかったため | 3 A |
| | c　その他（具体的理由：　　） | 3 B |
| | 3　労働契約期間満了等によるもの | 3 C |
| □ | (1) 採用又は定年後の再雇用時等にあらかじめ定められた雇用期限到来による離職 | 3 D |
| □ | (2) 労働契約期間満了による離職 | 4 D |
| | ①　下記②以外の労働者<br>（１回の契約期間　　箇月、通算契約期間　　箇月、契約更新回数　　回）<br>（契約を更新又は延長することの確約・合意の 有・無（更新又は延長しない旨の明示の 有・無 ））<br>（直前の契約更新時に雇止め通知の 有 ・ 無）<br>労働者から契約の更新又は延長 { を希望する旨の申出があった<br>を希望しない旨の申出があった<br>の希望に関する申出はなかった | 5 E |
| | ②　一般労働者派遣事業に雇用される派遣労働者のうち常時雇用される労働者以外の者<br>（１回の契約期間　　箇月、通算契約期間　　箇月、契約更新回数　　回）<br>（契約を更新又は延長することの確約・合意の 有・無（更新又は延長しない旨の明示の 有・無 ））<br>労働者から契約の更新又は延長 { を希望する旨の申出があった<br>を希望しない旨の申出があった<br>の希望に関する申出はなかった<br>a　労働者が適用基準に該当する派遣就業の指示を拒否したことによる場合<br>b　事業主が適用基準に該当する派遣就業の指示を行わなかったことによる場合（指示した派遣就業が取りやめになったことによる場合を含む。）<br>（ａに該当する場合は、更に下記の５のうち、該当する主たる離職理由を更に１つ選択し、○印を記入してください。該当するものがない場合は下記の６に○印を記入した上、具体的な理由を記載してください。） | |
| □ | (3) 早期退職優遇制度、選択定年制度等により離職 | |
| □ | (4) 移籍出向 | |
| | 4　事業主からの働きかけによるもの | |
| □ | (1) 解雇（重責解雇を除く。） | |
| □ | (2) 重責解雇（労働者の責めに帰すべき重大な理由による解雇） | |
| | (3) 希望退職の募集又は退職勧奨 | |
| □ | ①　事業の縮小又は一部休廃止に伴う人員整理を行うためのもの | |
| □ | ②　その他（理由を具体的に　　） | |
| | 5　労働者の判断によるもの | |
| | (1) 職場における事情による離職 | |
| □ | ①　労働条件に係る重大な問題（賃金低下、賃金遅配、過度な時間外労働、採用条件との相違等）があったと労働者が判断したため | |
| □ | ②　就業環境に係る重大な問題（故意の排斥、嫌がらせ等）があったと労働者が判断したため | |
| □ | ③　事業所での大規模な人員整理があったことを考慮した離職 | |
| □ | ④　職種転換等に適応することが困難であったため（教育訓練の有・無） | |
| □ | ⑤　事業所移転により通勤困難となった（なる）ため（旧(新)所在地：　　） | |
| □ | ⑥　その他（理由を具体的に　　） | |
| □ | (2) 労働者の個人的な事情による離職（一身上の都合、転職希望等） | |
| □ | 6　その他（１－５のいずれにも該当しない場合）<br>（理由を具体的に　　） | |

**具体的事情記載欄（事業主用）**　会社の廃業により令和２年３月20日付で残存社員離職

**⑯離職者本人の判断（○で囲むこと）**
**事業主が○を付けた離職理由に異議**　有り・（無し）
記名押印又は自筆による署名（離職者氏名）　井上洋子　㊞

# 第5章

# 解散・清算と税務上の手続き

# 1 解散・清算の際の税務申告

解散・清算中、清算完了ごとに申告が必要

## どんな手続きが必要になるのか

会社が解散や清算を行う際の税務申告には、①解散事業年度確定申告（解散確定申告）、②清算事業年度確定申告、③残余財産確定事業年度確定申告の３種類があります。

解散確定申告とは、会社の解散日の翌日から２か月以内に所管の省庁に法人税、消費税、法人住民税、事業税の確定申告を行うことをいいます。申告の対象になる事業年度は、解散事業年度と呼ばれ、通常の事業年度が始まった日から解散の日までとなります。解散事業年度は、１年未満になるのが普通ですので、確定申告時には、減価償却費などの調整をします。清算事業年度確定申告とは、清算の手続きが事業年度をまたぐ場合に、事業年度が終わるごとに清算中の所得を申告することをいいます。申告は事業年度の終了後２か月以内に行わなければなりません。残余財産確定事業年度確定申告とは、残余財産の金額が確定した日から１か月以内に行う確定申告です。

## 残余財産の分配とみなし配当

清算手続きを経て、すべての債務を清算した結果、財産が残る場合があります。この財産を残余財産といいます。残余財産は株主へ分配されます。債権者の保護を図る観点から、株主への分配は最後の最後です。残余財産が株主に分配される際は、保有する株式数に応じて行われます。この分配された金額が払込資本を上回っている場合には、上回った額は配当とみなされます。これをみなし配当といいます。

みなし配当は所得税の課税対象です。通常の配当の場合と同様に所得税の源泉徴収制度が適用され、配当をする側つまり清算している法人が源泉徴収をする義務があります。

なお、このみなし配当を受ける側が法人の株主である場合は、その法人においては受取配当等の益金不算入や所得税額控除の適用を受けることができます。

## 役員退職金の支払と節税対策

会社が解散するに至るまでには、少しでも業績を圧迫しないように、役員報酬をカットしてきているでしょうし、結果的に解散に至ってしまった以上、役員退職金も支払うことができないことも考えられます。

その上、残余財産の分配において、みなし配当が生じ、配当所得税の源泉税率である20.42％が差し引かれてしまうのは、少々もったいないという心情も働きます。一般的に中小企業においては、代表者や一部の個人が株主として大部分の株式を保有しているケースが多く、場合によってはみなし配当の額も大きくなる可能性もあります。そこで、残余財産を極力、株主資本に近い金額だけを残すように役員退職金を支払うことで、個人の節税対策と、清算法人の事務負担の軽減を図ることができます。

ただし、この場合、通常の役員退職金よりも過剰に大きな金額の役員退職金を支払うと税務調査で指摘されることも考えられます。もっとも、業績と共に財務状況も非常に悪化しての解散であることがほとんどであるため、残余財産が大きく残ってしまうケース自体が通常は考えにくいといえます。

逆に、このスキームを悪用し、意図的に解散をさせて多額の役員退職金を得るようなケースはすぐに税務署に指摘される可能性がありますので注意が必要です。

# 2 解散事業年度の確定申告書の書き方

期首から解散日までの解散事業年度で申告する

## 解散時の確定申告書を作成する

解散事業年度の決算に基づき、法人税の確定申告書（書式1）を作成します。通常の決算を行う時と同じ要領で、「法人税の確定申告書」に決算書等を添付し、管轄の税務署へ提出します。提出期限は、解散日の翌日から2か月以内です。ただし、申請により提出期限を延長している場合、解散日の翌日から3か月（連結納税の場合は4か月）以内です。注意しなければならないのは、事業年度が解散日までであるため、月数が通常とは異なるという点です。たとえば減価償却の計算や中小法人の軽減税率の適用額など、月数に応じて換算が必要な場合もあります。また、特別償却や税額控除など、租税特別措置法による特例の中には、解散事業年度においては適用されない制度もあるので、計算を行う前には確認が必要です。

確定申告書は、別表と呼ばれる複数の用紙で構成されています。法人税の計算は、決算で確定した「当期純利益」または「当期純損失」をベースにして行います。これに税法に基づいた調整計算を加え、課税されるべき所得の金額と、所得に対する法人税額が算出されるというのが、大まかな流れです。税法独自の調整計算を加えることを、申告調整といいます。申告調整には、所得に加算する「加算項目」と減算する「減算項目」があります。加算されるということは、所得が増え、当然ながらその分税金も増えるということです。反対に減算項目には、税金を減らす効果があります。これらの内容を、別表という書類に反映させていくというわけです。

別表にはどの法人も必ず作成しなければならないものと、必要に応じて作成するものとがあります。必ず作成する別表とは、別表一、二、四、五㈠、五㈡の５枚です。それぞれの内容は以下で説明していきます。これら以外は、それぞれの法人のケースに応じて、必要な別表を作成します。ここでは、緑商会が作成した別表六㈠、七㈠について見ていきます。

### 書式１　別表一（108ページ）

別表一は、後述の別表四で計算した所得金額から、税額を計算する書類です。したがって、所得が確定して最後に作成することになります。所得金額に税率を掛けて法人税額を計算するのですが、税額控除などの事項や、反対に課税される事項があれば、ここで加減算を行います。中間納付額や源泉所得税の支払分についても、この段階で控除します。税率は23.2％ですが、期末資本金１億円以下の中小法人（大法人に完全支配されている場合を除く）の場合、年800万円までの所得については15％の軽減税率が適用されます。１年に満たない場合には、軽減税率が適用されるのは800万円のうち当期の月数で按分計算した金額までとなります。

また、別表一には納税地、法人名、事業年度などを記入する欄もあり、確定申告書全体の表紙としての役割もあります。「決算確定の日」の欄には、株主総会で決算報告が承認された日を記入します。税金が還付される場合は、金融機関の欄も忘れずに記入しましょう。

なお、地方法人税の確定申告も併せて必要となります。地方法人税の税率は、令和元年10月１日以後に開始した事業年度は法人税額の10.3％、令和元年９月30日以前に開始した事業年度は法人税額の4.4％です。

### 書式１　別表二（110ページ）

この別表は調整金額そのものを計算するものではなく、税法上の「同族会社」または「特定同族会社」に該当するかどうかを判定するための書類です。同族会社とは、株主やその親族等で構成される株主グループの発行済株式や議決権の数が、上位３位までの合計で過半数を所有されている会社をいいます。また、特定同族会社とは、同族会社のうち、１つの株主グループで過半数の所有を占める会社をいいます。ただし、資本金１億円以下の中小法人（資本金５億円以上の大法人に完全支配されている法人を除く）は特定同族会社から除かれます。これらに該当しない会社を「非同族会社」といいます。

社長やその親族が株主となっている同族会社では、株主が経営者でもあるため、経営者の意のままになりやすいといえます。したがって法人税法上、同族会社に対しては、条件により留保金課税という追加的な税金が課せられる場合があります。

### 書式１　別表四（111ページ）

別表四は課税されるべき所得金額を計算する表です。上から順に見ていくと、当期利益（または当期欠損）の額、加算項目、減算項目、所得金額（または決算金額）という構成です。加算と減算の欄には、各別表で計算した調整金額を転記します。これらを加減算して、「所得金額または欠損金額」の総額欄を計算していきます。

加算や減算の調整計算とはどういうことなのか、もう少し詳しく見ていきましょう。その前提として、税法用語について簡単に説明します。法人税法では、会計とは用語の言い回しが少し異なります。たとえば収益のことを「益金」、費用のことを「損金」、費用として計上することを「損金経理」といいます。また、費用と認められず加算されることを「損金不算入」、費用計上が認められることを「損金算入」といいます。これに対して、収益と認識されることを「益金算入」、収益と認識されないことを「益金不算入」といいます。

まず、加算項目には損金経理をした法人税、減価償却の償却超過額、交際費等の損金不算入額などがあります。簡単に説明しますと、納付した法人税は「法人税等」などの科目で費用として計上されています。しかし、税法上は費用とは認められず損金不算入であるため、加算されるというわけです。また、減価償却費については、損金経理を行った場合に税法上の限度額までの損金算入が認められています。ただし限度額を超過した部分については損金不算入となります。交際費についても税法上の限度額が設けられており、これを超えた部分は損金不算入となります。

減算項目には、当期に支払った事業税等の金額や、法人税や所得税の還付金などがあります。事業税は、納付をした事業年度で損金算入が認められています。一般的には前期末に「法人税等」として計上しているため、前期末においていったん加算調整した上で、翌期の費用として減算調整します。法人税等の還付金については、「雑収入」など収益に計上されています。しかし、そもそも法人税が損金不算入であるため、還付された場合も益金不算入として減算調整されます。

### 書式1　別表五（一）（112ページ）

調整項目の中には、益金または損金として認識すべき時期が異なるために発生したものもあります。このような一時的な差異の場合、別表四の「処分」欄の②「留保」に記入します。一時的に発生した差異は、別表五㈠にも、「当期の増減」欄の③「増」として金額を記録します。たとえば減価償却超過額がこれに該当します。税法上の限度額を超えて計上した減価償却費は損金とは認められず、所得に加算されてしまいます。しかしこの超過額による差異は、いずれ解消されます。差異が解消された場合には②「減」に記入します。

別表五㈠は「税法上の純資産」の明細を表わすためのものでもあります。調整計算により生じた差異の他、利益積立金や繰越損益金、資本金や資本準備金など、法人の純資産に関する記入欄があります。これらの記入欄には、貸借対照表や株主資本等変動計算書から転記します。

### 書式1　別表五（二）（113ページ）

「未払法人税等」のことを税法用語で「納税充当金」といいます。別表五㈡では、税金の発生とその支払状況、納税充当金の繰入額と取崩額などの明細を明らかにする書類です。なお、罰金や過少申告加算税、延滞税などのペナルティとしての税金は損金算入が認められません。このような税金があればこの別表に記録し、加算調整を行います。

### 書式1　別表六（一）（114ページ）

配当や預貯金の利子などの収入からは、源泉所得税が徴収されています。この源泉所得税は、納めるべき法人税額から控除することができます。法人税の税額控除の適用を受けるために作成するのが、この別表六㈠です。その計算方法とは、損金計上した税額を加算調整して最終的に算出された法人税額等から控除（税額控除）するというものです。なお、徴収された所得税額をそのまま損金として処理することもできますが、税額控除を受けた方が納税者には有利です。

### 書式1　別表七（一）（115ページ）

赤字で欠損金額が生じてしまった場合、欠損金額を繰り越して、翌事業年度以後に生じた所得から控除することができる制度があります。控除された分、税金も少なくなるというわけです。これを欠損金の繰越控除といいます。別表七㈠は、繰越欠損金額を記録するための別表です。別表の「区分」にも「青色欠損」とあるように、通常は青色申告を行った事業年度に適用されますが、災害による損失については、白色申告の場合も適用されます。

欠損金は翌期以降10年間（平成30年３月31日以前に開始した事業年度については９年間）繰り越すことができ、欠損金控除前の当期の所得金額の50％（平成24年３月31日以前に開始した事業年度は100％、平成24年４月１日以後平成30年３月31日以前に開始した事業年度は段階的に55％から80％）まで控除することができます。なお、期末資本金額１億円以下の中小法人（大法人による完全支配がないもの）の場合は、所得金額の100％まで控除することができます。

## その他の別表を提出する場合

その他の別表を提出する場合について見ていきます。特定同族会社が限度額を超えて留保したお金に対しては、特別に課税される場合があります。これを留保金課税といい、別表三㈠においてその課税額を計算します。また、損金算入限度額が設けられている場合については、その限度額を、別表を用いて計算します。たとえば貸倒引当金の損金算入額を計算する別表十一、交際費の損金算入額を計算する別表十五、減価償却費の損金算入額を計算する別表十六などがこれに該当します。これらの別表については、必要に応じて作成することになります。

## 添付書類として提出書類は

「確定申告書」には、決算書類を添付して提出します。添付する決算書類は、「貸借対照表」「損益計算書」「株主資本等変動計算書」「勘定科目内訳明細書」です。これらの書類と共に、「法人事業概況説明書」（**書式２**、116ページ）も、必要事項を記入して提出します。この書類はOCR用紙といってコンピューターで読み取り処理を行うため、ホチキスなどで穴をあけることはできません。マイナスの表示は「▲」ではなく「△」または「－」と表示します。記入内容は、事業の内容や管理の方法、決算書の主要科目の概算金額、各月の売上、仕入、人件費などの概算金額、当期の営業成績などです。書き方については、各税務署や国税庁のホームページから説明書を入手することができます。

税額控除や軽減税率など、租税特別措置法の適用を受ける場合には、「適用額明細書」の提出も必要です（129ページの説明参照）。

また、継続して青色申告を行っており、解散事業年度が赤字である場合、前年度の法人税額のうち一定金額を還付請求することができます（「欠損金の繰戻しによる還付請求書」を参照、140ページ）。適用を受ける場合には、別表一㈠及び七㈠の記載事項を記入の上、「欠損金の繰戻しによる還付請求書」を、解散の日から１年以内に、管轄の税務署に提出する必要があります。

# 書式1　解散事業年度の確定申告書

別表一　各事業年度の所得に係る申告書－内国法人の分……平三十一・四・一以後終了事業年度等分

| | |
|---|---|
| 税務署受付印 | 品川　税務署長殿　令和元年11月18日 |
| 納税地 | 東京都品川区XXX1-2-3　電話（03）XXXX-XXXX |
| （フリガナ） | カブシキガイシャ　ミドリショウカイ |
| 法人名 | 株式会社　緑商会 |
| 法人番号 | XXXXXXXXXXXXX |
| （フリガナ） | スズキ　タロウ |
| 代表者記名押印 | 鈴木　太郎　㊞ |
| 代表者住所 | 東京都品川区XXX1-2-4 |

| | |
|---|---|
| 所管 / 業種目 / 概況書 / 要否 / 別表等 | |
| 法人区分 | 普通法人（特定の医療法人を除く）、一般社団法人等、一般財団法人等又は人格のない社団等 ／ 左記以外の公益法人等、協同組合等又は特定の医療法人 |
| 事業種目 | 衣料品小売業 |
| 期末現在の資本金の額又は出資金の額 | 25,000,000円 |
| 同上が1億円以下の普通法人のうち中小法人に該当しないもの | 非中小法人 |
| 同非区分 | 特定同族会社 ／ 同族会社（○） ／ 非同族会社 |
| 旧納税地及び旧法人名等 | |
| 添付書類 | 貸借対照表（○）、損益計算書（○）、株主（社員）資本等変動計算書（○）又は損益金処分表、勘定科目内訳明細書（○）、事業概況書（○）、組織再編成に係る契約書等の写し、組織再編成に係る移転資産等の明細書 |

※税務署処理欄

| | |
|---|---|
| 青色申告 | 一連番号 |
| 整理番号 | |
| 事業年度（至） | 年　月　日 |
| 売上金額 | 兆　十億　百万 |
| 申告年月日 | 年　月　日 |
| 通信日付印 / 確認印 / 庁指定 / 局指定 / 指導等 / 区分 | 年　月　日 |
| 申告区分 | 法人税：中間・期限後・修正　地方法人税：中間・期限後・修正 |

平成・令和 31 年 04 月 01 日　事業年度分の法人税 解散確定申告書
平成・令和 01 年 09 月 30 日　課税事業年度分の地方法人税　申告書
（中間申告の場合の計算期間　平成・令和　年　月　日／平成・令和　年　月　日）

| | |
|---|---|
| 翌年以降送付要否 | 要 ／ 否（○） |
| 適用額明細書提出の有無 | 有 ／ 無（○） |
| 税理士法第30条の書面提出有 | 有 |
| 税理士法第33条の2の書面提出有 | 有 |

## この申告書による法人税額の計算

| 項目 | 番号 | 金額（円） |
|---|---|---|
| 所得金額又は欠損金額（別表四「47の①」） | 1 | △15000000 |
| 法人税額 (53)+(54)+(55) | 2 | 0 |
| 法人税額の特別控除額（別表六（六）「4」） | 3 | |
| 差引法人税額 (2)－(3) | 4 | 0 |
| 連結納税の承認を取り消された場合等における既に控除された法人税額の特別控除額の加算額 | 5 | |
| 土地譲渡利益金　課税土地譲渡利益金額（別表三（二）「24」＋別表三（二の二）「25」＋別表三（三）「20」） | 6 | 000 |
| 土地譲渡利益金　同上に対する税額 (22)+(23)+(24) | 7 | |
| 留保金　課税留保金額（別表三（一）「4」） | 8 | 000 |
| 留保金　同上に対する税額（別表三（一）「8」） | 9 | |
| 法人税額計 (4)+(5)+(7)+(9) | 10 | 00<br>0 |
| 分配時調整外国税相当額及び外国関係会社等に係る控除対象所得税額等相当額の控除額（別表六（五の二）「7」＋別表十七（三の十二）「3」） | 11 | |
| 仮装経理に基づく過大申告の更正に伴う控除法人税額 | 12 | |
| 控除税額（((10)－(11)－(12))と(19)のうち少ない金額） | 13 | |
| 差引所得に対する法人税額 (10)－(11)－(12)－(13) | 14 | 00 |
| 中間申告分の法人税額 | 15 | 00 |
| 差引確定法人税額 (14)－(15)（中間申告の場合はその税額とし、マイナスの場合は、(26)へ記入） | 16 | 00 |

## この申告書による地方法人税額の計算

| 項目 | 番号 | 金額（円） |
|---|---|---|
| 課税標準法人税額の計算　基準法人税額　所得の金額に対する法人税額 (4)+(5)+(7)+(10の外書) | 33 | |
| 課税標準法人税額の計算　基準法人税額　課税留保金額に対する法人税額 (9) | 34 | |
| 課税標準法人税額 (33)+(34) | 35 | 000 |
| 地方法人税額 (58) | 36 | |
| 課税留保金額に係る地方法人税額 (59) | 37 | |
| 所得地方法人税額 (36)+(37) | 38 | |
| 分配時調整外国税相当額及び外国関係会社等に係る控除対象所得税額等相当額の控除額（（別表六（五の二）「8」＋別表十七（三の十二）「4」）と(38)のうち少ない金額） | 39 | |
| 外国税額の控除額（別表六（二）「50」） | 40 | |
| 仮装経理に基づく過大申告の更正に伴う控除地方法人税額 | 41 | |
| 差引地方法人税額 (38)－(39)－(40)－(41) | 42 | 00 |
| 中間申告分の地方法人税額 | 43 | 00 |
| 差引確定地方法人税額 (42)－(43)（中間申告の場合はその税額とし、マイナスの場合は、(45)へ記入） | 44 | 00 |

## 控除税額の計算 ほか

| 区分 | 項目 | 番号 | 金額（円） |
|---|---|---|---|
| 控除税額の計算 | 所得税の額（別表六（一）「6の③」） | 17 | 4 |
| 控除税額の計算 | 外国税額（別表六（二）「20」） | 18 | |
| 控除税額の計算 | 計 (17)+(18) | 19 | 4 |
| 控除税額の計算 | 控除した金額 (13) | 20 | |
| 控除税額の計算 | 控除しきれなかった金額 (19)－(20) | 21 | 4 |
| 土地譲渡税額の内訳 | 土地譲渡税額（別表三（二）「27」） | 22 | 0 |
| 土地譲渡税額の内訳 | 同上（別表三（二の二）「28」） | 23 | 0 |
| 土地譲渡税額の内訳 | 同上（別表三（三）「23」） | 24 | 00 |
| この申告による還付金額 | 所得税額等の還付金額 (21) | 25 | 4 |
| この申告による還付金額 | 中間納付額 (15)－(14) | 26 | |
| この申告による還付金額 | 欠損金の繰戻しによる還付請求税額 | 27 | 外 |
| この申告による還付金額 | 計 (25)+(26)+(27) | 28 | 外　4 |
| この申告が修正申告である場合 | この申告前の所得金額又は欠損金額 (60) | 29 | |
| この申告が修正申告である場合 | この申告により納付すべき法人税額又は減少する還付請求税額 (65) | 30 | 外　00 |
| | 欠損金又は災害損失金等の当期控除額（別表七（一）「4の計」＋（別表七（二）「9」若しくは「21」又は別表七（三）「10」）） | 31 | |
| | 翌期へ繰り越す欠損金又は災害損失金（別表七（一）「5の合計」） | 32 | 7950000 |
| | この申告による還付金額 (43)－(42) | 45 | 外 |
| この申告が修正申告である場合　この申告前の | 所得の金額に対する法人税額 (68) | 46 | |
| この申告が修正申告である場合　この申告前の | 課税留保金額に対する法人税額 (69) | 47 | |
| この申告が修正申告である場合　この申告前の | 課税標準法人税額 (70) | 48 | 000 |
| この申告が修正申告である場合 | この申告により納付すべき地方法人税額 (74) | 49 | 00 |
| | 剰余金・利益の配当（剰余金の分配）の金額 | | |

| | |
|---|---|
| 残余財産の最後の分配又は引渡しの日 | 平成・令和　年　月　日 |
| 決算確定の日 | 平成・令和 01年11月14日 |
| 還付を受けようとする金融機関等 | みどり　銀行（○）・金庫・組合・農協・漁協　品川　本店・支店（○）・出張所・本所・支所　普通預金 |
| 郵便局名等 | |
| 口座番号 | 1234XXX |
| ゆうちょ銀行の貯金記号番号 | － |
| ※税務署処理欄 | |

| | |
|---|---|
| 税理士署名押印 | ㊞ |

| 事業年度等 | 31・4・1<br>元・9・30 | 法人名 | 株式会社 緑商会 |
|---|---|---|---|

別表一次葉 平三十一・四・一以後終了事業年度等分

| 法人税額の計算 | | | | | |
|---|---|---|---|---|---|
| (1)のうち中小法人等の年800万円相当額以下の金額 ((1)と800万円×$\frac{\quad}{12}$のうち少ない金額) | 50 | 000 | (50)の15%又は19%相当額 | 53 | 0 |
| (1)のうち特例税率の適用がある協同組合等の年10億円相当額を超える金額 (1)−10億円×$\frac{\quad}{12}$ | 51 | 000 | (51)の22%相当額 | 54 | |
| その他の所得金額 (1)−(50)−(51) | 52 | 000 | (52)の19%又は23.2%相当額 | 55 | 0 |

| 地方法人税額の計算 | | | | | |
|---|---|---|---|---|---|
| 所得の金額に対する法人税額 (33) | 56 | 000 | (56)の4.4%又は10.3%相当額 | 58 | 0 |
| 課税留保金額に対する法人税額 (34) | 57 | 000 | (57)の4.4%又は10.3%相当額 | 59 | |

| この申告が修正申告である場合の計算 | | | | | | | | | |
|---|---|---|---|---|---|---|---|---|---|
| 法人税額の計算 | この申告前の | 所得金額又は欠損金額 | 60 | | 地方法人税額の計算 | この申告前の | 所得の金額に対する法人税額 | 68 | |
| | | 課税土地譲渡利益金額 | 61 | | | | 課税留保金額に対する法人税額 | 69 | |
| | | 課税留保金額 | 62 | | | | 課税標準法人税額 (68)+(69) | 70 | 000 |
| | | 法人税額 | 63 | | | | 確定地方法人税額 | 71 | |
| | | 還付金額 | 64 | 外 | | | 中間還付額 | 72 | |
| | この申告により納付すべき法人税額又は減少する還付請求税額 ((16)−(63))若しくは((16)+(64))又は((64)−(28)) | | 65 | 外 00 | | | 欠損金の繰戻しによる還付金額 | 73 | |
| | この申告前の | 欠損金又は災害損失金等の当期控除額 | 66 | | | この申告により納付すべき地方法人税額 ((44)−(71))若しくは((44)+(72)+(73))又は(((72)−(45))+((73)−(45の外書))) | | 74 | 00 |
| | | 翌期へ繰り越す欠損金又は災害損失金 | 67 | | | | | | |

## 同族会社等の判定に関する明細書

| 事業年度又は連結事業年度 | 31・4・1<br>元・9・30 | 法人名 | 株式会社 緑商会 |
|---|---|---|---|

別表二　平三十一・四・一以後終了事業年度又は連結事業年度分

| 同族会社の判定 | | | |
|---|---|---|---|
| 期末現在の発行済株式の総数又は出資の総額 | 1 | 内 | 500 |
| (19)と(21)の上位3順位の株式数又は出資の金額 | 2 | | 500 |
| 株式数等による判定 (2)/(1) | 3 | | 100.0 % |
| 期末現在の議決権の総数 | 4 | 内 | |
| (20)と(22)の上位3順位の議決権の数 | 5 | | |
| 議決権の数による判定 (5)/(4) | 6 | | % |
| 期末現在の社員の総数 | 7 | | |
| 社員の3人以下及びこれらの同族関係者の合計人数のうち最も多い数 | 8 | | |
| 社員の数による判定 (8)/(7) | 9 | | % |
| 同族会社の判定割合 ((3)、(6)又は(9)のうち最も高い割合) | 10 | | 100.0 |

| 特定同族会社の判定 | | |
|---|---|---|
| (21)の上位1順位の株式数又は出資の金額 | 11 | |
| 株式数等による判定 (11)/(1) | 12 | % |
| (22)の上位1順位の議決権の数 | 13 | |
| 議決権の数による判定 (13)/(4) | 14 | % |
| (21)の社員の1人及びその同族関係者の合計人数のうち最も多い数 | 15 | |
| 社員の数による判定 (15)/(7) | 16 | % |
| 特定同族会社の判定割合 ((12)、(14)又は(16)のうち最も高い割合) | 17 | |
| 判定結果 | 18 | 特定同族会社<br>同族会社（○）<br>非同族会社 |

### 判定基準となる株主等の株式数等の明細

| 順位 株式数等 | 順位 議決権数 | 判定基準となる株主（社員）及び同族関係者 住所又は所在地 | 氏名又は法人名 | 判定基準となる株主等との続柄 | 株式数又は出資の金額等 被支配会社でない法人株主等 株式数又は出資の金額 19 | 議決権の数 20 | その他の株主等 株式数又は出資の金額 21 | 議決権の数 22 |
|---|---|---|---|---|---|---|---|---|
| 1 | | 東京都品川区XXX1-2-4 | 鈴木 太郎 | 本人 | | | 500 | |
| | | | | | | | | |
| | | | | | | | | |
| | | | | | | | | |
| | | | | | | | | |
| | | | | | | | | |
| | | | | | | | | |
| | | | | | | | | |
| | | | | | | | | |
| | | | | | | | | |
| | | | | | | | | |
| | | | | | | | | |
| | | | | | | | | |

## 所得の金額の計算に関する明細書(簡易様式)

| 事業年度 | 31·4·1<br>元·9·30 | 法人名 | 株式会社 緑商会 |
|---|---|---|---|

別表四(簡易様式) 平三十一・四・一以後終了事業年度分

**御注意**

1 沖縄の認定法人の課税の特例、国家戦略特別区域における指定法人の課税の特例、組合事業等に係る損失がある場合の課税の特例、対外船舶運航事業を営む法人の日本船舶による収入金額の課税の特例、特定目的会社等又は特定目的信託に係る課税の特例、農業経営基盤強化準備金の課税の特例、農用地等を取得した場合の課税の特例、関西国際空港用地整備準備金の課税の特例、中部国際空港整備準備金の課税の特例及び再投資等準備金の課税の特例等の規定の適用を受ける法人にあっては、別様式による別表四を御使用ください。

2 「47」の「①」欄の金額は、「②」欄の金額に「③」欄の本書の金額を加算し、これから「※」の金額を加減算した額と符合することになりますから留意してください。

| 区分 | | | 総額 ① | 処分 留保 ② | 社外流出 ③ | |
|---|---|---|---|---|---|---|
| 当期利益又は当期欠損の額 | | 1 | 円<br>△1,590,000 | 円<br>△1,590,000 | 配当<br>その他 | 円 |
| 加算 | 損金経理をした法人税及び地方法人税(附帯税を除く。) | 2 | | | | |
| | 損金経理をした道府県民税及び市町村民税 | 3 | | | | |
| | 損金経理をした納税充当金 | 4 | 90,000 | 90,000 | | |
| | 損金経理をした附帯税(利子税を除く。)、加算金、延滞金(延納分を除く。)及び過怠税 | 5 | | | その他 | |
| | 減価償却の償却超過額 | 6 | | | | |
| | 役員給与の損金不算入額 | 7 | | | その他 | |
| | 交際費等の損金不算入額 | 8 | | | その他 | |
| | | 9 | | | | |
| | | 10 | | | | |
| | | | | | | |
| | | | | | | |
| | | | | | | |
| | 小計 | 11 | 90,000 | 90,000 | | |
| 減算 | 減価償却超過額の当期認容額 | 12 | | | | |
| | 納税充当金から支出した事業税等の金額 | 13 | | | | |
| | 受取配当等の益金不算入額(別表八(一)「13」又は「26」) | 14 | | | ※ | |
| | 外国子会社から受ける剰余金の配当等の益金不算入額(別表八(二)「26」) | 15 | | | ※ | |
| | 受贈益の益金不算入額 | 16 | | | ※ | |
| | 適格現物分配に係る益金不算入額 | 17 | | | ※ | |
| | 法人税等の中間納付額及び過誤納に係る還付金額 | 18 | | | | |
| | 所得税額等及び欠損金の繰戻しによる還付金額等 | 19 | | | ※ | |
| | 仮払税金 | 20 | 4 | 4 | | |
| | | | | | | |
| | | | | | | |
| | | | | | | |
| | 小計 | 21 | 4 | 4 | 外※ | |
| 仮計 (1)+(11)−(21) | | 22 | △1,500,004 | △1,500,004 | 外※ | |
| 関連者等に係る支払利子等の損金不算入額(別表十七(二の二)「24」又は「29」) | | 23 | | | その他 | |
| 超過利子額の損金算入額(別表十七(二の三)「10」) | | 24 | △ | | ※ | △ |
| 仮計 ((22)から(24)までの計) | | 25 | | | 外※ | |
| 寄附金の損金不算入額(別表十四(二)「24」又は「40」) | | 27 | | | その他 | |
| 法人税額から控除される所得税額(別表六(一)「6の③」) | | 29 | 4 | | その他 | 4 |
| 税額控除の対象となる外国法人税の額(別表六(二の二)「7」) | | 30 | | | その他 | |
| 分配時調整外国税相当額及び外国関係会社等に係る控除対象所得税額等相当額(別表六(五の二)「5の②」+別表十七(三の十二)「1」) | | 31 | | | その他 | |
| 合計 (25)+(27)+(29)+(30)+(31) | | 34 | | | 外※ | |
| 契約者配当の益金算入額(別表九(一)「13」) | | 35 | | | | |
| 中間申告における繰戻しによる還付に係る災害損失欠損金額の益金算入額 | | 37 | | | ※ | |
| 非適格合併又は残余財産の全部分配等による移転資産等の譲渡利益額又は譲渡損失額 | | 38 | | | ※ | |
| 差引計 (34)+(35)+(37)+(38) | | 39 | | | 外※ | |
| 欠損金又は災害損失金等の当期控除額(別表七(一)「4の計」+(別表七(二)「9」若しくは「21」又は別表七(三)「10」)) | | 40 | △ | | ※ | △ |
| 総計 (39)+(40) | | 41 | | | 外※ | |
| 新鉱床探鉱費又は海外新鉱床探鉱費の特別控除額(別表十(三)「43」) | | 42 | △ | | ※ | △ |
| 残余財産の確定の日の属する事業年度に係る事業税の損金算入額 | | 46 | △ | △ | | |
| 所得金額又は欠損金額 | | 47 | △1,500,000 | △1,500,004 | 外※ | 4 |

(簡)

## 利益積立金額及び資本金等の額の計算に関する明細書

| 事業年度 | 31・4・1<br>元・9・30 | 法人名 | 株式会社 緑商会 |
|---|---|---|---|

別表五㈠ 平三十一・四・一以後終了事業年度分

### Ⅰ 利益積立金額の計算に関する明細書

| 区分 | | 期首現在利益積立金額 ① | 当期の増減 減 ② | 当期の増減 増 ③ | 差引翌期首現在利益積立金額 ①−②+③ ④ |
|---|---|---|---|---|---|
| 利益準備金 | 1 | 円 | 円 | 円 | 円 |
| 積立金 | 2 | | | | |
| 仮払税金 | 3 | | | △4 | △4 |
| | 4 | | | | |
| | 5 | | | | |
| | 6 | | | | |
| | 7 | | | | |
| | 8 | | | | |
| | 9 | | | | |
| | 10 | | | | |
| | 11 | | | | |
| | 12 | | | | |
| | 13 | | | | |
| | 14 | | | | |
| | 15 | | | | |
| | 16 | | | | |
| | 17 | | | | |
| | 18 | | | | |
| | 19 | | | | |
| | 20 | | | | |
| | 21 | | | | |
| | 22 | | | | |
| | 23 | | | | |
| | 24 | | | | |
| | 25 | | | | |
| 繰越損益金（損は赤） | 26 | △5,000,000 | △5,000,000 | △6,590,000 | △6,590,000 |
| 納税充当金 | 27 | 180,000 | 180,000 | 90,000 | 90,000 |
| 未納法人税等（退職年金等積立金に対するものを除く。） 未納法人税及び未納地方法人税（附帯税を除く。） | 28 | △ | △ | 中間 △<br>確定 △ | △ |
| 未納法人税等 未納道府県民税（均等割額を含む。） | 29 | △ 180,000 | △ 180,000 | 中間 △<br>確定 △ 90,000 | △ 90,000 |
| 未納法人税等 未納市町村民税（均等割額を含む。） | 30 | △ | △ | 中間 △<br>確定 △ | △ |
| 差引合計額 | 31 | △5,000,000 | △5,000,000 | △6,590,004 | △6,590,004 |

### Ⅱ 資本金等の額の計算に関する明細書

| 区分 | | 期首現在資本金等の額 ① | 当期の増減 減 ② | 当期の増減 増 ③ | 差引翌期首現在資本金等の額 ①−②+③ ④ |
|---|---|---|---|---|---|
| 資本金又は出資金 | 32 | 25,000,000円 | 円 | 円 | 25,000,000円 |
| 資本準備金 | 33 | 5,000,000 | | | 5,000,000 |
| | 34 | | | | |
| | 35 | | | | |
| 差引合計額 | 36 | 30,000,000 | | | 30,000,000 |

**御注意**

1 この表は、通常の場合には次の算式により検算ができます。

期首現在利益積立金額合計「31」① ＋ 別表四留保所得金額又は欠損金額「47」 − 中間分、確定分法人税県市民税の合計額 ＝ 差引翌期首現在利益積立金額合計「31」④

2 発行済株式又は出資のうちに二以上の種類の株式がある場合には、法人税法施行規則別表五㈠付表（別表五㈠付表）の記載が必要となりますので御注意ください。

租税公課の納付状況等に関する明細書

| 事業年度 | 31・4・1<br>元・9・30 | 法人名 | 株式会社 緑商会 |
|---|---|---|---|

別表五(二) 平三十一・四・一以後終了事業年度分

| 税目及び事業年度 | | | 期首現在未納税額 ① | 当期発生税額 ② | 当期中の納付税額 充当金取崩しによる納付 ③ | 当期中の納付税額 仮払経理による納付 ④ | 当期中の納付税額 損金経理による納付 ⑤ | 期末現在未納税額 ①+②−③−④−⑤ ⑥ |
|---|---|---|---|---|---|---|---|---|
| 法人税及び地方法人税 | ・ ・ | 1 | 円 | | 円 | 円 | 円 | 円 |
| | ・ ・ | 2 | | | | | | |
| | 当期分 中間 | 3 | | 円 | | | | |
| | 当期分 確定 | 4 | | | | | | |
| | 計 | 5 | | | | | | |
| 道府県民税 | ・ ・ | 6 | | | | | | |
| | 30・4・1<br>31・3・31 | 7 | 180,000 | | 180,000 | | | 0 |
| | 当期分 中間 | 8 | | | | | | |
| | 当期分 確定 | 9 | | 90,000 | | | | 90,000 |
| | 計 | 10 | 180,000 | 90,000 | 180,000 | | | 90,000 |
| 市町村民税 | ・ ・ | 11 | | | | | | |
| | ・ ・ | 12 | | | | | | |
| | 当期分 中間 | 13 | | | | | | |
| | 当期分 確定 | 14 | | | | | | |
| | 計 | 15 | | | | | | |
| 事業税 | ・ ・ | 16 | | | | | | |
| | ・ ・ | 17 | | | | | | |
| | 当期中間分 | 18 | | | | | | |
| | 計 | 19 | | | | | | |
| その他 損金算入のもの | 利子税 | 20 | | | | | | |
| | 延滞金(延納に係るもの) | 21 | | | | | | |
| | 印紙税 | 22 | | 50,000 | | | 50,000 | 0 |
| | | 23 | | | | | | |
| その他 損金不算入のもの | 加算税及び加算金 | 24 | | | | | | |
| | 延滞税 | 25 | | | | | | |
| | 延滞金(延納分を除く。) | 26 | | | | | | |
| | 過怠税 | 27 | | | | | | |
| | 源泉所得税 | 28 | | 4 | | 4 | | 0 |
| | | 29 | | | | | | |

納税充当金の計算

| | | | | | | | |
|---|---|---|---|---|---|---|---|
| 期首納税充当金 | 30 | 180,000 円 | 取崩額 | その他 損金算入のもの | 36 | 円 |
| 繰入額 損金経理をした納税充当金 | 31 | 90,000 | | その他 損金不算入のもの | 37 | |
| 繰入額 | 32 | | | その他 | 38 | |
| 繰入額 計 (31)+(32) | 33 | 90,000 | | その他 仮払税金消却 | 39 | |
| 取崩額 法人税額等 (5の③)+(10の③)+(15の③) | 34 | 180,000 | | 計 (34)+(35)+(36)+(37)+(38)+(39) | 40 | 180,000 |
| 取崩額 事業税 (19の③) | 35 | | | 期末納税充当金 (30)+(33)−(40) | 41 | 90,000 |

③ 所得税額の控除に関する明細書

| 事業年度 | 31・4・1<br>元・9・30 | 法人名 | 株式会社 緑商会 |
|---|---|---|---|

別表六(一) 平三十一・四・一以後終了事業年度分

**御注意**

「1」から「5」までの「②」及び「③」の各欄並びに「8」、「14」及び「21」の各欄は、法人の各事業年度において、東日本大震災からの復興のための施策を実施するために必要な財源の確保に関する特別措置法第33条第2項の規定の適用がある場合には、同項の規定により所得税額とみなされる復興特別所得税の額を含めて記載します。

| 区分 | | 収入金額 | ①について課される所得税額 | ②のうち控除を受ける所得税額 |
|---|---|---|---|---|
| | | ① | ② | ③ |
| 公社債及び預貯金の利子、合同運用信託、公社債投資信託及び公社債等運用投資信託（特定公社債等運用投資信託を除く。）の収益の分配並びに特定目的信託の社債的受益権の金銭の分配 | 1 | 円 27 | 円 4 | 円 4 |
| 剰余金の配当、利益の配当、剰余金の分配及び金銭の分配（みなし配当等を除く。） | 2 | | | |
| 集団投資信託（合同運用信託、公社債投資信託及び公社債等運用投資信託（特定公社債等運用投資信託を除く。）を除く。）の収益の分配 | 3 | | | |
| 割引債の償還差益 | 4 | 27 | 4 | 4 |
| その他 | 5 | | | |
| 計 | 6 | | | |

剰余金の配当、利益の配当、剰余金の分配及び金銭の分配（みなし配当等を除く。）、集団投資信託（合同運用信託、公社債投資信託及び公社債等運用投資信託（特定公社債等運用投資信託を除く。）を除く。）の収益の分配又は割引債の償還差益に係る控除を受ける所得税額の計算

| 個別法による場合 | 銘柄 | 収入金額 | 所得税額 | 配当等の計算期間 | (9)のうち元本所有期間 | 所有期間割合 (10)/(9) （小数点以下3位未満切上げ） | 控除を受ける所得税額 (8)×(11) |
|---|---|---|---|---|---|---|---|
| | | 7 | 8 | 9 | 10 | 11 | 12 |
| | | 円 | 円 | 月 | 月 | | 円 |
| | | | | | | | |
| | | | | | | | |
| | | | | | | | |
| | | | | | | | |

| 銘柄別簡便法による場合 | 銘柄 | 収入金額 | 所得税額 | 配当等の計算期末の所有元本数等 | 配当等の計算期首の所有元本数等 | ((15)−(16))/2又は12 （マイナスの場合は0） | 所有元本割合 ((16)+(17))/(15) （小数点以下3位未満切上げ）（1を超える場合は1） | 控除を受ける所得税額 (14)×(18) |
|---|---|---|---|---|---|---|---|---|
| | | 13 | 14 | 15 | 16 | 17 | 18 | 19 |
| | | 円 | 円 | | | | | 円 |
| | | | | | | | | |
| | | | | | | | | |
| | | | | | | | | |
| | | | | | | | | |

その他に係る控除を受ける所得税額の明細

| 支払者の氏名又は法人名 | 支払者の住所又は所在地 | 支払を受けた年月日 | 収入金額 | 控除を受ける所得税額 | 参考 |
|---|---|---|---|---|---|
| | | | 20 | 21 | |
| | | ・　・ | 円 | 円 | |
| | | ・　・ | | | |
| | | ・　・ | | | |
| | | ・　・ | | | |
| | | ・　・ | | | |
| 計 | | | | | |

## ⑤ 欠損金又は災害損失金の損金算入等に関する明細書

| 事業年度 | 31·4·1<br>元·9·30 | 法人名 | 株式会社 緑商会 |
|---|---|---|---|

別表七(一) 平三十一・四・一以後終了事業年度分

| | | | | | |
|---|---|---|---|---|---|
| 控除前所得金額<br>(別表四「39の①」)－(別表七(二)「9」又は「21」) | 1 | 円 | 所得金額控除限度額<br>(1)×50又は100/100 | 2 | 円 |

| 事業年度 | 区分 | 控除未済欠損金額 | 当期控除額<br>(当該事業年度の(3)と((2)－当該事業年度前の(4)の合計額)のうち少ない金額) | 翌期繰越額<br>((3)－(4))又は(別表七(三)「15」) |
|---|---|---|---|---|
| | | 3 | 4 | 5 |
| ・・<br>・・ | 青色欠損・連結みなし欠損・災害損失 | 円 | 円 | |
| ・・<br>・・ | 青色欠損・連結みなし欠損・災害損失 | | | 円 |
| ・・<br>・・ | 青色欠損・連結みなし欠損・災害損失 | | | |
| ・・<br>・・ | 青色欠損・連結みなし欠損・災害損失 | | | |
| ・・<br>・・ | 青色欠損・連結みなし欠損・災害損失 | | | |
| ・・<br>・・ | 青色欠損・連結みなし欠損・災害損失 | | | |
| 27·4·1<br>28·3·31 | 青色欠損・連結みなし欠損・災害損失 | 1,000,000 | | 1,000,000 |
| 28·4·1<br>29·3·31 | 青色欠損・連結みなし欠損・災害損失 | 100,000 | | 100,000 |
| 29·4·1<br>30·3·31 | 青色欠損・連結みなし欠損・災害損失 | 3,500,000 | | 3,500,000 |
| 30·4·1<br>31·3·31 | 青色欠損・連結みなし欠損・災害損失 | 1,850,000 | | 1,850,000 |
| 計 | | 6,450,000 | | 6,450,000 |
| 当期分 | 欠損金額<br>(別表四「47の①」) | 1,500,000 | 欠損金の繰戻し額 | |
| 当期分 | 同上のうち 災害損失金 | | | |
| 当期分 | 同上のうち 青色欠損金 | 1,500,000 | | 1,500,000 |
| 合計 | | | | 7,950,000 |

### 災害により生じた損失の額の計算

| | | | | |
|---|---|---|---|---|
| 災害の種類 | | | 災害のやんだ日又はやむを得ない事情のやんだ日 | ・・ |
| 災害を受けた資産の別 | | 棚卸資産 | 固定資産<br>(固定資産に準ずる繰延資産を含む。) | 計<br>①＋② |
| | | ① | ② | ③ |
| 当期の欠損金額<br>(別表四「47の①」) | 6 | | | 円 |
| 災害により生じた損失の額 資産の滅失等により生じた損失の額 | 7 | 円 | 円 | |
| 災害により生じた損失の額 被害資産の原状回復のための費用等に係る損失の額 | 8 | | | |
| 災害により生じた損失の額 被害の拡大又は発生の防止のための費用に係る損失の額 | 9 | | | |
| 災害により生じた損失の額 計<br>(7)＋(8)＋(9) | 10 | | | |
| 保険金又は損害賠償金等の額 | 11 | | | |
| 差引災害により生じた損失の額<br>(10)－(11) | 12 | | | |
| 同上のうち所得税額の還付又は欠損金の繰戻しの対象となる災害損失金額 | 13 | | | |
| 中間申告における災害損失欠損金の繰戻し額 | 14 | | | |
| 繰戻しの対象となる災害損失欠損金額<br>((6の③)と((13の③)－(14の③))のうち少ない金額) | 15 | | | |
| 繰越控除の対象となる損失の額<br>((6の③)と((12の③)－(14の③))のうち少ない金額) | 16 | | | |

# 書式2　法人事業概況説明書

OCR入力用（この用紙は機械で読み取ります。折ったり汚したりしないでください。）

## 法人事業概況説明書

税務署受付印

FB1006

別添「法人事業概況説明書の書き方」を参考に記載し、法人税申告書等に一部添付して提出してください。
なお、記載欄が不足する項目につきましては、お手数ですが、適宜の用紙に別途記載の上、添付願います。

この用紙はとじこまないでください

| | |
|---|---|
| 整理番号 | 01234XXX |
| 法人名 | 屋号（　　　）<br>株式会社　緑商会<br>電話（ 03 ）XXXX-XXXX |
| 法人番号 | XXXXXXXXXXXXX |
| 事業年度 | 自 平成/令和 31年04月01日<br>至 平成/令和 01年09月30日 |
| 税務署処理欄 | |
| 自社ホームページの有無 | 有 ・ ○無 |
| （自社ホームページアドレス） | |

### 1 事業内容

（　　　）業

衣料品小売業

### 2 支店・子会社の状況

| | | | |
|---|---|---|---|
| (1) 支店 | 国内 | 支店・店舗数 | 0 |
| | 海外 | 支店・店舗数 | 0 |
| | | 所在地国1 | 従業員数 |
| | | 所在地国2 | 従業員数 |
| (2) 子会社 | 国内 | 国内子会社の数 | 0 |
| | 海外 | 海外子会社の数 | 0 |
| | | うち出資割合が50%以上の海外子会社の数 | |
| | | 子会社名称 | 出資割合% 　% |
| | | 子会社名称 | 出資割合% 　% |

### 3 海外取引状況

| | | |
|---|---|---|
| (1) 取引種類 | 輸入 ・ 輸出 ・ ○無 | 取引金額（百万円） |
| 輸入 | 相手国 ／ 主な商品 | |
| 輸出 | 相手国 ／ 主な商品 | |
| (2) 輸出入以外の海外取引 | 有 ・ ○無 ・ その他（　　　） | 手数料 ・ ロイヤルティー ・ 役務の提供 ・ 証券の売買 ・ 金銭の貸借 ・ 不動産の売買 |

### 4 期末従事員等の状況

| (1) 期末従事員の状況（単位・人） | |
|---|---|
| 常勤役員 | 1 |
| 事務費 | 5 |
| 販売費 | 10 |
| アルバイト | 4 |
| | |
| 計 | 20 |
| 計のうち代表者家族数 | 0 |
| 計のうちアルバイト数 | 4 |

(2) 賃金の定め方　○A異定給 ・ B歩合給 ・ AB併用

(3) 社宅・寮の有無　有 ・ ○無

### 5 PC利用状況

| | |
|---|---|
| (1) PCの利用 | ○有 ・ 無 |
| (2) PCのOS | ○Windows ・ Mac ・ Linux ・ その他（　　　） |
| (3) PCの利用形態 | 財務管理 ・ ○給与管理 ・ 在庫・販売管理 ・ 生産管理 |
| (4) 会計ソフトの利用等 | ○有 ・ 無 |
| (5) 会計ソフト名 | 縄文会計ソフト |
| (6) メールソフト名 | |
| (7) データの保存先 | クラウド ・ 外部記録媒体 ・ ○PCサーバ |

### 6 販売形態

| | |
|---|---|
| (1) 電子商取引（インターネット取引） | 有・売上 ・ 有・仕入 ・ 有・経費 ・ ○無 |
| (2) 販売チャネル 注1 | 自社HP ・ ○他社HP |

7 株主又は株式所有異動の有無　有 ・ ○無

### 8 経理の状況

| (1) 管理者 区分 | 氏名 | 代表者との関係 |
|---|---|---|
| 現金 | 鈴木 太郎 | 親族 ・ 他人 |
| 通帳 | 同上 | 親族 ・ 他人 |

(2) 試算表の作成状況　○毎月 ・ おおむね月ごと ・ 決算時のみ

(3) 源泉徴収対象所得　○給与 ・ ○報酬・料金 ・ 利子等 ・ 配当 ・ 非居住者 ・ ○退職

(4) 消費税　当期課税売上高（単位：千円）65285
経理方式　税抜経理方式 ・ ○税込経理方式

(5) 社内監査　実施の有無　有 ・ ○無　（　　　）

9 役員又は役員報酬額の異動の有無　○有 ・ 無

### 10 主要科目（単位・千円）

※各科目の単位：千円

| 科目 | 金額 | 科目 | 金額 |
|---|---|---|---|
| 売上（収入）高 | 65285 | 特別損失 | 2587 |
| 上記のうち兼業売上(収入)高 | | 税引前当期損益 | -1500 |
| 売上（収入）原価 | 42851 | 資産の部合計（負債の部合計＋純資産の部合計） | 90425 |
| 売上原価のうち　期首棚卸高 | 7986 | 資産のうち　現金預金 | 19805 |
| 原材料費（仕入高）注2 | 50198 | 受取手形 ※貸倒引当金控除前 | 22000 |
| 労務費 ※福利厚生費等を除いてください | | 売掛金 ※貸倒引当金控除前、注3 | 51427 |
| 外注費 | | 棚卸資産（未成工事支出金） | 15333 |
| 期末棚卸高 | 15333 | 貸付金 | |
| 減価償却費 | | 建物 ※減価償却累計額控除後 | |
| 地代家賃 | | 機械装置 ※減価償却累計額控除後 | |
| 売上（収入）総利益 | 22434 | 車両・船舶 ※減価償却累計額控除後 | |
| 販管費のうち　役員報酬 | 1000 | 土地 | |
| 従業員給料 | 19255 | 負債の部合計（資産の部合計－純資産の部合計） | 67015 |
| 交際費 | | 負債のうち　支払手形 | 3390 |
| 減価償却費 | | 買掛金 注3 | 20105 |
| 地代家賃 | 1850 | 個人借入金 | 10000 |
| 営業損益 | 329 | その他借入金 | 55423 |
| 特別利益 | 758 | 純資産の部合計（資産の部合計－負債の部合計） | 23410 |

「10主要科目」・「11代表者に対する報酬等の金額」の各欄は、千円単位で記載してください。

### 11 代表者に対する報酬等の金額

注4　※各科目の単位：千円

| | | | | | |
|---|---|---|---|---|---|
| 報酬 | 1000 | 貸付金 | | 仮払金 | 150 |
| 賃借料 | | 支払利息 | | 借入金 | 10000 |
| 仮受金 | | | | | |

注1　(1)の有・売上欄に該当がある場合
注2　運送業においては燃料費、金融業・保険代理業においては、支払利息割引料を記載してください。
注3　金融業・保険代理業においては、売掛金欄には未収利息、買掛金欄には未払利息を記載してください。
注4　「11代表者に対する報酬等の金額」の各欄は貴社（貴法人）が同族会社の場合に記載してください。

| 12 事業形態 | | |
|---|---|---|
| (1) 兼業の状況 | (兼業種目) | (兼業割合) 0 % |
| (2) 事業内容の特異性 | | |
| (3) 売上区分 | 現金売上 15 % | 掛売上 85 % |

| 13 主な設備等の状況 |
|---|
| |

| 14 決済日等の状況 | | | | |
|---|---|---|---|---|
| 売上 | 締切日 | 月末 | 決済日 | 翌月20日 |
| 仕入 | 締切日 | 月末 | 決済日 | 翌々月10日 |
| 外注費 | 締切日 | 月末 | 決済日 | 翌々月10日 |
| 給料 | 締切日 | 月末 | 支給日 | 当月25日 |

| 16 税理士の関与状況 | | | |
|---|---|---|---|
| (1)氏名 | | | |
| (2)事務所所在地 | | | |
| (3)電話番号 | | | |
| (4)関与状況 | ○申告書の作成 | ○調査立会 | ○税務相談 |
| | ○決算書の作成 | ○伝票の整理 | ○補助簿の記帳 |
| | ○総勘定元帳の記帳 | ○源泉徴収関係事務 | |

| 15 帳簿類の備付状況 | |
|---|---|
| 帳簿書類の名称 | |
| 振替伝票 | 現金出納帳 |
| 銀行帳 | 得意先元帳 |
| 総勘定元帳 | 補助元帳 |
| 営業日報 | 給与台帳 |
| | |
| | |
| | |

| 17 加入組合等の状況 | |
|---|---|
| | |
| (役職名) | |
| | |
| (役職名) | |
| 営業時間 | 開店 9 時　閉店 17 時 |
| 定休日 | 毎週 (毎月) 土日祝 曜日 (　日) |

「18月別の売上高等の状況」欄の単位にご注意願います。

| 18 月別の売上高等の状況 月別 | 売上（収入）金額 | | 仕入金額 | | 外注費 | 人件費 | 源泉徴収税額 | | 従事員数 |
|---|---|---|---|---|---|---|---|---|---|
| | 千円 | 千円 | 千円 | 千円 | 千円 | 千円 | 円 | 千円 | 人 |
| 4月 | 11,222 | | 13,891 | | | 3,520 | 66,920 | | 20 |
| 5月 | 13,501 | | 9,911 | | | 3,520 | 66,920 | | 20 |
| 6月 | 10,700 | | 8,975 | | | 3,305 | 61,790 | | 17 |
| 7月 | 9,898 | | 5,500 | | | 3,310 | 61,790 | | 18 |
| 8月 | 10,900 | | 4,574 | | | 3,300 | 61,790 | | 16 |
| 9月 | 9,064 | | 0 | | | 3,300 | 61,790 | | 16 |
| 月 | | | | | | | | | |
| 月 | | | | | | | | | |
| 月 | | | | | | | | | |
| 月 | | | | | | | | | |
| 月 | | | | | | | | | |
| 月 | | | | | | | | | |
| 計 | 65,285 | | 42,851 | | | 20,255 | | | 107 |
| 前期の実績 | 146,627 | | 89,725 | | | 42,240 | | | 240 |

| 19 当期の営業成績の概要 | |
|---|---|
| | 経営悪化のため、当期において解散 |

# 3 清算事業年度の確定申告書の書き方

清算事務手続中は１年ごとに確定申告をする

## 清算確定申告を作成する

解散事業年度以後、清算事務手続中の状態である法人については、１年ごとに一つの事業年度とみなして、清算事業年度の確定申告を行います。申告書は清算事業年度終了後２か月以内に、管轄の税務署に提出します。作成要領や添付書類などは102ページから107ページまでで解説した解散確定申告書と同様、別表一、二、四、五㈠、五㈡及び各ケースに応じた別表を作成します（書式３）。

ただし、別表三㈠の「留保金課税」（107ページ）については、清算事業年度は適用がありません。また、租税特別措置法の圧縮記帳などのうち、清算事業年度においては適用されない制度もありますので、確認が必要です。

### 書式３　別表一（120 ～ 121ページ）

税率や作成要領については、基本的に103ページで述べた解散事業年度の場合と同様です。事業年度は、解散日の翌日から１年間となります。決算確定の日は、株主総会で決算の承認を受けた日を記入します。

また、103ページでも説明したとおり、法人税の納税義務のある法人は、地方法人税も納める必要があります。税率は納付すべき法人税額の10.3％（令和元年９月30日以前に開始した事業年度は4.4％）です。法人税の確定申告書の別表一及び次葉において計算し、法人税と一緒に申告します。具体例の緑商会のように法人税額がゼロの場合は、「基準法人税額」「地方法人税額」「所得地方法人税額」の各欄に「０」と書いて提出します。これに伴い別表四、五㈠、五㈡などの書式も文言などの表記が変わります。

### 書式３　別表二、四、五㈠、五㈡、六㈠（122ページ～126ページ）

それぞれの作成方法要領については、基本的に前述の解散時の確定申告書（103ページから106ページ）と同様です。

### 書式３　別表七（一）（127ページ）

作成要領については、基本的に前述の解散時の確定申告書（106ページ）と同様です。

青色欠損金の有効期限は、前述のとおり10年間（平成30年４月１日以後に開始した事業年度で発生した欠損金の場合）です。ただし清算中の事業年度においては、残余財産がないと見込まれる場合、期限切れの欠損金を損金算入し、所得から控除することができます。これは、たとえば債務免除などにより益金が生じてしまい、財産がないにもかかわらず法人税が課税されてしまうことに対して、配慮された特例措置です。この適用を受ける場合には、別表七㈠に加えて、七㈢の作成が必要です。さらに、後述しますが、残余財産がないと見込まれることを証明する書類の添付が必要です。

## 添付書類やその他の提出書類

確定申告書には、「貸借対照表」「損益計算書」「株主資本等変動計算書」「勘定科目内訳明細書」及び「法人事業概況説明書」（解散事業年度参照、116ページ）を添付します。また、欠損金の繰戻し還付の請求は、清算事業年度においても行うことができます（解散事業年度参照、107ページ）。解散事業年度の法人税の還付を受ける場合、解散日から１年以内に「欠損金の繰戻しによる還付請求書」を提出する必要があります。期限切れ欠損金を損金算入した場合には、残余財産がないと見込まれる旨を証明する書類の添付が必要となります。事業年度終了時の時価で表示した実態貸借対照表や、破産手続開始決定書の写しなどで証明することができます。

## 書式3　清算事業年度の確定申告書

別表一　各事業年度の所得に係る申告書－内国法人の分……平三十一・四・一以後終了事業年度等分

| | |
|---|---|
| 税務署受付印 | 品川　税務署長殿　令和2年11月25日 |
| 納税地 | 東京都品川区XXX1-2-3　電話（03）XXXX-XXXX |
| （フリガナ） | カブシキガイシャ　ミドリショウカイ |
| 法人名 | 株式会社 緑商会 |
| 法人番号 | XXXXXXXXXXXXX |
| （フリガナ） | スズキ　タロウ |
| 代表者記名押印 | 鈴木 太郎　㊞ |
| 代表者住所 | 東京都品川区XXX1-2-4 |

| | |
|---|---|
| 所管 / 業種目 / 概況書 / 要否 / 別表等 | |
| 法人区分 | 普通法人（特定の医療法人を除く。）、一般社団法人等、みなし公益法人等又は人格のない社団等 / 左記以外の公益法人等、協同組合等又は特定の医療法人 |
| 事業種目 | 衣料品小売業 |
| 期末現在の資本金の額又は出資金の額 | 25,000,000円　非中小法人（同上が1億円以下の普通法人のうち中小法人に該当しないもの） |
| 同非区分 | 特定同族会社 / 同族会社（○） / 非同族会社 |
| 旧納税地及び旧法人名等 | |
| 添付書類 | 貸借対照表、損益計算書、株主（社員）資本等変動計算書又は損益金処分表、勘定科目内訳明細書、事業概況書、組織再編成に係る契約書等の写し、組織再編成に係る移転資産等の明細書 |

| ※税務署処理欄 | |
|---|---|
| 青色申告 | 一連番号 |
| 整理番号 | |
| 事業年度（至） | 年　月　日 |
| 売上金額 | 兆　十億　百万 |
| 申告年月日 | 年　月　日 |
| 通信日付印 / 確認印 / 庁指定 / 局指定 / 指導等 / 区分 | 年　月　日 |
| 申告区分 | 法人税：中間 / 期限後 / 修正　地方法人税：中間 / 期限後 / 修正 |

平成・令和 01 年 10 月 01 日　事業年度分の法人税 清算確定申告書

平成・令和 02 年 09 月 30 日　課税事業年度分の地方法人税 確定 申告書

（中間申告の場合の計算期間　平成・令和　年　月　日　平成・令和　年　月　日）

| | | | |
|---|---|---|---|
| 翌年以降送付要否 | 要（○） | 否 | |
| 適用額明細書提出の有無 | 有 | 無（○） | |
| 税理士法第30条の書面提出有 | 有 | | |
| 税理士法第33条の2の書面提出有 | 有 | | |

この申告書による法人税額の計算

| 項目 | 番号 | 金額（十億　百万　千　円） |
|---|---|---|
| 所得金額又は欠損金額（別表四「47の①」） | 1 | △250000 |
| 法人税額 (53)＋(54)＋(55) | 2 | |
| 法人税額の特別控除額（別表六（六）「4」） | 3 | |
| 差引法人税額 (2)－(3) | 4 | |
| 連結納税の承認を取り消された場合等における既に控除された法人税額の特別控除額の加算額 | 5 | |
| 土地譲渡利益金 課税土地譲渡利益金額（別表三（二）「24」＋別表三（二の二）「25」＋別表三（三）「20」） | 6 | 000 |
| 土地譲渡利益金 同上に対する税額 (22)＋(23)＋(24) | 7 | |
| 留保金 課税留保金額（別表三（一）「4」） | 8 | 000 |
| 留保金 同上に対する税額（別表三（一）「8」） | 9 | |
| | | 00 |
| 法人税額計 (4)＋(5)＋(7)＋(9) | 10 | |
| 分配時調整外国税相当額及び外国関係会社等に係る控除対象所得税額等相当額の控除額（別表六（五の二）「7」＋別表十七（三の十二）「3」） | 11 | |
| 仮装経理に基づく過大申告の更正に伴う控除法人税額 | 12 | |
| 控除税額（((10)－(11)－(12))と(19)のうち少ない金額） | 13 | |
| 差引所得に対する法人税額 (10)－(11)－(12)－(13) | 14 | 00 |
| 中間申告分の法人税額 | 15 | 00 |
| 差引確定法人税額 (14)－(15)（中間申告の場合はその税額とし、マイナスの場合は、(26)へ記入） | 16 | 00 |

この申告書による地方法人税額の計算

| 項目 | 番号 | 金額 |
|---|---|---|
| 課税標準法人税額の計算 基準法人税額 所得の金額に対する法人税額 (4)＋(5)＋(7)＋(10の外書) | 33 | 0 |
| 課税標準法人税額の計算 基準法人税額 課税留保金額に対する法人税額 (9) | 34 | |
| 課税標準法人税額 (33)＋(34) | 35 | 000 |
| 地方法人税額 (58) | 36 | 0 |
| 課税留保金額に係る地方法人税額 (59) | 37 | |
| 所得地方法人税額 (36)＋(37) | 38 | 0 |
| 分配時調整外国税相当額及び外国関係会社等に係る控除対象所得税額等相当額の控除額（((別表六（五の二）「8」)＋(別表十七（三の十二）「4」))と(38)のうち少ない金額） | 39 | |
| 外国税額の控除額（別表六（二）「50」） | 40 | |
| 仮装経理に基づく過大申告の更正に伴う控除地方法人税額 | 41 | |
| 差引地方法人税額 (38)－(39)－(40)－(41) | 42 | 00 |
| 中間申告分の地方法人税額 | 43 | 00 |
| 差引確定地方法人税額 (42)－(43)（中間申告の場合はその税額とし、マイナスの場合は、(45)へ記入） | 44 | 00 |

| 項目 | 番号 | 金額（十億　百万　千　円） |
|---|---|---|
| 控除税額の計算 所得税の額（別表六（一）「6の③」） | 17 | 3 |
| 控除税額の計算 外国税額（別表六（二）「20」） | 18 | |
| 控除税額の計算 計 (17)＋(18) | 19 | 3 |
| 控除税額の計算 控除した金額 (13) | 20 | |
| 控除税額の計算 控除しきれなかった金額 (19)－(20) | 21 | 3 |
| 土地譲渡税額の内訳 土地譲渡税額（別表三（二）「27」） | 22 | 0 |
| 土地譲渡税額の内訳 同上（別表三（二の二）「28」） | 23 | 0 |
| 土地譲渡税額の内訳 同上（別表三（三）「23」） | 24 | 00 |
| この申告による還付金額 所得税額等の還付金額 (21) | 25 | 3 |
| この申告による還付金額 中間納付額 (15)－(14) | 26 | |
| この申告による還付金額 欠損金の繰戻しによる還付請求税額 | 27 | 外 |
| この申告による還付金額 計 (25)＋(26)＋(27) | 28 | 外 3 |
| この申告が修正申告である場合 この申告前の所得金額又は欠損金額 (60) | 29 | |
| この申告が修正申告である場合 この申告により納付すべき法人税額又は減少する還付請求税額 (65) | 30 | 外 00 |
| 欠損金又は災害損失金等の当期控除額（別表七（一）「4の計」＋（別表七（二）「9」若しくは「21」又は別表七（三）「10」）） | 31 | |
| 翌期へ繰り越す欠損金又は災害損失金（別表七（一）「5の合計」） | 32 | 8200000 |
| この申告による還付金額 (43)－(42) | 45 | 外 |
| この申告が修正申告である場合 この申告前の 所得の金額に対する法人税額 (68) | 46 | |
| この申告が修正申告である場合 この申告前の 課税留保金額に対する法人税額 (69) | 47 | |
| この申告が修正申告である場合 この申告前の 課税標準法人税額 (70) | 48 | 000 |
| この申告が修正申告である場合 この申告により納付すべき地方法人税額 (74) | 49 | 00 |
| 剰余金・利益の配当（剰余金の分配）の金額 | | |

| | |
|---|---|
| 残余財産の最後の分配又は引渡しの日 | 平成・令和　年　月　日 |
| 決算確定の日 | 平成・令和 02 年 11 月 20 日 |
| 還付を受けようとする金融機関等 | みどり 銀行（○） 金庫・組合 農協・漁協　品川 本店・支店（○） 出張所 本所・支所　普通 預金　郵便局名等 |
| 口座番号 | 1234XXX |
| ゆうちょ銀行の貯金記号番号 | － |
| ※税務署処理欄 | |

| | |
|---|---|
| 税理士署名押印 | ㊞ |

| 事業年度等 | 元・10・1<br>2・9・30 | 法人名 | 株式会社 緑商会 |
|---|---|---|---|

別表一次葉　平三十一・四・一以後終了事業年度等分

## 法人税額の計算

| | | | | | |
|---|---|---|---|---|---|
| (1)のうち中小法人等の年800万円相当額以下の金額<br>((1)と800万円×$\frac{12}{12}$のうち少ない金額) | 50 | 000 | (50)の15％又は19％相当額 | 53 | 0 |
| (1)のうち特例税率の適用がある協同組合等の年10億円相当額を超える金額<br>(1)－10億円×$\frac{\quad}{12}$ | 51 | 000 | (51)の22％相当額 | 54 | 0 |
| その他の所得金額<br>(1)－(50)－(51) | 52 | 000 | (52)の19％又は23.2％相当額 | 55 | 0 |

## 地方法人税額の計算

| | | | | | |
|---|---|---|---|---|---|
| 所得の金額に対する法人税額<br>(33) | 56 | 000 | (56)の4.4％又は10.3％相当額 | 58 | |
| 課税留保金額に対する法人税額<br>(34) | 57 | 000 | (57)の4.4％又は10.3％相当額 | 59 | |

## この申告が修正申告である場合の計算

| | | | | | | | |
|---|---|---|---|---|---|---|---|
| 法人税額の計算 | この申告前の | 所得金額又は欠損金額 | 60 | | 地方法人税額の計算　この申告前の | 所得の金額に対する法人税額 | 68 | |
| | | 課税土地譲渡利益金額 | 61 | | | 課税留保金額に対する法人税額 | 69 | |
| | | 課税留保金額 | 62 | | | 課税標準法人税額<br>(68)＋(69) | 70 | 000 |
| | | 法人税額 | 63 | | | 確定地方法人税額 | 71 | |
| | | 還付金額 | 64 | 外 | | 中間還付額 | 72 | |
| | この申告により納付すべき法人税額又は減少する還付請求税額<br>((16)－(63))若しくは((16)＋(64))又は((64)－(28)) | | 65 | 外　00 | | 欠損金の繰戻しによる還付金額 | 73 | |
| | この申告前の | 欠損金又は災害損失金等の当期控除額 | 66 | | この申告により納付すべき地方法人税額<br>((44)－(71))若しくは((44)＋(72)＋(73))又は(((72)－(45))＋((73)－(45の外書))) | | 74 | 00 |
| | | 翌期へ繰り越す欠損金又は災害損失金 | 67 | | | | | |

## 同族会社等の判定に関する明細書

| 事業年度又は連結事業年度 | 元・10・1<br>2・9・30 | 法人名 | 株式会社 緑商会 |
|---|---|---|---|

別表二　平三十一・四・一以後終了事業年度又は連結事業年度分

| 区分 | 項目 | 番号 | 金額等 | 区分 | 項目 | 番号 | 金額等 |
|---|---|---|---|---|---|---|---|
| 同族会社の判定 | 期末現在の発行済株式の総数又は出資の総額 | 1 | 内 500 | 特定同族会社の判定 | (21)の上位1順位の株式数又は出資の金額 | 11 | |
| | (19)と(21)の上位3順位の株式数又は出資の金額 | 2 | 500 | | 株式数等による判定 (11)/(1) | 12 | % |
| | 株式数等による判定 (2)/(1) | 3 | 100.0 % | | (22)の上位1順位の議決権の数 | 13 | |
| | 期末現在の議決権の総数 | 4 | 内 | | 議決権の数による判定 (13)/(4) | 14 | % |
| | (20)と(22)の上位3順位の議決権の数 | 5 | | | (21)の社員の1人及びその同族関係者の合計人数のうち最も多い数 | 15 | |
| | 議決権の数による判定 (5)/(4) | 6 | % | | 社員の数による判定 (15)/(7) | 16 | % |
| | 期末現在の社員の総数 | 7 | | | 特定同族会社の判定割合 ((12)、(14)又は(16)のうち最も高い割合) | 17 | |
| | 社員の3人以下及びこれらの同族関係者の合計人数のうち最も多い数 | 8 | | 判定結果 | | 18 | 特定同族会社<br>○同族会社<br>非同族会社 |
| | 社員の数による判定 (8)/(7) | 9 | % | | | | |
| | 同族会社の判定割合 ((3)、(6)又は(9)のうち最も高い割合) | 10 | 100.0 | | | | |

### 判定基準となる株主等の株式数等の明細

| 順位（株式数等） | 順位（議決権数） | 判定基準となる株主（社員）及び同族関係者　住所又は所在地 | 氏名又は法人名 | 判定基準となる株主等との続柄 | 被支配会社でない法人株主等　株式数又は出資の金額 19 | 被支配会社でない法人株主等　議決権の数 20 | その他の株主等　株式数又は出資の金額 21 | その他の株主等　議決権の数 22 |
|---|---|---|---|---|---|---|---|---|
| 1 | | 東京都品川区XXX1-2-4 | 鈴木 太郎 | 本人 | | | 500 | |
| | | | | | | | | |
| | | | | | | | | |
| | | | | | | | | |
| | | | | | | | | |
| | | | | | | | | |
| | | | | | | | | |
| | | | | | | | | |
| | | | | | | | | |
| | | | | | | | | |
| | | | | | | | | |
| | | | | | | | | |

別表四（簡易様式）　平三十一・四・一以後終了事業年度分

**所得の金額の計算に関する明細書（簡易様式）**　事業年度 元・10・1〜2・9・30　法人名 株式会社 緑商会

**御注意**

1 沖縄の認定法人の課税の特例、国家戦略特別区域における指定法人の課税の特例、組合事業等に係る損失がある場合の課税の特例、対外船舶運航事業を営む法人の日本船舶による収入金額の課税の特例、特定目的会社等又は特定目的信託に係る課税の特例、農業経営基盤強化準備金の課税の特例、農用地等を取得した場合の課税の特例、関西国際空港用地整備準備金の課税の特例、中部国際空港整備準備金の課税の特例及び再投資等準備金の課税の特例等の規定の適用を受ける法人にあっては、別様式による別表四を御使用ください。

2 「47」の「①」欄の金額は、「②」欄の金額に「③」欄の本書の金額を加算し、これから「※」の金額を加減算した額と符合することになりますから留意してください。

| 区分 | | | 総額 ① | 処分 留保 ② | 処分 社外流出 ③ | |
|---|---|---|---|---|---|---|
| 当期利益又は当期欠損の額 | | 1 | 円 △430,000 | 円 △430,000 | 配当 | 円 |
| | | | | | その他 | |
| 加算 | 損金経理をした法人税及び地方法人税（附帯税を除く。） | 2 | | | | |
| | 損金経理をした道府県民税及び市町村民税 | 3 | | | | |
| | 損金経理をした納税充当金 | 4 | 180,000 | 180,000 | | |
| | 損金経理をした附帯税（利子税を除く。）、加算金、延滞金（延納分を除く。）及び過怠税 | 5 | | | その他 | |
| | 減価償却の償却超過額 | 6 | | | | |
| | 役員給与の損金不算入額 | 7 | | | その他 | |
| | 交際費等の損金不算入額 | 8 | | | その他 | |
| | 仮払税金 | 9 | 4 | 4 | | |
| | | 10 | | | | |
| | | | | | | |
| | | | | | | |
| | | | | | | |
| | 小計 | 11 | 180,004 | 180,004 | | |
| 減算 | 減価償却超過額の当期認容額 | 12 | | | | |
| | 納税充当金から支出した事業税等の金額 | 13 | | | | |
| | 受取配当等の益金不算入額（別表八（一）「13」又は「26」） | 14 | | | ※ | |
| | 外国子会社から受ける剰余金の配当等の益金不算入額（別表八（二）「26」） | 15 | | | ※ | |
| | 受贈益の益金不算入額 | 16 | | | ※ | |
| | 適格現物分配に係る益金不算入額 | 17 | | | ※ | |
| | 法人税等の中間納付額及び過誤納に係る還付金額 | 18 | | | | |
| | 所得税額等及び欠損金の繰戻しによる還付金額等 | 19 | 4 | | ※ | 4 |
| | 仮払税金 | 20 | 3 | 3 | | |
| | | | | | | |
| | | | | | | |
| | | | | | | |
| | 小計 | 21 | 7 | 3 | 外※ | 4 |
| 仮計 (1)＋(11)－(21) | | 22 | △250,003 | △249,999 | 外※ | △4 |
| 関連者等に係る支払利子等の損金不算入額（別表十七（二の二）「24」又は「29」） | | 23 | | | その他 | |
| 超過利子額の損金算入額（別表十七（二の三）「10」） | | 24 | △ | | ※ | △ |
| 仮計 （(22)から(24)までの計） | | 25 | △250,003 | △249,999 | 外※ | △4 |
| 寄附金の損金不算入額（別表十四（二）「24」又は「40」） | | 27 | | | その他 | |
| 法人税額から控除される所得税額（別表六（一）「6の③」） | | 29 | 3 | | その他 | 3 |
| 税額控除の対象となる外国法人税の額（別表六（二の二）「7」） | | 30 | | | その他 | |
| 分配時調整外国税相当額及び外国関係会社等に係る控除対象所得税額等相当額（別表六（五の二）「5の②」＋別表十七（三の十二）「1」） | | 31 | | | その他 | |
| 合計 (25)＋(27)＋(29)＋(30)＋(31) | | 34 | △250,000 | △249,999 | 外※ | △1 |
| 契約者配当の益金算入額（別表九（一）「13」） | | 35 | | | | |
| 中間申告における繰戻しによる還付に係る災害損失欠損金額の益金算入額 | | 37 | | | ※ | |
| 非適格合併又は残余財産の全部分配等による移転資産等の譲渡利益額又は譲渡損失額 | | 38 | | | ※ | |
| 差引計 (34)＋(35)＋(37)＋(38) | | 39 | △250,000 | △249,999 | 外※ | △1 |
| 欠損金又は災害損失金等の当期控除額（別表七（一）「4の計」＋（別表七（二）「9」若しくは「21」又は別表七（三）「10」）） | | 40 | △ | | ※ | △ |
| 総計 (39)＋(40) | | 41 | △250,000 | △249,999 | 外※ | △1 |
| 新鉱床探鉱費又は海外新鉱床探鉱費の特別控除額（別表十（三）「43」） | | 42 | △ | | ※ | △ |
| 残余財産の確定の日の属する事業年度に係る事業税の損金算入額 | | 46 | △ | △ | | |
| 所得金額又は欠損金額 | | 47 | △250,000 | △249,999 | 外※ | △1 |

簡

別表五(一)　平三十一・四・一以後終了事業年度分

## 利益積立金額及び資本金等の額の計算に関する明細書

| 事業年度 | 元・10・1<br>2・9・30 | 法人名 | 株式会社 緑商会 |
|---|---|---|---|

### Ⅰ　利益積立金額の計算に関する明細書

| 区分 | | 期首現在利益積立金額 | 当期の増減 | | 差引翌期首現在利益積立金額 ①−②＋③ |
|---|---|---|---|---|---|
| | | | 減 | 増 | |
| | | ① | ② | ③ | ④ |
| 利益準備金 | 1 | 円 | 円 | 円 | 円 |
| 積立金 | 2 | | | | |
| 仮払税金 | 3 | △4 | △4 | △3 | △3 |
| | 4 | | | | |
| | 5 | | | | |
| | 6 | | | | |
| | 7 | | | | |
| | 8 | | | | |
| | 9 | | | | |
| | 10 | | | | |
| | 11 | | | | |
| | 12 | | | | |
| | 13 | | | | |
| | 14 | | | | |
| | 15 | | | | |
| | 16 | | | | |
| | 17 | | | | |
| | 18 | | | | |
| | 19 | | | | |
| | 20 | | | | |
| | 21 | | | | |
| | 22 | | | | |
| | 23 | | | | |
| | 24 | | | | |
| | 25 | | | | |
| 繰越損益金（損は赤） | 26 | △6,590,000 | △6,590,000 | △7,020,000 | △7,020,000 |
| 納税充当金 | 27 | 90,000 | 90,000 | 180,000 | 180,000 |
| 未納法人税等（退職年金等積立金に対するものを除く。） 未納法人税及び未納地方法人税（附帯税を除く。） | 28 | △ | △ | 中間 △<br>確定 △ | △ |
| 未納法人税等 未納道府県民税（均等割額を含む。） | 29 | △ 90,000 | △ 90,000 | 中間 △<br>確定 △180,000 | △ 180,000 |
| 未納法人税等 未納市町村民税（均等割額を含む。） | 30 | △ | △ | 中間 △<br>確定 △ | △ |
| 差引合計額 | 31 | △6,590,004 | △6,590,004 | △7,020,003 | △7,020,003 |

### Ⅱ　資本金等の額の計算に関する明細書

| 区分 | | 期首現在資本金等の額 | 当期の増減 | | 差引翌期首現在資本金等の額 ①−②＋③ |
|---|---|---|---|---|---|
| | | | 減 | 増 | |
| | | ① | ② | ③ | ④ |
| 資本金又は出資金 | 32 | 25,000,000円 | 円 | 円 | 25,000,000円 |
| 資本準備金 | 33 | 5,000,000 | | | 5,000,000 |
| | 34 | | | | |
| | 35 | | | | |
| 差引合計額 | 36 | 30,000,000 | | | 30,000,000 |

**御注意**

1　この表は、通常の場合には次の算式により検算ができます。
期首現在利益積立金額合計「31」① ＋ 別表四留保所得金額又は欠損金額「47」 − 中間分、確定分法人税県市民税の合計額 ＝ 差引翌期首現在利益積立金額合計「31」④

2　発行済株式又は出資のうちに二以上の種類の株式がある場合には、法人税法施行規則別表五(一)付表（別表五(一)付表）の記載が必要となりますので御注意ください。

別表五(二) 平三十一・四・一以後終了事業年度分

## 租税公課の納付状況等に関する明細書

| 事業年度 | 元・10・1<br>2・9・30 | 法人名 | 株式会社 緑商会 |
|---|---|---|---|

| 税目及び事業年度 | | | | 期首現在未納税額<br>① | 当期発生税額<br>② | 当期中の納付税額 充当金取崩しによる納付<br>③ | 当期中の納付税額 仮払経理による納付<br>④ | 当期中の納付税額 損金経理による納付<br>⑤ | 期末現在未納税額<br>①+②−③−④−⑤<br>⑥ |
|---|---|---|---|---|---|---|---|---|---|
| 法人税及び地方法人税 | ・・ | | 1 | 円 | | 円 | 円 | 円 | 円 |
| 法人税及び地方法人税 | ・・ | | 2 | | | | | | |
| 法人税及び地方法人税 | 当期分 | 中間 | 3 | | 円 | | | | |
| 法人税及び地方法人税 | 当期分 | 確定 | 4 | | | | | | |
| 法人税及び地方法人税 | 計 | | 5 | | | | | | |
| 道府県民税 | ・・ | | 6 | | | | | | |
| 道府県民税 | 31・4・1<br>元・9・30 | | 7 | 90,000 | | 90,000 | | | 0 |
| 道府県民税 | 当期分 | 中間 | 8 | | | | | | |
| 道府県民税 | 当期分 | 確定 | 9 | | 180,000 | | | | 180,000 |
| 道府県民税 | 計 | | 10 | 90,000 | 180,000 | 90,000 | | | 180,000 |
| 市町村民税 | ・・ | | 11 | | | | | | |
| 市町村民税 | ・・ | | 12 | | | | | | |
| 市町村民税 | 当期分 | 中間 | 13 | | | | | | |
| 市町村民税 | 当期分 | 確定 | 14 | | | | | | |
| 市町村民税 | 計 | | 15 | | | | | | |
| 事業税 | ・・ | | 16 | | | | | | |
| 事業税 | ・・ | | 17 | | | | | | |
| 事業税 | 当期中間分 | | 18 | | | | | | |
| 事業税 | 計 | | 19 | | | | | | |
| その他 | 損金算入のもの | 利子税 | 20 | | | | | | |
| その他 | 損金算入のもの | 延滞金(延納に係るもの) | 21 | | | | | | |
| その他 | 損金算入のもの | 印紙税 | 22 | | 8,000 | | | 8,000 | 0 |
| その他 | 損金算入のもの | | 23 | | | | | | |
| その他 | 損金不算入のもの | 加算税及び加算金 | 24 | | | | | | |
| その他 | 損金不算入のもの | 延滞税 | 25 | | | | | | |
| その他 | 損金不算入のもの | 延滞金(延納分を除く。) | 26 | | | | | | |
| その他 | 損金不算入のもの | 過怠税 | 27 | | | | | | |
| その他 | 損金不算入のもの | 源泉所得税 | 28 | | 3 | | 3 | | 0 |
| その他 | 損金不算入のもの | | 29 | | | | | | |

### 納税充当金の計算

| | | | | | | | |
|---|---|---|---|---|---|---|---|
| 期首納税充当金 | | 30 | 90,000 円 | 取崩額 | その他 損金算入のもの | 36 | 円 |
| 繰入額 | 損金経理をした納税充当金 | 31 | 180,000 | 取崩額 | その他 損金不算入のもの | 37 | |
| 繰入額 | | 32 | | 取崩額 | その他 | 38 | |
| 繰入額 | 計<br>(31)＋(32) | 33 | 180,000 | 取崩額 | 仮払税金消却 | 39 | |
| 取崩額 | 法人税額等<br>(5の③)＋(10の③)＋(15の③) | 34 | 90,000 | 取崩額 | 計<br>(34)＋(35)＋(36)＋(37)＋(38)＋(39) | 40 | 90,000 |
| 取崩額 | 事業税<br>(19の③) | 35 | | 期末納税充当金<br>(30)＋(33)−(40) | | 41 | 180,000 |

| 事業年度 | 元・10・1<br>2・9・30 | 法人名 | 株式会社 緑商会 |
|---|---|---|---|

③ 所得税額の控除に関する明細書

別表六(一) 平三十一・四・一以後終了事業年度分

**御注意**

「1」から「5」までの「②」及び「③」の各欄並びに「8」、「14」及び「21」の各欄は、法人の各事業年度において、東日本大震災からの復興のための施策を実施するために必要な財源の確保に関する特別措置法第33条第2項の規定の適用がある場合には、同項の規定により所得税額とみなされる復興特別所得税の額を含めて記載します。

| 区分 | | 収入金額 | ①について課される所得税額 | ②のうち控除を受ける所得税額 |
|---|---|---|---|---|
| | | ① | ② | ③ |
| 公社債及び預貯金の利子、合同運用信託、公社債投資信託及び公社債等運用投資信託（特定公社債等運用投資信託を除く。）の収益の分配並びに特定目的信託の社債的受益権の金銭の分配 | 1 | 円<br>20 | 円<br>3 | 円<br>3 |
| 剰余金の配当、利益の配当、剰余金の分配及び金銭の分配（みなし配当等を除く。） | 2 | | | |
| 集団投資信託（合同運用信託、公社債投資信託及び公社債等運用投資信託（特定公社債等運用投資信託を除く。）を除く。）の収益の分配 | 3 | | | |
| 割引債の償還差益 | 4 | | | |
| その他 | 5 | | | |
| 計 | 6 | 20 | 3 | 3 |

**剰余金の配当、利益の配当、剰余金の分配及び金銭の分配（みなし配当等を除く。）、集団投資信託（合同運用信託、公社債投資信託及び公社債等運用投資信託（特定公社債等運用投資信託を除く。）を除く。）の収益の分配又は割引債の償還差益に係る控除を受ける所得税額の計算**

| 個別法による場合 | 銘柄 | 収入金額 | 所得税額 | 配当等の計算期間 | (9)のうち元本所有期間 | 所有期間割合 $\frac{(10)}{(9)}$（小数点以下3位未満切上げ） | 控除を受ける所得税額 (8)×(11) |
|---|---|---|---|---|---|---|---|
| | | 7 | 8 | 9 | 10 | 11 | 12 |
| | | 円 | 円 | 月 | 月 | | 円 |
| | | | | | | | |
| | | | | | | | |
| | | | | | | | |
| | | | | | | | |

| 銘柄別簡便法による場合 | 銘柄 | 収入金額 | 所得税額 | 配当等の計算期末の所有元本数等 | 配当等の計算期首の所有元本数等 | $\frac{(15)-(16)}{2又は12}$（マイナスの場合は0） | 所有元本割合 $\frac{(16)+(17)}{(15)}$（小数点以下3位未満切上げ）（1を超える場合は1） | 控除を受ける所得税額 (14)×(18) |
|---|---|---|---|---|---|---|---|---|
| | | 13 | 14 | 15 | 16 | 17 | 18 | 19 |
| | | 円 | 円 | | | | | 円 |
| | | | | | | | | |
| | | | | | | | | |
| | | | | | | | | |
| | | | | | | | | |

**その他に係る控除を受ける所得税額の明細**

| 支払者の氏名又は法人名 | 支払者の住所又は所在地 | 支払を受けた年月日 | 収入金額 | 控除を受ける所得税額 | 参考 |
|---|---|---|---|---|---|
| | | | 20 | 21 | |
| | | ・　・ | 円 | 円 | |
| | | ・　・ | | | |
| | | ・　・ | | | |
| | | ・　・ | | | |
| | | ・　・ | | | |
| 計 | | | | | |

## ⑤ 欠損金又は災害損失金の損金算入等に関する明細書

| 事業年度 | 元·10·1<br>2·9·30 | 法人名 | 株式会社 緑商会 |
|---|---|---|---|

別表七(一) 平三十一・四・一以後終了事業年度分

| 控除前所得金額<br>(別表四「39の①」)－(別表七(二)「9」又は「21」) | 1 | 円 | 所得金額控除限度額<br>(1)× 50又は100/100 | 2 | 円 |
|---|---|---|---|---|---|

| 事業年度 | 区分 | 控除未済欠損金額<br>3 | 当期控除額<br>(当該事業年度の(3)と((2)－当該事業年度前の(4)の合計額)のうち少ない金額)<br>4 | 翌期繰越額<br>((3)－(4))又は(別表七(三)「15」)<br>5 |
|---|---|---|---|---|
| ・・<br>・・ | 青色欠損・連結みなし欠損・災害損失 | 円 | 円 | |
| ・・<br>・・ | 青色欠損・連結みなし欠損・災害損失 | | | 円 |
| ・・<br>・・ | 青色欠損・連結みなし欠損・災害損失 | | | |
| ・・<br>・・ | 青色欠損・連結みなし欠損・災害損失 | | | |
| ・・<br>・・ | 青色欠損・連結みなし欠損・災害損失 | | | |
| 27·4·1<br>28·3·31 | 青色欠損・連結みなし欠損・災害損失 | 1,000,000 | | 1,000,000 |
| 28·4·1<br>29·3·31 | 青色欠損・連結みなし欠損・災害損失 | 100,000 | | 100,000 |
| 29·4·1<br>30·3·31 | 青色欠損・連結みなし欠損・災害損失 | 3,500,000 | | 3,500,000 |
| 30·4·1<br>31·3·31 | 青色欠損・連結みなし欠損・災害損失 | 1,850,000 | | 1,850,000 |
| 31·4·1<br>元·9·30 | 青色欠損・連結みなし欠損・災害損失 | 1,500,000 | | 1,500,000 |
| 計 | | 7,950,000 | | 7,950,000 |
| 当期分 | 欠損額<br>(別表四「47の①」) | | 欠損金の繰戻し額 | |
| 当期分 | 同上のうち 災害損失金 | | | |
| 当期分 | 同上のうち 青色欠損金 | 250,000 | | 250,000 |
| 合計 | | | | 8,200,000 |

### 災害により生じた損失の額の計算

| 災害の種類 | | | 災害のやんだ日又はやむを得ない事情のやんだ日 | ・・ |
|---|---|---|---|---|
| 災害を受けた資産の別 | | 棚卸資産<br>① | 固定資産<br>(固定資産に準ずる繰延資産を含む。)<br>② | 計<br>①+②<br>③ |
| 当期の欠損金額<br>(別表四「47の①」) | 6 | | | 円 |
| 災害により生じた損失の額 資産の滅失等により生じた損失の額 | 7 | 円 | 円 | |
| 被害資産の原状回復のための費用等に係る損失の額 | 8 | | | |
| 被害の拡大又は発生の防止のための費用に係る損失の額 | 9 | | | |
| 計<br>(7)+(8)+(9) | 10 | | | |
| 保険金又は損害賠償金等の額 | 11 | | | |
| 差引災害により生じた損失の額<br>(10)－(11) | 12 | | | |
| 同上のうち所得税額の還付又は欠損金の繰戻しの対象となる災害損失金額 | 13 | | | |
| 中間申告における災害損失欠損金の繰戻し額 | 14 | | | |
| 繰戻しの対象となる災害損失欠損金額<br>((6の③)と((13の③)－(14の③))のうち少ない金額) | 15 | | | |
| 繰越控除の対象となる損失の額<br>((6の③)と((12の③)－(14の③))のうち少ない金額) | 16 | | | |

# 4 残余財産確定事業年度の確定申告書の書き方

残余財産確定日から1か月以内に申告する

## 残余財産の確定後、確定申告書を作成する

残余財産が確定した場合、確定申告書を作成し、残余財産確定の日から1か月以内に管轄の税務署に提出します。作成要領や添付書類などは、解散確定申告書と同様です。別表一、二、四、五㈠、五㈡及び各ケースに応じた別表を作成します（書式4）。残余財産確定時の申告の場合、通常とは異なり、事業年度が1年に満たない場合もあるかもしれません。減価償却や軽減税率の計算を行う場合、月数計算には注意が必要です。なお、別表三㈠の留保金課税（107ページ）については、清算中の事業年度と同様、適用されません。また、租税特別措置法の圧縮記帳などの中には、適用されない制度もありますので、確認が必要です。その他の別表の作成方法も基本的には解散時の確定申告書と同じです。ただし、別表十一の貸倒引当金や返品調整引当金については、残余財産が確定した日の属する事業年度においては繰り入れることはできません。

### 書式4　別表一（130 ～ 131ページ）

事業年度は、最後の清算事業年度の翌日から残余財産の最後の分配日までとなります。左下の「残余財産の最後の分配又は引渡しの日」にも年月日を記入します。なお、法人税額に対して課される地方法人税については確定申告書の別表一及び次葉において計算し、法人税と一緒に申告します。

### 書式4　別表四（133ページ）

解散時や清算中の確定申告書と同様です（104ページ参照）。ただし、残余財産が確定する事業年度に限り、当期の事業税についてもその事

業年度の損金として処理することができます。決算時に「法人税等」などの費用科目で計上しているのであれば、「4 損金経理をした納税充当金」欄でいったん加算した上で、「46 残余財産の確定の日の属する事業年度に係る事業税の損金算入額」欄で減算します。

### 書式4　別表二、五㈠、五㈡（132、134、135ページ）

それぞれの別表の作成方法については、基本的には前述の解散時の確定申告書（103ページから106ページ）と同様です。なお、事業税の損金算入分は、「未納事業税」の減少として記載します。

### 書式4　別表七（一）（136ページ）

基本的に前述の解散時や清算中の確定申告書と同様です。なお、期限切れ欠損金を損金算入する場合には、加えて別表七㈢の作成と、残余財産がないと見込まれることを証明する書類の添付が必要です。

## 添付書類としてのその他の提出書類

確定申告書には、貸借対照表、損益計算書、株主資本等変動計算書、勘定科目内訳明細書を添付します。通常は法人事業概況説明書も添付書類となります。また、欠損金の繰戻還付により、解散事業年度の法人税の還付を受ける場合、解散日から1年以内に、「欠損金の繰戻しによる還付請求書」を管轄の税務署へ提出する必要があります。期限切れ欠損金を損金算入した場合には、残余財産がないと見込まれる旨を証明する書類として、事業年度終了時の実態貸借対照表や、破産手続開始決定書などの写しなどを添付します。

税額控除や軽減税率など、租税特別措置法の適用を受ける場合、「適用額明細書」が必要です。適用額明細書には、事業種目の「業種番号」や適用される租税特別措置法の「区分番号」を記入する欄があり、これらの番号は、国税庁のホームページに掲載されています。添付する場合には、別表一「適用額明細書提出の有無」欄の「有」に印をつけます。

# 書式4　残余財産確定事業年度の確定申告書

| | |
|---|---|
| 税務署受付印 | 品川　税務署長殿　令和2年4月24日 |
| 納税地 | 東京都品川区XXX1-2-3　電話(03)XXXX-XXXX |
| (フリガナ) | カブシキガイシャ　ミドリショウカイ |
| 法人名 | 株式会社　緑商会 |
| 法人番号 | XXXXXXXXXXXXX |
| (フリガナ) | スズキ　タロウ |
| 代表者記名押印 | 鈴木 太郎　㊞ |
| 代表者住所 | 東京都品川区XXX1-2-4 |

| | |
|---|---|
| 所管 / 業種目 / 概況書 / 要否 / 別表等 | |
| 法人区分 | 普通法人（特定の医療法人を除く。）、一般社団法人等、みなし公益法人等又は人格のない社団等 / 左記以外の公益法人等、協同組合等又は特定の医療法人 |
| 事業種目 | 衣料品小売業 |
| 期末現在の資本金の額又は出資金の額 | 25,000,000円　非中小法人 |
| 同上が1億円以下の普通法人のうち中小法人に該当しないもの | |
| 同非区分 | 特定同族会社 / 同族会社（○） / 非同族会社 |
| 旧納税地及び旧法人名等 | |
| 添付書類 | 貸借対照表（○）、損益計算書（○）、株主（社員）資本等変動計算書（○）又は損益金処分表、勘定科目内訳明細書（○）、事業概況書、組織再編成に係る契約書等の写し、組織再編成に係る移転資産等の明細書 |

| ※税務署処理欄 | |
|---|---|
| 青色申告 | 一連番号 |
| 整理番号 | |
| 事業年度(至) | 年　月　日 |
| 売上金額 | 兆　十億　百万 |
| 申告年月日 | 年　月　日 |
| 通信日付印 / 確認印 / 庁指定 / 局指定 / 指導等 / 区分 | 年月日 |
| 申告区分 | 法人税：中間 / 期限後 / 修正　地方法人税：中間 / 期限後 / 修正 |

平成・令和 01 年 10 月 01 日　事業年度分の法人税 残余財産の確定 申告書
平成・令和 02 年 03 月 31 日　課税事業年度分の地方法人税 確定 申告書
（中間申告の場合の計算期間　平成・令和　年　月　日　平成・令和　年　月　日）

| | |
|---|---|
| 翌年以降送付要否 | 要 / 否（○） |
| 適用額明細書提出の有無 | 有（○） / 無 |
| 税理士法第30条の書面提出有 | 有 |
| 税理士法第33条の2の書面提出有 | 有 |

**この申告書による法人税額の計算**（十億　百万　千　円）

| | 項目 | 番号 | 金額 |
|---|---|---|---|
| | 所得金額又は欠損金額（別表四「47の①」） | 1 | 1550000 |
| | 法人税額 (53)+(54)+(55) | 2 | 232500 |
| | 法人税額の特別控除額（別表六(六)「4」） | 3 | |
| | 差引法人税額 (2)-(3) | 4 | 232500 |
| | 連結納税の承認を取り消された場合等における既に控除された法人税額の特別控除額の加算額 | 5 | |
| 土地譲渡利益金 | 課税土地譲渡利益金額（別表三(二)「24」+別表三(二の二)「25」+別表三(三)「20」） | 6 | 000 |
| | 同上に対する税額 (22)+(23)+(24) | 7 | |
| 留保金 | 課税留保金額（別表三(一)「4」） | 8 | 000 |
| | 同上に対する税額（別表三(一)「8」） | 9 | |
| | | | 00 |
| | 法人税額計 (4)+(5)+(7)+(9) | 10 | 232500 |
| | 分配時調整外国税相当額及び外国関係会社等に係る控除対象所得税額等相当額の控除額（別表六(五の二)「7」+別表十七(三の十二)「3」） | 11 | |
| | 仮装経理に基づく過大申告の更正に伴う控除法人税額 | 12 | |
| | 控除税額（((10)-(11)-(12))と(19)のうち少ない金額） | 13 | |
| | 差引所得に対する法人税額 (10)-(11)-(12)-(13) | 14 | 00 |
| | 中間申告分の法人税額 | 15 | 232500 |
| | 差引確定法人税額 (14)-(15)（中間申告の場合はその税額とし、マイナスの場合は、(26)へ記入） | 16 | |

**この申告書による地方法人税額の計算**

| | 項目 | 番号 | 金額 |
|---|---|---|---|
| 課税標準法人税額の計算 | 基準法人税額：所得の金額に対する法人税額 (4)+(5)+(7)+(10の外書) | 33 | 232500 |
| | 課税留保金額に対する法人税額 (9) | 34 | |
| | 課税標準法人税額 (33)+(34) | 35 | 232000 |
| | 地方法人税額 (58) | 36 | 23896 |
| | 課税留保金額に係る地方法人税額 (59) | 37 | |
| | 所得地方法人税額 (36)+(37) | 38 | 23896 |
| | 分配時調整外国税相当額及び外国関係会社等に係る控除対象所得税額等相当額の控除額 | 39 | |
| | 外国税額の控除額（別表六(二)「50」） | 40 | |
| | 仮装経理に基づく過大申告の更正に伴う控除地方法人税額 | 41 | |
| | 差引地方法人税額 (38)-(39)-(40)-(41) | 42 | 23800 |
| | 中間申告分の地方法人税額 | 43 | 00 |
| | 差引確定地方法人税額 (42)-(43)（中間申告の場合はその税額とし、マイナスの場合は、(45)へ記入） | 44 | 23800 |

| | 項目 | 番号 | 金額 |
|---|---|---|---|
| 控除税額の計算 | 所得税の額（別表六(一)「6の③」） | 17 | |
| | 外国税額（別表六(二)「20」） | 18 | |
| | 計 (17)+(18) | 19 | |
| | 控除した金額 (13) | 20 | |
| | 控除しきれなかった金額 (19)-(20) | 21 | |
| 土地譲渡税額の内訳 | 土地譲渡税額（別表三(二)「27」） | 22 | 0 |
| | 同上（別表三(二の二)「28」） | 23 | 0 |
| | 同上（別表三(三)「23」） | 24 | 00 |
| この申告による還付金額 | 所得税額等の還付金額 (21) | 25 | |
| | 中間納付額 (15)-(14) | 26 | |
| | 欠損金の繰戻しによる還付請求税額 | 27 | 外 |
| | 計 (25)+(26)+(27) | 28 | 外 |
| この申告が修正申告である場合 | この申告前の所得金額又は欠損金額 (60) | 29 | |
| | この申告により納付すべき法人税額又は減少する還付請求税額 (65) | 30 | 外 00 |
| | 欠損金又は災害損失金等の当期控除額（別表七(一)「4の計」+(別表七(二)「9」若しくは「21」又は別表七(三)「10」)） | 31 | 7950000 |
| | 翌期へ繰り越す欠損金又は災害損失金（別表七(一)「5の合計」） | 32 | 0 |
| | この申告による還付金額 (43)-(42) | 45 | 外 |
| この申告が修正申告である場合 | この申告前の所得の金額に対する法人税額 (68) | 46 | |
| | この申告前の課税留保金額に対する法人税額 (69) | 47 | |
| | この申告前の課税標準法人税額 (70) | 48 | 000 |
| | この申告により納付すべき地方法人税額 (74) | 49 | 00 |
| | 剰余金・利益の配当（剰余金の分配）の金額 | | |
| | 残余財産の最後の分配又は引渡しの日 | | 02 03 31 |
| | 決算確定の日 | | 平成・令和　年　月　日 |

| 還付を受けようとする金融機関等 | |
|---|---|
| 銀行 / 金庫・組合 / 農協・漁協 | 本店・支店 / 出張所 / 本所・支所　預金 |
| 郵便局名等 | |
| 口座番号 | |
| ゆうちょ銀行の貯金記号番号 | - |
| ※税務署処理欄 | |

| | |
|---|---|
| 税理士署名押印 | ㊞ |

別表一　各事業年度の所得に係る申告書―内国法人の分……平三十一・四・一以後終了事業年度等分

| 事業年度等 | 元・10・1<br>2・3・31 | 法人名 | 株式会社 緑商会 |
|---|---|---|---|

別表一次葉　平三十一・四・一以後終了事業年度等分

## 法人税額の計算

| | | | | | |
|---|---|---|---|---|---|
| (1)のうち中小法人等の年800万円相当額以下の金額<br>((1)と800万円×6/12のうち少ない金額) | 50 | 1,550 000 | (50)の15%又は19%相当額 | 53 | 232,500 |
| (1)のうち特例税率の適用がある協同組合等の年10億円相当額を超える金額<br>(1)－10億円×―/12 | 51 | 000 | (51)の22%相当額 | 54 | |
| その他の所得金額<br>(1)－(50)－(51) | 52 | 000 | (52)の19%又は23.2%相当額 | 55 | 0 |

## 地方法人税額の計算

| | | | | | |
|---|---|---|---|---|---|
| 所得の金額に対する法人税額<br>(33) | 56 | 232 000 | (56)の4.4%又は10.3%相当額 | 58 | 23,896 |
| 課税留保金額に対する法人税額<br>(34) | 57 | 000 | (57)の4.4%又は10.3%相当額 | 59 | |

## この申告が修正申告である場合の計算

| | | | | | | | |
|---|---|---|---|---|---|---|---|
| 法人税額の計算 | この申告前の | 所得金額又は欠損金額 | 60 | | 地方法人税額の計算 | この申告前の | 所得の金額に対する法人税額 | 68 | |
| | | 課税土地譲渡利益金額 | 61 | | | | 課税留保金額に対する法人税額 | 69 | |
| | | 課税留保金額 | 62 | | | | 課税標準法人税額<br>(68)＋(69) | 70 | 000 |
| | | 法人税額 | 63 | | | | 確定地方法人税額 | 71 | |
| | | 還付金額 | 64 | 外 | | | 中間還付額 | 72 | |
| | この申告により納付すべき法人税額又は減少する還付請求税額<br>((16)－(63))若しくは((16)＋(64))又は((64)－(28)) | | 65 | 外 00 | | | 欠損金の繰戻しによる還付金額 | 73 | |
| | この申告前の | 欠損金又は災害損失金等の当期控除額 | 66 | | | この申告により納付すべき地方法人税額<br>((44)－(71))若しくは((44)＋(72)＋(73))又は(((72)－(45))＋((73)－(45の外書))) | | 74 | 00 |
| | | 翌期へ繰り越す欠損金又は災害損失金 | 67 | | | | | | |

## 同族会社等の判定に関する明細書

| 事業年度又は連結事業年度 | 元・10・1<br>2・3・31 | 法人名 | 株式会社 緑商会 |
|---|---|---|---|

別表二 平三十一・四・一以後終了事業年度又は連結事業年度分

|  |  |  |  |
|---|---|---|---|
| 同族会社の判定 | 期末現在の発行済株式の総数又は出資の総額 | 1 | 内<br>500 |
| | (19)と(21)の上位3順位の株式数又は出資の金額 | 2 | 500 |
| | 株式数等による判定 (2)/(1) | 3 | 100.0 % |
| | 期末現在の議決権の総数 | 4 | 内 |
| | (20)と(22)の上位3順位の議決権の数 | 5 | |
| | 議決権の数による判定 (5)/(4) | 6 | % |
| | 期末現在の社員の総数 | 7 | |
| | 社員の3人以下及びこれらの同族関係者の合計人数のうち最も多い数 | 8 | |
| | 社員の数による判定 (8)/(7) | 9 | % |
| | 同族会社の判定割合 ((3)、(6)又は(9)のうち最も高い割合) | 10 | 100.0 |

|  |  |  |  |
|---|---|---|---|
| 特定同族会社の判定 | (21)の上位1順位の株式数又は出資の金額 | 11 | |
| | 株式数等による判定 (11)/(1) | 12 | % |
| | (22)の上位1順位の議決権の数 | 13 | |
| | 議決権の数による判定 (13)/(4) | 14 | % |
| | (21)の社員の1人及びその同族関係者の合計人数のうち最も多い数 | 15 | |
| | 社員の数による判定 (15)/(7) | 16 | % |
| | 特定同族会社の判定割合 ((12)、(14)又は(16)のうち最も高い割合) | 17 | |
| 判定結果 | | 18 | 特定同族会社<br>(同族会社)<br>非同族会社 |

### 判定基準となる株主等の株式数等の明細

| 順位 株式数等 | 順位 議決権数 | 判定基準となる株主（社員）及び同族関係者 住所又は所在地 | 判定基準となる株主（社員）及び同族関係者 氏名又は法人名 | 判定基準となる株主等との続柄 | 株式数又は出資の金額等 被支配会社でない法人株主等 株式数又は出資の金額 19 | 株式数又は出資の金額等 被支配会社でない法人株主等 議決権の数 20 | 株式数又は出資の金額等 その他の株主等 株式数又は出資の金額 21 | 株式数又は出資の金額等 その他の株主等 議決権の数 22 |
|---|---|---|---|---|---|---|---|---|
| 1 | | 東京都品川区XXX1-2-4 | 鈴木 太郎 | 本人 | | | 500 | |
| | | | | | | | | |
| | | | | | | | | |
| | | | | | | | | |
| | | | | | | | | |
| | | | | | | | | |
| | | | | | | | | |
| | | | | | | | | |
| | | | | | | | | |
| | | | | | | | | |
| | | | | | | | | |
| | | | | | | | | |
| | | | | | | | | |

| 所得の金額の計算に関する明細書（簡易様式） | 事業年度 | 元・10・1<br>2・3・31 | 法人名 | 株式会社 緑商会 |
|---|---|---|---|---|

別表四（簡易様式） 平三十一・四・一以後終了事業年度分

**御注意**

1　沖縄の認定法人の課税の特例、国家戦略特別区域における指定法人の課税の特例、組合事業等に係る損失がある場合の課税の特例、対外船舶運航事業を営む法人の日本船舶による収入金額の課税の特例、特定目的会社等又は特定目的信託に係る課税の特例、農業経営基盤強化準備金の課税の特例、農用地等を取得した場合の課税の特例、関西国際空港用地整備準備金の課税の特例、中部国際空港整備準備金の課税の特例及び再投資等準備金の課税の特例等の規定の適用を受ける法人にあっては、別様式による別表四を御使用ください。

2　「47」の「①」欄の金額は、「②」欄の金額に「③」欄の本書の金額を加算し、これから「※」の金額を加減算した額と符合することになりますから留意してください。

| 区分 | | | 総額 ① | 処分 留保 ② | 処分 社外流出 ③ | |
|---|---|---|---|---|---|---|
| 当期利益又は当期欠損の額 | | 1 | 円<br>9,137,400 | 円<br>9,137,400 | 配当<br>その他 | 円 |
| 加算 | 損金経理をした法人税及び地方法人税(附帯税を除く。) | 2 | | | | |
| | 損金経理をした道府県民税及び市町村民税 | 3 | | | | |
| | 損金経理をした納税充当金 | 4 | 415,300 | 415,300 | | |
| | 損金経理をした附帯税(利子税を除く。)、加算金、延滞金(延納分を除く。)及び過怠税 | 5 | | | その他 | |
| | 減価償却の償却超過額 | 6 | | | | |
| | 役員給与の損金不算入額 | 7 | | | その他 | |
| | 交際費等の損金不算入額 | 8 | | | その他 | |
| | 仮払税金 | 9 | 4 | 4 | | |
| | | 10 | | | | |
| | | | | | | |
| | | | | | | |
| | | | | | | |
| | 小計 | 11 | 415,304 | 415,304 | | |
| 減算 | 減価償却超過額の当期認容額 | 12 | | | | |
| | 納税充当金から支出した事業税等の金額 | 13 | | | | |
| | 受取配当等の益金不算入額(別表八(一)「13」又は「26」) | 14 | | | ※ | |
| | 外国子会社から受ける剰余金の配当等の益金不算入額(別表八(二)「26」) | 15 | | | ※ | |
| | 受贈益の益金不算入額 | 16 | | | ※ | |
| | 適格現物分配に係る益金不算入額 | 17 | | | ※ | |
| | 法人税等の中間納付額及び過誤納に係る還付金額 | 18 | | | | |
| | 所得税額等及び欠損金の繰戻しによる還付金額等 | 19 | 4 | | ※ | 4 |
| | | 20 | | | | |
| | | | | | | |
| | | | | | | |
| | | | | | | |
| | 小計 | 21 | 4 | | 外※ | 4 |
| 仮計 (1)+(11)−(21) | | 22 | 9,552,700 | 9,552,704 | 外※ | △4 |
| 関連者等に係る支払利子等の損金不算入額(別表十七(二の二)「24」又は「29」) | | 23 | | | その他 | |
| 超過利子額の損金算入額(別表十七(二の三)「10」) | | 24 | △ | | ※ | △ |
| 仮計 ((22)から(24)までの計) | | 25 | 9,552,700 | 9,552,704 | 外※ | △4 |
| 寄附金の損金不算入額(別表十四(二)「24」又は「40」) | | 27 | | | その他 | |
| 法人税額から控除される所得税額(別表六(一)「6の③」) | | 29 | | | その他 | |
| 税額控除の対象となる外国法人税の額(別表六(二の二)「7」) | | 30 | | | その他 | |
| 分配時調整外国税相当額及び外国関係会社等に係る控除対象所得税額等相当額(別表六(五の二)「5の②」+別表十七(三の十二)「1」) | | 31 | | | その他 | |
| 合計 (25)+(27)+(29)+(30)+(31) | | 34 | 9,552,700 | 9,552,704 | 外※ | △4 |
| 契約者配当の益金算入額(別表九(一)「13」) | | 35 | | | | |
| 中間申告における繰戻しによる還付に係る災害損失欠損金額の益金算入額 | | 37 | | | ※ | |
| 非適格合併又は残余財産の全部分配等による移転資産等の譲渡利益額又は譲渡損失額 | | 38 | | | ※ | |
| 差引計 (34)+(35)+(37)+(38) | | 39 | 9,552,700 | 9,552,704 | 外※ | △4 |
| 欠損金又は災害損失金等の当期控除額(別表七(一)「4の計」+(別表七(二)「9」若しくは「21」又は別表七(三)「10」)) | | 40 | △7,950,000 | | ※ | △7,950,000 |
| 総計 (39)+(40) | | 41 | 1,602,700 | 9,552,704 | 外※ | △7,950,004 |
| 新鉱床探鉱費又は海外新鉱床探鉱費の特別控除額(別表十(三)「43」) | | 42 | △ | | ※ | △ |
| 残余財産の確定の日の属する事業年度に係る事業税の損金算入額 | | 46 | △52,700 | △52,700 | | |
| 所得金額又は欠損金額 | | 47 | 1,550,000 | 9,500,004 | 外※ | △7,950,004 |

㊎簡

別表五㈠　平三十一・四・一以後終了事業年度分

## 利益積立金額及び資本金等の額の計算に関する明細書

| 事業年度 | 元・10・1<br>2・3・31 | 法人名 | 株式会社 緑商会 |
|---|---|---|---|

### Ⅰ　利益積立金額の計算に関する明細書

| 区分 | | 期首現在利益積立金額<br>① | 当期の増減<br>減<br>② | 当期の増減<br>増<br>③ | 差引翌期首現在利益積立金額<br>①−②+③<br>④ |
|---|---|---|---|---|---|
| 利益準備金 | 1 | 円 | 円 | 円 | 円 |
| 積立金 | 2 | | | | |
| 仮払税金 | 3 | △4 | △4 | | 0 |
| 未納事業税 | 4 | | 52,700 | | △52,700 |
| | 5 | | | | |
| | 6 | | | | |
| | 7 | | | | |
| | 8 | | | | |
| | 9 | | | | |
| | 10 | | | | |
| | 11 | | | | |
| | 12 | | | | |
| | 13 | | | | |
| | 14 | | | | |
| | 15 | | | | |
| | 16 | | | | |
| | 17 | | | | |
| | 18 | | | | |
| | 19 | | | | |
| | 20 | | | | |
| | 21 | | | | |
| | 22 | | | | |
| | 23 | | | | |
| | 24 | | | | |
| | 25 | | | | |
| 繰越損益金（損は赤） | 26 | △6,590,000 | △6,590,000 | 2,547,403 | 2,547,403 |
| 納税充当金 | 27 | 90,000 | 90,000 | 415,300 | 415,300 |
| 未納法人税等（退職年金等積立金に対するものを除く。）　未納法人税及び未納地方法人税（附帯税を除く。） | 28 | △ | △ | 中間 △<br>確定 △256,300 | △ 256,300 |
| 未納法人税等　未納道府県民税（均等割額を含む。） | 29 | △ 90,000 | △ 90,000 | 中間 △<br>確定 △106,300 | △ 106,300 |
| 未納法人税等　未納市町村民税（均等割額を含む。） | 30 | △ | △ | 中間 △<br>確定 △ | △ |
| 差引合計額 | 31 | △6,590,004 | △6,537,304 | 2,600,103 | 2,547,403 |

### Ⅱ　資本金等の額の計算に関する明細書

| 区分 | | 期首現在資本金等の額<br>① | 当期の増減<br>減<br>② | 当期の増減<br>増<br>③ | 差引翌期首現在資本金等の額<br>①−②+③<br>④ |
|---|---|---|---|---|---|
| 資本金又は出資金 | 32 | 25,000,000円 | 円 | 円 | 25,000,000円 |
| 資本準備金 | 33 | 5,000,000 | | | 5,000,000 |
| | 34 | | | | |
| | 35 | | | | |
| 差引合計額 | 36 | 30,000,000 | | | 30,000,000 |

**御注意**

1　この表は、通常の場合には次の算式により検算ができます。
期首現在利益積立金額合計「31」① ＋ 別表四留保所得金額又は欠損金額「47」 − 中間分、確定分法人税県市民税の合計額 ＝ 差引翌期首現在利益積立金額合計「31」④

2　発行済株式又は出資のうちに二以上の種類の株式がある場合には、法人税法施行規則別表五㈠付表（別表五㈠付表）の記載が必要となりますので御注意ください。

## 租税公課の納付状況等に関する明細書

| 事業年度 | 元・10・1<br>2・3・31 | 法人名 | 株式会社 緑商会 |
|---|---|---|---|

別表五(二) 平三十一・四・一以後終了事業年度分

| 税目及び事業年度 | | | 期首現在未納税額 ① | 当期発生税額 ② | 当期中の納付税額 充当金取崩しによる納付 ③ | 当期中の納付税額 仮払経理による納付 ④ | 当期中の納付税額 損金経理による納付 ⑤ | 期末現在未納税額 ①+②−③−④−⑤ ⑥ |
|---|---|---|---|---|---|---|---|---|
| 法人税及び地方法人税 | ・ ・ | 1 | 円 | | 円 | 円 | 円 | 円 |
| | ・ ・ | 2 | | | | | | |
| | 当期分 中間 | 3 | | 円 | | | | |
| | 当期分 確定 | 4 | | 256,300 | | | | 256,300 |
| | 計 | 5 | | 256,300 | | | | 256,300 |
| 道府県民税 | ・ ・ | 6 | | | | | | |
| | 31・4・1<br>元・9・30 | 7 | 90,000 | | 90,000 | | | 0 |
| | 当期分 中間 | 8 | | | | | | |
| | 当期分 確定 | 9 | | 106,300 | | | | 106,300 |
| | 計 | 10 | 90,000 | 106,300 | 90,000 | | | 106,300 |
| 市町村民税 | ・ ・ | 11 | | | | | | |
| | ・ ・ | 12 | | | | | | |
| | 当期分 中間 | 13 | | | | | | |
| | 当期分 確定 | 14 | | | | | | |
| | 計 | 15 | | | | | | |
| 事業税 | ・ ・ | 16 | | | | | | |
| | 元・10・1<br>2・3・31 | 17 | | 52,700 | | | | 52,700 |
| | 当期中間分 | 18 | | | | | | |
| | 計 | 19 | | 52,700 | | | | 52,700 |
| その他 | 損金算入のもの 利子税 | 20 | | | | | | |
| | 損金算入のもの 延滞金(延納に係るもの) | 21 | | | | | | |
| | 損金算入のもの 印紙税 | 22 | | 20,000 | | | 20,000 | 0 |
| | 損金算入のもの | 23 | | | | | | |
| | 損金不算入のもの 加算税及び加算金 | 24 | | | | | | |
| | 損金不算入のもの 延滞税 | 25 | | | | | | |
| | 損金不算入のもの 延滞金(延納分を除く。) | 26 | | | | | | |
| | 損金不算入のもの 過怠税 | 27 | | | | | | |
| | 損金不算入のもの | 28 | | | | | | |
| | 損金不算入のもの | 29 | | | | | | |

### 納税充当金の計算

| 項目 | 番号 | 金額 | 項目 | 番号 | 金額 |
|---|---|---|---|---|---|
| 期首納税充当金 | 30 | 90,000 円 | 取崩額 その他 損金算入のもの | 36 | 円 |
| 繰入額 損金経理をした納税充当金 | 31 | 415,300 | 取崩額 その他 損金不算入のもの | 37 | |
| 繰入額 | 32 | | 取崩額 その他 | 38 | |
| 繰入額 計 (31)+(32) | 33 | 415,300 | 取崩額 その他 仮払税金消却 | 39 | |
| 取崩額 法人税額等 (5の③)+(10の③)+(15の③) | 34 | 90,000 | 取崩額 計 (34)+(35)+(36)+(37)+(38)+(39) | 40 | 90,000 |
| 取崩額 事業税 (19の③) | 35 | | 期末納税充当金 (30)+(33)−(40) | 41 | 415,300 |

## ⑤ 欠損金又は災害損失金の損金算入等に関する明細書

| 事業年度 | 元·10·1<br>2·3·31 | 法人名 | 株式会社 緑商会 |
|---|---|---|---|

別表七(一) 平三十一・四・一以後終了事業年度分

| | | | | | |
|---|---|---|---|---|---|
| 控除前所得金額<br>(別表四「39の①」)－(別表七(二)「9」又は「21」) | 1 | 円 | 所得金額控除限度額<br>(1)× 50又は100 / 100 | 2 | 円 |

| 事業年度 | 区分 | 控除未済欠損金額<br>3 | 当期控除額<br>(当該事業年度の(3)と((2)－当該事業年度前の(4)の合計額)のうち少ない金額)<br>4 | 翌期繰越額<br>((3)－(4))又は(別表七(三)「15」)<br>5 |
|---|---|---|---|---|
| ・ ・<br>・ ・ | 青色欠損・連結みなし欠損・災害損失 | 円 | 円 | |
| ・ ・<br>・ ・ | 青色欠損・連結みなし欠損・災害損失 | | | 円 |
| ・ ・<br>・ ・ | 青色欠損・連結みなし欠損・災害損失 | | | |
| ・ ・<br>・ ・ | 青色欠損・連結みなし欠損・災害損失 | | | |
| ・ ・<br>・ ・ | 青色欠損・連結みなし欠損・災害損失 | | | |
| 27·4·1<br>28·3·31 | 青色欠損・連結みなし欠損・災害損失 | 1,000,000 | 1,000,000 | |
| 28·4·1<br>29·3·31 | 青色欠損・連結みなし欠損・災害損失 | 100,000 | 100,000 | |
| 29·4·1<br>30·3·31 | 青色欠損・連結みなし欠損・災害損失 | 3,500,000 | 3,500,000 | |
| 30·4·1<br>31·3·31 | 青色欠損・連結みなし欠損・災害損失 | 1,850,000 | 1,850,000 | |
| 31·4·1<br>元·9·30 | 青色欠損・連結みなし欠損・災害損失 | 1,500,000 | 1,500,000 | |
| 計 | | 7,950,000 | 7,950,000 | |
| 当期分 | 欠損金額<br>(別表四「47の①」) | | 欠損金の繰戻し額 | |
| 当期分 | 同上のうち 災害損失金 | | | |
| 当期分 | 同上のうち 青色欠損金 | | | |
| 合計 | | | | |

災害により生じた損失の額の計算

| | | | | |
|---|---|---|---|---|
| 災害の種類 | | | 災害のやんだ日又はやむを得ない事情のやんだ日 | ・ ・ |
| 災害を受けた資産の別 | | 棚卸資産<br>① | 固定資産<br>(固定資産に準ずる繰延資産を含む。)<br>② | 計<br>①＋②<br>③ |
| 当期の欠損金額<br>(別表四「47の①」) | 6 | | | 円 |
| 災害により生じた損失の額 資産の滅失等により生じた損失の額 | 7 | 円 | 円 | |
| 災害により生じた損失の額 被害資産の原状回復のための費用等に係る損失の額 | 8 | | | |
| 災害により生じた損失の額 被害の拡大又は発生の防止のための費用に係る損失の額 | 9 | | | |
| 災害により生じた損失の額 計<br>(7)＋(8)＋(9) | 10 | | | |
| 保険金又は損害賠償金等の額 | 11 | | | |
| 差引災害により生じた損失の額<br>(10)－(11) | 12 | | | |
| 同上のうち所得税額の還付又は欠損金の繰戻しの対象となる災害損失金額 | 13 | | | |
| 中間申告における災害損失欠損金の繰戻し額 | 14 | | | |
| 繰戻しの対象となる災害損失欠損金額<br>((6の③)と((13の③)－(14の③))のうち少ない金額) | 15 | | | |
| 繰越控除の対象となる損失の額<br>((6の③)と((12の③)－(14の③))のうち少ない金額) | 16 | | | |

# 5 その他必要になる税務上の手続き

解散や清算結了に伴う様々な届出が必要になる

## 国税関係のその他の提出書類

たとえば、欠損金を繰戻して法人税の還付請求を行う場合には、「欠損金の繰戻しによる還付請求書」を提出します。その他には、法人が解散または清算結了したことを届け出るための書類や、源泉所得税や消費税に関する書類の提出が必要となります。

### 書式５　欠損金の繰戻しによる還付請求書

継続して青色申告を行っており、当期が赤字であった場合において、欠損金を翌期に繰り越すのではなく、繰戻してすでに納付した法人税の還付請求をすることができます。これを「欠損金の繰戻還付」といいます。この制度は、資本金１億円以下の中小法人等に対して適用されます。ただし、災害のあった日以後１年以内に終了した事業年度、法人が解散をした場合の解散事業年度及び解散日前１年以内に終了した事業年度と、清算中の事業年度において生じた欠損金については、中小法人等だけでなく、それ以外の法人に対しても適用されます。還付を受ける場合には、別表一及び七㈠に必要事項を記入の上、「欠損金の繰戻しによる還付請求書」を管轄の税務署に提出する必要があります。請求書の提出期限は、解散の場合は解散日以後１年以内、清算中である場合は欠損の生じた事業年度の確定申告の提出期限までです。具体的な請求書の書式について、㈱HNコーポレーションの事例で見ていきます（140ページ）。

㈱HNコーポレーションは、設立から継続して青色申告を行っておりましたが、令和元年10月31日に解散しました。平成31年４月１日～令和元年10月31日の解散事業年度の決算では、欠損金100万円が生じています。また、直前の平成30年４月１日～平成31年３月31日の決算においては、500万円の所得が発生し、法人税749,500円を納付しています。この場合、還付の対象となる法人税は、前期に納付した749,500円です。ただし税額控除や使途秘匿金に対する特別税額などはなかったものとするため、控除税額500円を加算し、750,000円とします。この法人税額を基に、所得の生じた「還付所得事業年度」の所得金額のうち、欠損の生じた「欠損事業年度」の欠損金額の占める割合に応じた金額が還付されます。つまり還付金額は750,000円×1,000,000円／5,000,000円＝150,000円です。書式の⑴から⒂までの金額を記入していくと、還付金額が導き出される形式になっています。

### 書式６、７　異動届出書（解散、清算結了）

解散や清算結了の登記を済ませた後には、「異動届出書」を管轄の税務署へ提出します。書式の異動事項等と異動後の欄に、解散の場合は「解散」、清算結了の場合は「清算結了」と記入します。異動年月日は、実際に解散及び清算結了された日と、カッコ書きで登記の日を記入します。ところで解散日以後は、解散の翌日から１年ごとの期間が一事業年度となります。解散に伴い事業年度や代表者に変更がある場合には、異動事項等に項目を追加し、異動前及び異動後について記入します。添付書類として、解散の場合は履歴事項全部証明書、清算結了の場合は閉鎖事項証明書、事業年度などの変更がある場合は定款の写しなどを提出します。

### 書式８　給与支払事務所等の廃止届出書

給与支払事務所等の開設届出書を提出している場合は、清算結了の際に「給与支払事務所等の廃止届出書」を、管轄の税務署へ提出する必要があります。提出期限は清算結了日から１か月以内です。添付書類は特にありません。

### 書式９　（消費税についての）事業廃止届出書

消費税の課税事業者であれば、清算結了の際に管轄の税務署へ「事業廃止届出書」を提出します。提出期限は「事由が生じた場合速やかに」ということなので、早めに提出するようにしましょう。添付書類は特にありません。なお、「消費税課税事業者選択不適用届出書」「消費税課税期間特例選択不適用届出書」「消費税簡易課税制度選択不適用届出書」「任意の中間申告書を提出することの取りやめ届出書」など、その他の届出書に廃業する旨を記載して提出している場合には、この届出書を提出する必要はありません。

## 地方税関係の提出書類

解散や清算中及び残余財産確定の事業年度においても、都道府県と市町村へ確定申告を行う必要があります。提出期限は法人税の確定申告書と同じであるため、一般的には法人税の確定申告と同時に行います。東京都23区内の場合、提出は都税事務所のみとなります。たとえば事業活動がなく所得がない場合、通常は国税の法人税や地方税の法人事業税は発生しません。しかし、法人道府県民税や法人市民税の場合、事業活動がなくても、資本金の額や従業者数に応じて均等割が課せられますので、納税資金を準備しておく必要があります。

解散及び清算結了の際には、税務署と同様に「異動届」を都道府県や市区町村など所在地を管轄する地方自治体にも提出する必要があります。書式の異動事項等の欄に、「解散」「清算結了」やその他の必要事項を記入し、提出します。地方自治体により提出期限や様式が異なる場合もあります。なお、東京都の場合、23区内であれば管轄の都税事務所への提出のみで、提出期限は解散または清算結了の日から10日以内です。添付書類として、前述の異動届と同様、履歴事項全部証明書や閉鎖事項証明書を添付する必要があります（原本のコピーでも認められる場合もあります）。なお、本書では地方税関係の提出書類の書式は掲載していません。

## 書式５　欠損金の繰戻しによる還付請求書

### 欠損金の繰戻しによる還付請求書

| ※整理番号 | |
|---|---|
| ※連結グループ整理番号 | |

税務署受付印

令和元年12月19日

日本橋　税務署長殿

| | |
|---|---|
| 納税地 | 〒103-XXXX<br>東京都中央区XXXX○丁目○○<br>電話（ 03 ）XXXX － XXXX |
| （フリガナ） | カブシキガイシャ　エイチエヌコーポレーション |
| 法人名等 | 株式会社　HNコーポレーション |
| 法人番号 | X X X X X X X X X X X X X |
| （フリガナ） | ハタナカ　イチロウ |
| 代表者氏名 | 畑中　一郎　㊞ |
| 代表者住所 | 〒103-XXXX<br>東京都中央区XXXX○丁目○○ |
| 事業種目 | 業務用機器リース　業 |

法人税法第80条の規定に基づき下記のとおり欠損金の繰戻しによる法人税額の還付を請求します。

記

| | | | |
|---|---|---|---|
| 欠損事業年度 | 自 平成(circled)・令和 31年 4月 1日<br>至 平成・令和(circled) 元年 10月 31日 | 還付所得事業年度 | 自 平成(circled)・令和 30年 4月 1日<br>至 平成(circled)・令和 31年 3月 31日 |

| 区分 | | | 請求金額 | ※金額 |
|---|---|---|---|---|
| 欠損事業年度の欠損金額 | 欠損金額 | (1) | 1,000,000 | |
| | 同上のうち還付所得事業年度に繰り戻す欠損金額 | (2) | 1,000,000 | |
| 還付所得事業年度の所得金額 | 所得金額 | (3) | 5,000,000 | |
| | 既に欠損金の繰戻しを行った金額 | (4) | 0 | |
| | 差引所得金額（（3）－（4）） | (5) | 5,000,000 | |
| 還付所得事業年度の法人税額 | 納付の確定した法人税額 | (6) | 749,500 | |
| | 仮装経理に基づく過大申告の更正に伴う控除法人税額 | (7) | 0 | |
| | 控除税額 | (8) | 500 | |
| | 使途秘匿金額に対する税額 | (9) | 00 | |
| | 課税土地譲渡利益金額に対する税額 | (10) | 0 | |
| | リース特別控除取戻税額 | (11) | 0 | |
| | 法人税額（(6)＋(7)＋(8)－(9)－(10)－(11)） | (12) | 750,000 | |
| | 既に欠損金の繰戻しにより還付を受けた法人税額 | (13) | 0 | |
| | 差引法人税額（（12）－（13）） | (14) | 750,000 | |
| 還付金額（（14）×（2）／（5）） | | (15) | 150,000 | |

| | | | |
|---|---|---|---|
| 請求期限 | 令和 2年 10月 31日 | 確定申告書提出年月日 | 平成・令和(circled) 元年12月19日 |

| | | |
|---|---|---|
| 還付を受けようとする金融機関等 | 1 銀行等の預金口座に振込みを希望する場合<br>本州 銀行(circled)・金庫・組合・漁協・農協　日本橋 本店・支店(circled)・出張所・本所・支所<br>当座 預金 口座番号 1234XXX | 2 ゆうちょ銀行の貯金口座に振込みを希望する場合<br>貯金口座の記号番号 －<br>3 郵便局等の窓口での受け取りを希望する場合<br>郵便局名等 |

この請求書が次の場合に該当するときは、次のものを添付してください。

1　期限後提出の場合、確定申告書をその提出期限までに提出することができなかった事情の詳細を記載した書類

2　法人税法第80条第4項の規定に基づくものである場合には、解散、事業の全部の譲渡等の事実発生年月日及びその事実の詳細を記載した書類

3　租税特別措置法第66条の13第2項の設備廃棄等欠損金額に係る請求である場合には、農業競争力強化支援法施行規則第20条第1項の証明に係る同条第2項の申請書の写し及び当該証明書の写し

| | |
|---|---|
| 税理士署名押印 | ㊞ |

| | | | | | | | | | | | | | | | |
|---|---|---|---|---|---|---|---|---|---|---|---|---|---|---|---|
| ※税務署処理欄 | 部門 | | 決算期 | | 業種番号 | | 番号 | | 整理簿 | | 備考 | | 通信日付印 | 年　月　日 | 確認印 |

01.06 改正

（規格A4）

## 書式6　異動届出書（解散）

税務署受付印

# 異動届出書

（□ 法人税　□ 消費税）

| ※整理番号 | |
|---|---|
| ※連結グループ整理番号 | |

令和元年10月7日

品川 税務署長殿

次の事項について異動したので届け出ます。

提出法人

☑ 単体法人
□ 連結親法人
□ 連結親法人となる法人
□ 連結子法人
□ 連結子法人となる法人

| | |
|---|---|
| (フリガナ) | トウキョウトシナガワク XXX |
| 本店又は主たる事務所の所在地 | 〒141-XXXX<br>東京都品川区 XXX1－2－3<br>電話（ 03 ）XXXX － XXXX |
| (フリガナ) | |
| 納税地 | 〒<br>同上 |
| (フリガナ) | カブシキガイシャ ミドリショウカイ |
| 法人等の名称 | 株式会社 緑商会 |
| 法人番号 | XXXXXXXXXXXXX |
| (フリガナ) | スズキ タロウ |
| 代表者氏名 | 鈴木 太郎 ㊞ |
| (フリガナ) | トウキョウトシナガワク XXX |
| 代表者住所 | 〒141-XXXX<br>東京都品川区 XXX1－2－4 |

| 異動事項等 | 異動前 | 異動後 | 異動年月日<br>(登記年月日) |
|---|---|---|---|
| 解散 | | 解散 | 元. 9 . 30<br>(元. 10 . 3) |
| 事業年度 | 4月1日～3月31日 | 4月1日～9月30日 | 元. 9 . 30 |
| 所轄税務署 | 税務署 | 税務署 | |

| | |
|---|---|
| 納税地等を変更した場合 | 給与支払事務所等の移転の有無　□ 有　□ 無（名称等変更有）　□ 無（名称等変更無）<br>※「有」及び「無（名称等変更有）」の場合には「給与支払事務所等の開設・移転・廃止届出書」の提出も必要です。 |
| 事業年度を変更した場合 | 変更後最初の事業年度：(自) 平成/令和　年　月　日 ～ (至) 平成/令和　年　月　日 |
| 合併、分割の場合 | 合併　□ 適格合併 □ 非適格合併　分割　□ 分割型分割：□ 適格 □ その他<br>□ 分社型分割：□ 適格 □ その他 |

(その他参考となるべき事項)

| 税理士署名押印 | ㊞ |
|---|---|

| ※税務署処理欄 | 部門 | | 決算期 | | 業種番号 | | 番号 | | 入力 | | 名簿 | |
|---|---|---|---|---|---|---|---|---|---|---|---|---|

（規格A4）

01.06 改正

# 書式7　異動届出書（清算結了）

## 異　動　届　出　書
（☐ 法人税　　☐ 消費税）

| ※整理番号 | |
|---|---|
| ※連結グループ整理番号 | |

税務署受付印

令和 2年 4月24日

品川 税務署長殿

次の事項について異動したので届け出ます。

| 提出法人 | | |
|---|---|---|
| ☑ 単体法人<br>☐ 連結親法人<br>☐ 連結親法人となる法人<br>☐ 連結子法人<br>☐ 連結子法人となる法人 | （フリガナ） | トウキョウトシナガワク XXX |
| | 本店又は主たる事務所の所在地 | 〒141-XXXX<br>東京都品川区 XXX1－2－3<br>電話（ 03 ）XXXX－XXXX |
| | （フリガナ） | |
| | 納　税　地 | 〒<br>同上 |
| | （フリガナ） | カブシキガイシャ　ミドリショウカイ |
| | 法人等の名称 | 株式会社　緑商会 |
| | 法人番号 | X X X X X X X X X X X X X |
| | （フリガナ） | スズキ　タロウ |
| | 代表者氏名 | 鈴木 太郎　㊞ |
| | （フリガナ） | トウキョウトシナガワク XXX |
| | 代表者住所 | 〒 141-XXXX<br>東京都品川区 XXX1－2－4 |

| 異動事項等 | 異　動　前 | 異　動　後 | 異動年月日（登記年月日） |
|---|---|---|---|
| 清算結了 | | 清算結了 | 2.3.31<br>(2.4.3) |
| 所轄税務署 | 税務署 | 税務署 | |

| | |
|---|---|
| 納税地等を変更した場合 | 給与支払事務所等の移転の有無　☐ 有　☐ 無（名称等変更有）　☐ 無（名称等変更無）<br>※　「有」及び「無（名称等変更有）」の場合には「給与支払事務所等の開設・移転・廃止届出書」の提出も必要です。 |
| 事業年度を変更した場合 | 変更後最初の事業年度：（自）平成/令和　年　月　日 ～（至）平成/令和　年　月　日 |
| 合併、分割の場合 | 合　併　☐ 適格合併　☐ 非適格合併　｜　分　割　☐ 分割型分割：☐ 適　格　☐ その他　☐ 分社型分割：☐ 適　格　☐ その他 |

（その他参考となるべき事項）

| 税理士署名押印 | ㊞ |
|---|---|

| ※税務署処理欄 | 部門 | | 決算期 | | 業種番号 | | 番号 | | 入力 | | 名簿 | |
|---|---|---|---|---|---|---|---|---|---|---|---|---|

01.06 改正

（規格A4）

## 書式8　給与支払事務所等の廃止届出書

| ※整理番号 | |
|---|---|

給与支払事務所等の開設・移転・廃止届出書

税務署受付印

令和 2 年 4 月24日

品川　税務署長殿

所得税法第230条の規定により次のとおり届け出ます。

| | | |
|---|---|---|
| 事務所開設者 | 住所又は本店所在地 | 〒141-XXXX<br>東京都品川区XXX1－2－3<br>電話（ 03 ）XXXX － XXXX |
| | （フリガナ） | カブシキガイシャミドリショウカイ |
| | 氏名又は名称 | 株式会社 緑商会 |
| | 個人番号又は法人番号 | ↓個人番号の記載に当たっては、左端を空欄とし、ここから記載してください。<br>X X X X X X X X X X X X X |
| | （フリガナ） | スズキ　タロウ |
| | 代表者氏名 | 鈴木　太郎　㊞ |

（注）「住所又は本店所在地」欄については、個人の方については申告所得税の納税地、法人については本店所在地（外国法人の場合には国外の本店所在地）を記載してください。

| | | | |
|---|---|---|---|
| 開設・移転・廃止年月日 | 平成・令和 2 年 3 月 31 日 | 給与支払を開始する年月日 | 平成・令和　年　月　日 |

○届出の内容及び理由

（該当する事項のチェック欄□に✓印を付してください。）

| | | |
|---|---|---|
| 開設 | □ 開業又は法人の設立 | |
| | □ 上記以外<br>※本店所在地等とは別の所在地に支店等を開設した場合 | → 開設した支店等の所在地 |
| 移転 | □ 所在地の移転 | → 移転前の所在地 ／ 移転後の所在地 |
| | □ 既存の給与支払事務所等への引継ぎ<br>（理由）□ 法人の合併　□ 法人の分割　□ 支店等の閉鎖<br>□ その他<br>（　　　） | → 引継ぎをする前の給与支払事務所等 ／ 引継先の給与支払事務所等 |
| 廃止 | ☑ 廃業又は清算結了　□ 休業 | |
| その他（　　　） | | → 異動前の事項 ／ 異動後の事項 |

「給与支払事務所等について」欄の記載事項

| 開設・異動前 | 異動後 |
|---|---|
| | |
| 開設した支店等の所在地 | |
| 移転前の所在地 | 移転後の所在地 |
| 引継ぎをする前の給与支払事務所等 | 引継先の給与支払事務所等 |
| | |
| 異動前の事項 | 異動後の事項 |

○給与支払事務所等について

| | 開設・異動前 | 異動後 |
|---|---|---|
| （フリガナ） | | |
| 氏名又は名称 | | |
| 住所又は所在地 | 〒<br>電話（　　）　－ | 〒<br>電話（　　）　－ |
| （フリガナ） | | |
| 責任者氏名 | | |

| | | | | | | |
|---|---|---|---|---|---|---|
| 従事員数 | 役員 2 人 | 従業員 15 人 | （　　）人 | （　　）人 | （　　）人 | 計　人 |

（その他参考事項）

| 税理士署名押印 | ㊞ |
|---|---|

| | | | | | | | | | | | | | | | | |
|---|---|---|---|---|---|---|---|---|---|---|---|---|---|---|---|---|
| ※税務署処理欄 | 部門 | | 決算期 | | 業種番号 | | 入力 | | 名簿等 | | 用紙交付 | | 通信日付印 | 年 月 日 | 確認印 | |
| | 番号確認 | 身元確認<br>□ 済<br>□ 未済 | 確認書類<br>個人番号カード／通知カード・運転免許証<br>その他（　　　） | | | | | | | | | | | | | |

01.06 改正

（規格A4）

## 書式９　事業廃止届出書

第６号様式

# 事　業　廃　止　届　出　書

収受印

| | | | |
|---|---|---|---|
| 令和 2 年 4 月 24 日 | 届出者 | （フリガナ） | トウキョウトシナガワクXXX |
| | | 納税地 | （〒141－XXXX）<br>東京都品川区XXX１－２－３<br>（電話番号 03 －XXXX－XXXX） |
| | | （フリガナ） | カブシキガイシャミドリショウカイ　スズキタロウ |
| | | 氏名又は名称及び代表者氏名 | 株式会社 緑商会<br>鈴木 太郎 印 |
| 品川 税務署長殿 | | 個人番号又は法人番号 | ↓ 個人番号の記載に当たっては、左端を空欄とし、ここから記載してください。<br>X X X X X X X X X X X X X |

下記のとおり、事業を廃止したので、消費税法第57条第１項第３号の規定により届出します。

| | |
|---|---|
| 事業廃止年月日 | 平成 ・（令和） 2 年 3 月 31 日 |
| 納税義務者となった年月日 | （平成）・令和 21 年 4 月 1 日 |
| 参考事項 | |
| 税理士署名押印 | 印<br>（電話番号　　－　　－　　） |

| ※税務署処理欄 | | | | | | |
|---|---|---|---|---|---|---|
| 整理番号 | | 部門番号 | | | | |
| 届出年月日 | 年　月　日 | 入力処理 | 年　月　日 | 台帳整理 | 年　月　日 | |
| 番号確認 | | 身元確認 | □ 済<br>□ 未済 | 確認書類 | 個人番号カード／通知カード・運転免許証<br>その他（　　　） | |

注意　１．裏面の記載要領等に留意の上、記載してください。
　　　２．税務署処理欄は、記載しないでください。

# 第6章
# 破産の法律と手続き

# 1 清算型の倒産手続きについて知っておこう

株式会社のみが選択できる手段がある

## 清算型の手続の全体像をつかむ

清算型の倒産手続きについて、①任意整理（私的整理）、②破産、③通常清算、④特別清算、⑤休眠会社化の順に見ていきましょう。

### ① 任意整理

裁判所の介入なしに債務者が多数の債権者と個別に和解をし、倒産手続を行うことです。事業を終結させて、財産関係を清算しようという場合にも、任意整理（私的整理）は利用されます。法的整理と異なり、純粋な私的整理について直接規定する法律はありません。たとえば、各債権者との間に債務の50％を10年で返済するというような個々の合意ができたとします。そのような合意を書面にしたのが任意整理です。なお、中小企業再生支援協議会や事業再生ADRのように一定の準則に従って行う私的整理もあります。

### ② 破産

破産は、支払不能や債務超過にある債務者について、会社に残っている全財産を裁判所から選任された破産管財人の手で処分し、すべての債権者に公平に配分しようという手続きです。特に、債務者自身で申し立てをする破産手続を自己破産といいます。破産管財人には、通常は弁護士が選任され、それまでの会社の経営者がその任務にあたることはありません。ただ、原則として破産財団に属する財産すべて金銭換価するので（165ページ）、時間がかかる場合があるというデメリットがあります。

### ③ 特別清算

解散し、清算手続に入った株式会社に、清算手続を遂行していくのに著しい支障を生じさせるような事情があるとき、または債務超過の疑いがあるときには、特別清算という手続きに移行することがあります（35ページ）。また、当初から通常清算ではなく特別清算を選択することがあります。ただ、清算型の事案が100件あるとすれば、そのうちの９割以上は破産手続で行われ、残りの１割弱が特別清算で行われているというのが実情です。特別清算では、協定成立のために債権者の一定の同意が必要になりますので、清算型を選ぶ経営者としては特別清算よりも破産を選択することが多いようです。

**④　通常清算**

会社が合併・破産以外の原因で解散（26ページ）した場合、解散した会社について残務処理や財産整理を行う手続きを行います。この手続きのことを清算といいます。

債務超過に陥っているわけではないが、自らの意思で株式会社を解散・消滅させる手続が会社法の規定する通常清算の手続きです。

**⑤　休眠会社化**

一切の事業活動を停止させてしまって、会社としての実体をなくしてしまうという方法もあります。会社は、登記簿上は存在し続けますが、目を覚ましてまた活動を始めるということはあまりありません。

**■ 清算型の倒産処理手続き**

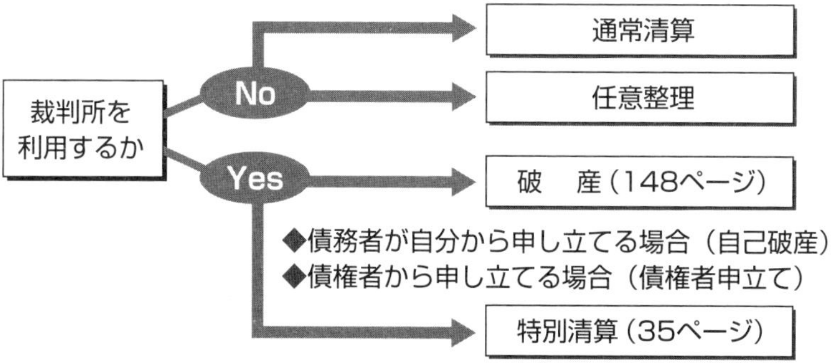

# 2 法人自体の破産について知っておこう

破産者の財産を公平に分配する

## 破産法はどんな目的で規定されているのか

会社の事業の見通しが立たなくなれば、破産手続きをとることになります。破産法の目的は、支払不能または債務超過に陥った債務者の財産を清算して、債務者に関わる法律関係を処理し、債務者に対して債権を有している者に対して債権額に応じた平等な配当を実現するという点にあります。

破産手続きを利用しないと、個別の債権者のうち早い段階で債務者から弁済を受けた者が得をするという、いわゆる「早い者勝ち」による債権回収が行われます。しかし、支払不能や債務超過に陥っている企業から早く債権を回収した者だけが得をするというのは公平とはいえません。そのため、破産手続きを利用することで、債権者同士で平等・公平な配当を行います。

破産法とは、会社でも個人でも手続きを利用できるという点に特徴があります。破産管財人が主導して破産手続きを進めるという特徴もあります。民事再生手続きでは、多くの場合、再生債務者の取締役らがそのまま会社に残って手続きを進めることができるので、破産管財人が破産手続きを進めることは破産手続きの特徴だといえます。また、破産手続きでは、担保権を有している者が自由に担保権を実行できます。会社更生手続きでは、担保権の実行が制限されているので、担保権を自由に実行できるというのは破産手続きの特徴だといえます。

## 破産手続開始決定の申立て

法人の破産は、支払不能や債務超過にある法人について、残っている全財産を裁判所から選任された破産管財人の手で処分し、すべての債権者に公平に配分する手続きです。

破産手続きは、地方裁判所に対する申立て（破産手続開始の申立て）から始まります。申立人が貸主（債権者）である場合を債権者申立て、借主（債務者）自身が破産の申立てをする場合を自己破産といいます。たとえ規模は小さくても、株式会社などの会社形態で事業を行っている場合には、代表者である個人が自己破産するだけでなく、法人である会社も破産させる必要がある場合がでてきます。ただ、法人の破産手続きといっても、特別の手続きがあるわけではありません。破産の申立ては、通常、代表者が法人の名で行います。取締役会などの決議を経て法人として自己破産の申立てをします。

## 破産手続きにはどんな特色があるのか

ここで破産手続きの特色について簡単に見ておきましょう。

**① 債務者は管理処分権を失う**

管理処分権が、破産管財人に帰属します。したがって、債務者は財産の管理処分権を失います。

**② 法人は手続終了後消滅する**

総財産を換価（金銭に換えること）し、分配してしまうので、法人の場合、破産手続終了後は消滅してしまいます。

**③ 公租公課が優先される**

破産では、総財産を換価し、分配するのですが、公租公課（税金や社会保険など）の支払いについては一定部分については優先されます。

**④ 担保権者（別除権者）の権利行使は妨げられない**

質権や抵当権を持つ債権者は、破産手続きによらず担保権を実行できます。担保権を実行して回収できなかった部分は、破産手続きにおいて権利を行使することができます。担保権の実行では全額回収できないことが予測できれば、その予想不足額を届け出ないと破産手続きでの債権者として扱われません。

⑤　**金銭による平等弁済**

破産管財人によって、総財産は金銭に換価され、その金銭が債権額に応じて債権者に平等に分配され、弁済されることになります。

⑥　**時間と費用がかかり、配当率は一般的に低い**

倒産時の混乱で書類などが散逸し、まず破産者の財産を把握することに時間がかかります。その上、破産者の在庫商品を買うのは専門の業者がほとんどで、市場価格の１割にも満たない金額でしか買ってもらえない場合が多いようです。不動産も多くの場合、時価を上回る担保がついている上に、専門の業者が時価よりも低い金額で購入を希望するケースがほとんどなので、破産財団に入る金額はわずかなものとなります。共有不動産や利用価値に乏しい場合は、そもそも不動産を買いたいという人もなかなか出てこないこともあります。

破産者の売掛金についても任意に支払われないときには、破産管財人が訴訟を起こして強制執行で取り立てるしかないので、簡単には回収できません。しかも従業員の解雇、事務所が賃借であれば契約の終了と明渡しなど、債権債務関係をすべて処理して、はじめて配当手続きに入ることができます。また、破産管財人の報酬などの手続費用もかかります。このために、破産手続きの終了までには時間がかかり、配当があったとしても本来の債権額の３～５％程度にしかならないことがほとんどです。

## 破産手続開始決定について

破産手続きの申立てがされた場合、裁判所は破産手続開始原因があるかどうかを審理します。その際、原則として、裁判官が、債務者（会社の破産の場合は会社の代表者）や代理人となる弁護士に対して破産の経緯や債務の状況について事情を伺う審尋という手続きが行われます。審尋を経て、破産手続開始原因があると判明した場合、裁

## ■ 破産手続きの流れ

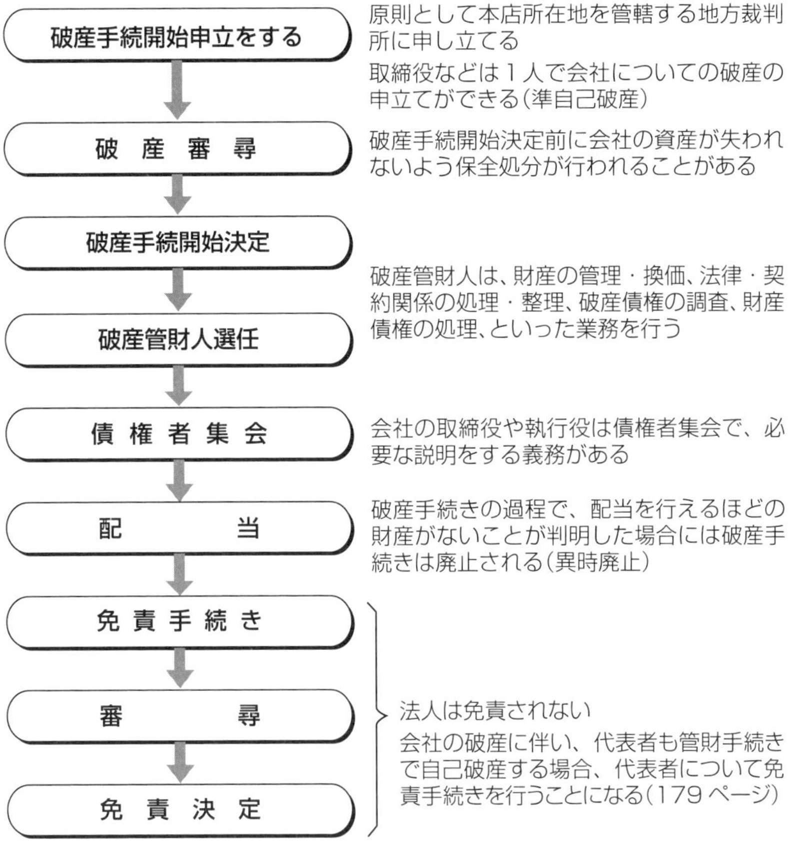


## ■ 破産審尋と破産手続開始決定

判所は破産手続開始決定をします。破産手続開始原因は、法人の場合、原則として「支払不能」と「債務超過」の２つです。

個人の破産の場合は、支払不能が破産原因ですが、株式会社や合同会社の場合には、さらに債務超過も破産原因になります。

破産手続開始決定をするまで時間がかかると見込まれる場合には、債務者の財産の流出を防ぐために、裁判所は債務者に対して弁済禁止等の保全処分（158ページ）を行うことがあります。

## 破産管財人はどんなことをするのか

破産手続きでは破産管財人が主導して手続を進行します。破産管財人は、破産者の財産を管理・処分する権限を有しています。破産管財人は裁判所が選任し、破産管財人を複数選任することもできます。

破産手続きの中で、不動産の任意売却、特許権・実用新案権・意匠権・商標権・著作権の任意売却、営業や事業の譲渡、商品の一括売却などを破産管財人が行う場合には、裁判所の許可を得る必要があります。

また、破産手続きにおける事務作業が多く、破産管財人だけでは処理しきれない場合には、破産管財人は破産管財人代理を選任することができます。破産管財人代理を選任する際には、裁判所の許可が必要です。破産管財人代理は、破産管財人の業務についての代理権を有しています。

## 債権者集会について

破産者に対して債権を有している者は、破産手続きを通じて弁済を受けるので、破産手続きの進行に大きな関心をもっています。そのため、破産手続が進行している間に、債権者集会が開催されます。債権者は、債権者集会の中で破産管財人からの報告を聞くことで、破産手続きの進行状況を知ることができます。

債権者集会は、破産管財人や、知れている債権者の破産者に対する総債権の10分の１以上の債権を有している債権者が申し立てることで、裁判所が招集します。債権者集会の期日には、破産管財人、破産者、届出をした破産債権者を呼び出し、裁判所が債権者集会を指揮して進行します。

## 配当について

破産管財業務を行うことで、配当できるだけの現金が用意できた場合には、破産管財人は配当を行います。

破産者のすべての財産を現金化する前に行う配当のことを中間配当といいます。中間配当を行う際には、裁判所の許可が必要です。破産の規模が大きいと、中間配当が２回以上行われることもあります。

破産者の財産の現金化がすべて終了すると、原則として最後配当が行われます。例外的に、配当金額が1000万円に満たない場合には簡易配当が、債権者全員が同意している場合には同意配当がなされます。簡易配当や同意配当は最終配当と比べて簡単な手続きで実施することができます。

## 破産手続きが終了する場合

最後配当・簡易配当・同意配当が終了し、破産管財人の任務が終了した場合には、破産管財人は報告書を裁判所に提出する必要があります。報告書を提出した後に開催される債権者集会が終結すると、裁判所は破産手続終結の決定をします。

また、破産手続開始の決定があった後、破産者の財産により破産手続きのための費用をまかなうことができない場合には、裁判所は、破産手続廃止の決定をします。破産手続廃止の決定をする際には、債権者集会の中で破産債権者の意見を聴く必要があります。また、これ以外にも、破産手続きを廃止することについて破産債権者全員の同意が得られている場合にも、裁判所は、破産手続廃止の決定をします。

# 3 申立てについて知っておこう

破産申立てを計画的に行う

## 支払不能とは

破産を申し立てるには、破産原因があることが条件です。個人にも法人にも共通して支払不能は破産原因です。借金の支払いができない状態を広い意味で支払不能といいます。より、厳密にいうと、支払不能というのは、債務者が抱えている債務のうち、弁済期が来ているものを、一般的・継続的に弁済することができない状態のことです。

返済期限が来たにもかかわらず、資金の手立てがつかず、期限を過ぎてしまった場合も、その時点では支払不能ですが、民事再生や破産で問題になる支払不能と必ずしも同じではありません。また、破産原因が発生する前の段階で何とか手を打とうという場合には、任意整理や特定調停、民事再生手続きなどを検討しますが、この場合も支払不能になるおそれがあるかどうかが手続開始のポイントになっています。

## 債務超過も破産原因になる

債務超過とは、債務評価額の総計が、資産の評価額の総計を上回ってしまっていることをいいます。債務者の財産をすべて売り払って現金にしたとしても、債務全額を弁済することができない状態を意味するものと考えておけばよいでしょう。

なお、債務超過にあたるかどうかは、帳簿上の資産の価額に基づいて判断するのではなく、売却処分などにより即座に換金した場合の価値（清算処分価値）や事業を継続した場合に得られるであろう経済価値（継続事業価値）で資産を評価して判断します。破産などの清算局面においては清算処分価値が用いられることが多く、低額になりやすく、債務超過と認められやすくなります。なお、合名会社や合資会社については、債務超過は破産原因ではありません。法人が破産する場合は一般に破産管財人が選任される管財事件（161ページ）になります。

## 申立てをする時期と申立書類

破産の申立ては、債務者が支払不能や債務超過に陥り、弁済をすることが著しく困難になった場合に行います。

債権者たちが債務者の窮状に気づき、債務者に対する個別の債権の回収や債務者に納品した商品の引き揚げを始めてしまうと、その後に破産の申立てをしても混乱が大きくなってしまいます。

手形を振り出している会社であれば、手形の不渡りが出れば債権者は債務者の資金繰りの悪化に気づきます。そのため、手形の不渡りが生じる日よりも前に、破産の申立てを行います。また、手形の不渡りが生じていなくても、債権者らが債権の回収や商品の引き揚げを始めている場合には、直ちに破産の申立てをします。

裁判所への提出書類は、個人の破産申立ての場合とは少し異なり、住民票と戸籍謄本の代わりに商業登記事項証明書と取締役会の議事録などを提出します。また、財産目録と共に決算書や預金通帳の写しなどを提出することも求められます。申立書類の準備には時間がかかります。書類の準備に時間がかかってしまい、破産の申立てが遅れることで会社の財産が流出するという事態は防がなければなりません。破産の申立てを行う場合には、迅速な書類の準備も必要になります。

## 申立費用について

破産を申し立てる際に必要になる費用には、弁護士に破産申立てを依頼する場合の弁護士費用、予納金、申立手数料があります。

破産手続きを行う場合には、通常は弁護士に手続の代理を依頼します。

予納金の額は一律に決まるわけではなく、債務者の負債の状況などを考慮して決められます。たとえば、債権者が多く事務処理の負担が大きい事案や、専門家による調査が必要な事案などは予納金の額が高くなります。申立手数料とは、申立書に貼る印紙の代金です。法人の自己破産の場合には1000円が必要です。

## 少額管財手続のしくみ

少額管財手続きとは、多額の予納金が必要な管財事件の手続費用を少額化した上で、手続きの迅速及び費用の軽減をはかった実務運用です。対象になるのは、大量処理になじむ事件、関係者の不服がほとんど出ないような事件、破産手続きに関する業務の処理がスムーズに進むことが想定される事件です。個人でも、法人でも利用することができるため、個人事業者が自己破産する場合にも活用することができます。できるだけ手続きを簡素化して迅速に行い、管財事件にかかる時間と費用に関する負担を少しでも取り除こうという実務運用を少額管財手続きといいます。

法人少額管財の対象となるのは、ほとんど資産がないか、若干の換価業務が予想される法人とその代表者とその親族です。ただし、これも弁護士が代理人となって申立てを行う事件に限ります。東京地裁の場合、負債額にかかわらず、予納金は最低20万円とされているため、通常の管財手続き（東京地裁では特定管財手続きまたは通常管財手続きといいます）と比べて、予納金の金額が安くすむのが通常です。手続きにかかる期間は、原則として３か月で、後に指定する第１回債権者集会までに換価を終えて事件を終局させることになっています。

## 債権者への対策

個人が破産した場合には、破産の申立てをする前に、通常は弁護士が金融機関などの債権者に対して受任通知書を送付します。債務者との交渉窓口を受任した弁護士に一本化して、金融機関からの取立てを止めさせるという目的で、弁護士の受任通知書が送付されています。

これに対して、会社の破産の場合には、破産の申立前に弁護士の受任通知書を債権者に送付しないのが通常です。債権者が、債務者の資金繰りの悪化に気づいていない段階で、破産手続きについての弁護士の受任通知書を債権者に送付してしまうと、債務者が破産してしまうと焦った債権者が無理な取立てを行おうとして、かえって無用の混乱を起こしてしまうからです。

ただし、債務者の窮状が世間に知れ渡っており、すでに債権者間で混乱が生じているような場合には、弁護士の受任通知書を送付することで混乱を収めることができる場合もあります。

## ■ 破産管財人が選任される場合の予納金（東京地方裁判所）………

① 少額管財事件の場合

| | 法人の場合 | 個人の場合 |
|---|---|---|
| 予納金 | 最低20万円～ | 最低20万円～ |
| 官報掲載費用 | 1件につき1万4786円 | 1件につき1万5499円 |

※少額管財事件でも、業務の程度や処理の難しさといった事情によって20万円以上の予納金が必要になるケースはある

② 弁護士をつけない本人申立てや債権者申立てによる破産の場合

| 借金総額　円 | 法　人 | 個　人 |
|---|---|---|
| 5000万未満 | 70万円～ | 50万円～ |
| 5000万　～　1億未満 | 100万円～ | 80万円～ |
| 1億　～　5億未満 | 200万円～ | 150万円～ |
| 5億　～　10億未満 | 300万円～ | 250万円～ |
| 10億　～　50億未満 | 400万円～ | 400万円～ |
| 50億　～　100億未満 | 500万円～ | 500万円～ |
| 100億円　～ | 700万円～ | 700万円～ |

※弁護士をつけない本人申立事件や債権者が申し立てる事件、少額管財事件とならない事件については、②の表が適用される
予納金の金額はあくまで目安であり、たとえば5000万未満の法人の破産でも事件の内容によっては、70万円以上の予納金の支払いを求められることはある

### 従業員への説明

会社が破産手続きを行う場合には従業員の協力が必要です。

まず、破産管財人が会社の事務所などの管理を引き継ぐまでの間は、従業員が債権者による不当な財産の持ち出しを防ぐ必要があります。

また、従業員に対して破産に至った経緯と破産に伴い解雇をする旨を説明します。離職票や源泉徴収票など従業員が必要としている書類も提供します。なお、破産手続きを遂行する際に、会社の内情を知っている経理担当従業員が担当した方が円滑に事務処理ができる手続きもあります。そのため、一部の従業員については直ちに解雇をせず、破産手続業務に協力してもらうことが必要なこともあります。

### 破産手続開始決定前の保全処分

破産の申立てから破産手続開始決定をする間に、債務者の財産が不当に流出してしまっては、破産手続きにより債務者の財産を債権者に分配することができません。そのため、裁判所は、破産の申立てから破産手続開始決定がなされるまでの間に、債務者の財産の流出を防止したり、債権者の権利行使を制限する措置を講じることができます。

たとえば、裁判所は、債務者の不動産の処分禁止の仮処分や、弁済禁止の保全処分を行います。処分禁止の仮処分により債務者は不動産を売却できなくなります。また、弁済禁止の仮処分により債務者は自由に弁済ができなくなります。裁判所は、保全管理人を選任し、債務者の財産に関する権限をすべて保全管理人に委ねることもできます。

裁判所は、債務者の財産に対する強制執行や仮差押の手続きを禁止することができます。強制執行等の手続きを進行させることで、一部の債権者が抜け駆けをして債権回収をしようとしている場合には、裁判所はその手続きを中止します。

# 4 破産手続開始決定について知っておこう

破産者の権利が制限される

## 破産手続開始決定の手続き

破産の申立てがなされて、債務者に破産手続開始原因がある場合には、裁判所は破産手続開始決定をします。

裁判所は、破産手続開始の決定と同時に、破産管財人を選任し、破産債権の届出期間、破産者の財産状況を報告するための債権者集会の期日、破産債権の調査をするための期間を定めます。

裁判所によって破産手続開始決定がされると、まず、債権者に対して破産手続開始決定がなされたことが公告されます。具体的には、破産手続開始の決定がなされた旨の他に、破産管財人の氏名、債権の届出期間、債権者集会の期日、破産者に対して債務を負担する者は、破産者に弁済をしてはならない旨などの事項を公告します。また、債務者が把握している債権者に対しては、公告したことと同じ事項を個別に通知する必要があります。さらに、破産した会社の登記には、破産手続開始決定がなされた旨が記載されます。

## 様々な制限がある

破産手続開始決定の前に生じていた破産者に対する債権は、原則として、破産手続きの中でのみ債権回収が可能になるので、抵当権の実行などを除き、個別に債務者に対して権利行使することはできません。また、破産手続開始の決定があった後に、破産者に対する新たな国税滞納処分はできません。

破産者が破産手続開始のときに保有している財産が破産財団になります。破産財団から債権者に対して最終的に配当がなされます。

破産財団に属している財産を管理し、破産財団に属している財産を売却する権限をもっているのは破産管財人のみです。破産手続開始決定後は、会社の取締役でも会社の財産を売却することはできません。

また、破産財団に属する財産に対してなされた強制執行や仮差押などは効力を失います。

破産手続開始決定がされた場合、破産者が当事者となっている訴訟は中断します。破産者が第三者に対して提起していた訴訟については、破産管財人が訴訟を受け継ぐことができます。また、債権者が破産者に対して訴訟を提起していた場合には、債権者は破産手続きの中で破産債権の届出・調査・確定手続きを経て弁済を受けます。裁判所は、郵便事業者に対して、破産者に対する郵便物を破産管財人に配達するよう依頼することができます。また、破産者には債権者集会で破産に関して説明をする義務があり、裁判所の許可なく居住地を離れることが禁止されます。

## ■ 会社の破産

| | 会社の破産 |
|---|---|
| 財産の管理処分権 | 会社はすべての会社財産に対する一切の管理処分権を失う |
| 債権者への説明義務 | 取締役や執行役は資産・負債の状況や破産に陥った事情などについて説明する義務を負う |
| 居住の制限 | 取締役や執行役は、裁判所の許可を得ないで引越しや長期の旅行などをすることができなくなる |
| 破産者の引致（強制的な連行） | 説明義務違反や手続妨害を行うと、取締役などが裁判所に呼び出される |
| 通信の秘密の制限 | 会社宛ての郵便物であっても破産管財人に配達されるようになる |
| その他の注意点 | ・破産手続きの終了により、法人格は消滅し、債権者に対する責任を負わなくなる<br>・会社の代表者が会社の債務について連帯保証している場合、会社の破産手続きと共に、代表者個人の破産手続きが必要になるケースが多い |

# 5 破産管財人が選任されると管財事件になる

破産者の財産は配当まで管財人が管理する

## 管財事件の手続きの流れ

申立人に配当できる財産や不動産がある場合には、裁判所は破産管財人を選任して、破産者の財産の換価・配当という手続きをとります。この手続きが本来の破産手続きです。このように破産管財人が選任される場合を管財事件といいます。なお、破産管財人を選任しないで、破産手続開始決定と同時に破産手続きを廃止する手続きのことを同時廃止といいます。個人の自己破産の場合、事業者を除き、自己破産しようと決意するに至ったような債務者には、めぼしい財産が残っていないことが多いため、同時廃止の手続きが利用されますが、法人の破産については、原則として、管財事件となります。

管財事件は通常、以下のような手続きで進行していきます。

### ①　破産管財人の選任

破産管財人に選任されるのは弁護士です。選任は裁判所が行います。破産管財人が選任されると破産者の財産を管理・処分する権限はすべて管財人に移ります。管財人は破産者の財産を迅速・正確に調査して、すべての債権者に公平に分配できるように手続きを行います。

### ②　債権届出期間の決定

裁判所は破産手続開始決定の日から２週間以上４か月以内の日を債権届出期間として指定します。債権者はこの期間に債権を届け出ることにより破産債権者となり、債権者集会で議決権を行使できます。

### ③　債権者集会（財産状況報告集会）の期日の指定

破産手続きでは、破産手続の公平性や透明性を確保するため、破産債権者への情報公開を主眼として、財産状況などを債権者に報告する場として、債権者集会が行われます。原則として裁判所は破産手続開始決定と同時に第１回債権者集会の期日を指定します。法律上、債権者集会は必ず開催しなければならないわけではありません。

④　**債権調査期日の指定**

債権届出期日の最終日との間に１週間以上２か月以内の間を置く必要があります。債権の存在や債権額・順位などを確定し、将来、債権者に配当するための準備がなされます。

⑤　**破産財団の換価・配当**

破産者に残っている財産は破産財団という形にひとまとまりにされ、売却され、金銭に換えられます。破産管財人は裁判所の監督の下で、破産財団に含まれる財産を現金にして債権者に分配する準備をします。破産管財人は、原則として債権額に按分比例（基準とする金額に従った割合で分けること）して、届け出ている債権者に順次分配していきます。これが配当です。配当が終了すると破産手続きは終了します。

## 取引先など債権者への金銭配当にあたっての対応

破産手続きを行うには予納金を納める事が必要です。予納金が無事に納められれば、破産手続開始決定と同時に破産管財人が選任され、さらに債権届出期間、債権者集会期日（財産状況報告集会）、債権調査期日（期間）が決められます。これ以降は、破産管財人が財産の換価、契約の終了などすべての破産管財業務を行うことになります。

ただし、不動産の売却など重要な事項については、裁判所の許可が必要となります。経営者（破産者）は破産管財業務への協力、管財人への説明をします。債権調査を終了し、すべての財産を換価して租税債権など財団債権を支払い、破産管財人報酬などの手続費用を支弁してもなお、会社財産が残っていれば、その財産はすべて破産債権者へ配当されることになります。

破産管財人は、配当をするのに適当な金銭があると認めたときは裁判所の許可を得て配当をします。配当する財産もなくなり、最後の配当を行うと、配当が終了したことを破産債権者に報告するために原則として債権者集会を開きます。そして、これをもって破産手続きは終結し、法人は消滅することになります。少額管財事件では、平均すると、破産手続開始決定を受けてから終結決定が行われるまでの期間は、6か月程度となっています。破産手続終結決定を裁判所が行い、その旨が公告され破産手続きは終了します。なお、最後配当の配当額を債権者に通知した後などに配当すべき金銭が発覚したときは、「追加配当」を行わなければなりません。いずれにしても、破産手続きが終結し、法人が消滅すれば、配当されなかった債権も消滅します。

## 債権の届出と債権調査

破産手続きは債権者への配当（弁済）を目的とする手続きですから、破産者に対して債権者がどれだけの債権があるのかを確定しなければなりません。その手続きが債権の届出と債権調査です。

### ■ 債権者への金銭配当

| | |
|---|---|
| 最後配当 | 最終的に行われる配当。債権者に対してなされる基本的な配当の形態である |
| 中間配当 | 破産手続きの途中で行われる配当。配当可能な金銭を用意できた段階で随時行われる |
| 追加配当 | 最後配当の額を債権者に通知した後などに、新たに財産が見つかった場合に行われる配当 |
| 簡易配当 | 配当できる金額が少ない場合などに行われる、簡易な手続きによる配当 |
| 同意配当 | 債権者が同意することで、簡単な手続きによって行われる配当 |

債権者は裁判所が指定した債権届出期間内に自分の債権を届け出なければなりません。届け出られた債権については裁判所書記官が破産債権者表を作成します。

債権を調査する期日（債権調査期日）には、届出のあった債権について、債権者の氏名・住所、債権の額と原因、別除権（169ページ）など、注意しなければならないことはないか、などを調査します。管財人は届け出られた債権の中身が真実かどうかを調査期日までにチェックしておきます。債権調査により管財人の否認や他の債権者から異議がなく破産債権者表が確定すれば、破産債権者表の記載は破産債権者全員に対して訴訟における確定判決と同じ効力を持ちます。

## 債権者集会とは何か

破産手続開始決定がなされると、抵当権の実行などを除き、債権者はもはや自分の債権を行使して弁済を受けることができなくなります。債権者は破産手続きによって破産財団から債権額に応じた按分比例による分配を受けられるだけになります。ですから、破産手続開始決定後は債権者が全額回収することはまず不可能です。債権者からすれば最終的に少しでも多くの配当を受けられるように破産財団の管理が適切になされ、また、換価がより高額であることを期待するものです。破産手続きの公平性・透明性を確保する必要があります。そこで設けられたのが債権者集会です。

債権者集会は、裁判所が、破産管財人や債権者委員会、知れている（判明している）破産債権者の総債権について裁判所が評価した額の10分の１以上にあたる破産債権をもつ債権者などの申立てあるいは職権で招集します。債権者集会では破産者から報告を受ける権限があります。債権者集会の決議は届出債権者だけが議決権を持ち、一般に議決権を行使することができる破産債権者で出席した者の議決権総額の２分の１を超える者の賛成があれば決議は成立します。

# 6 資産について知っておこう

破産者の財産を売却する

## 破産財団の換価・配当について

換価の対象となる物は、①土地・建物などの不動産、②商品在庫、③自動車、④家具・日用品などの動産、⑤有価証券などが主なものです。ただし、不動産は多くの場合は抵当権などの担保権が設定されていて、余剰価値がないことが多いものです。動産も事業者以外の個人がする破産では売却できるものはせいぜい日用品程度ですが、個々の物品が高く売れる場合は別として、迅速に破産手続きを行うべき要請もあるので、これらは1つひとつ売却するのではなく、主要な物のリストを作って、たとえば、全部で10万円などとして売却されることが多いようです。

その他、売却しても費用を上回る余剰がでないような物は換価に値しない財産として破産財団から放棄し、破産者などの自由な処分に委ねてしまいます。破産管財人は、債権者に対する配当が大きくなるように、破産者の資産をできる限り高い値で売却します。

管財人が破産財団に属する財産を換価して得た金銭は、届出債権者に順次債権額に応じて分配されていきます。これが配当です。

配当には、それがなされる時期によって、中間配当・最後配当・追加配当などがありますが（163ページ図参照）、中小零細事業者の破産の場合には、配当がない場合も多く、よほどのことがない限り最後配当手続きがなされるだけです。

配当が終了し、破産終結決定がなされると破産手続きは終了します。

なお、形式的には破産財団に属すると思われる資産に該当しても、破産財団に組み入れることが認められない資産として、自由財産があります。たとえば、破産手続きが開始された後に得た報酬や、差押えが禁止されている財産については、破産財団から除かれることになります。ただし自由財産は、一般に個人（自然人）が破産する場合に問題になるため、会社などの法人が破産する場合には、原則として、法人の財産が自由財産として、破産財団から除かれることはありません。

## 破産財団が資産を放棄する場合もある

破産管財人は、債権者に対する配当額が大きくなるように破産者の財産の現金化を行っています。しかし、債務者の財産の中には、売却により得る現金よりも売却にかかる費用の方が大きくなってしまうものがあります。このような財産を無理に売却しても、債権者に対する配当額は増加しません。

この場合、破産管財人は裁判所の許可を得て、資産を放棄することができます。売却に費用がかかる財産の他にも、経営状態が悪化していて債権回収ができる見込みのない取引先に対する債権や存在するかどうかが確認できない債権も、権利放棄の対象となります。

## 商品や在庫はどうなる

破産者のもとにある商品や在庫は、破産者が以前から行っていた事業を活用して売却することもあります。商品や在庫は、破産者が自らの事業のために仕入れたものなので、破産者が行っていた事業の中で売却するのが効率がよい場合があるからです。

ただ、人気のない商品や在庫だと、破産者の従前の取引先だけでは商品や在庫を売りさばけない可能性があります。そのような場合には、中古商品の買取業者なども利用して、破産者の財産の現金化を図ることになります。また、商品や在庫を処分する際には、破産管財人に処分権限があるかどうかを確認することも必要です。仕入先との契約では、「代金を支払うまでは所有権を仕入先に留保する」との約款がある可能性があります。このような約款がある場合、商品の占有が仕入先にあるのかなどによって破産管財人との優劣が決まります。

## 売掛金はどうなる

売掛金については、時間が経過すると取引先の態度が変化する可能性もありますので、破産管財人ができる限り早い段階で請求することが必要です。

売掛金の請求に対しては、破産者の破産に関連してクレームがつけられることがあります。たとえば、「これまでは商品に関してアフターサービスを受けていたが、破産者が破産してしまったことでサービスが受けられなくなるので売掛金を支払いたくない」といったクレームです。もし、商品のアフターサービスが破産者の義務として契約書に記載されている場合には、アフターサービスを行うことができる同業他社に債権譲渡するといった措置を講じることが必要です。

## 工場内の機械などはどうなる

工場の機械については、商品と同じように破産者が以前から利用し

■ 破産財団の換価

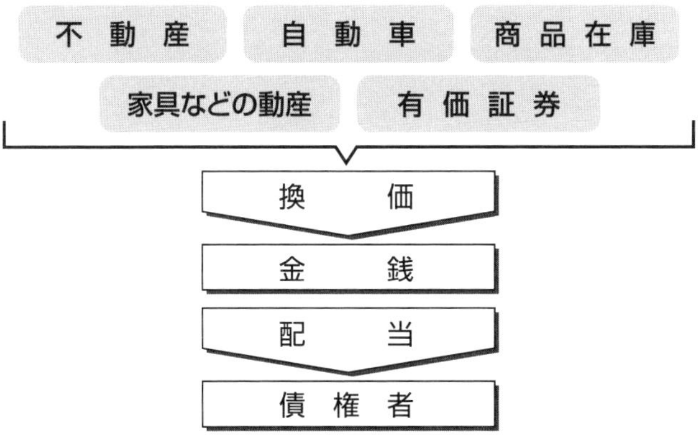

ていた流通経路による売却や破産者の同業他社への売却によって現金化します。工場の敷地や建物が賃貸物件である場合、破産者がその場所にいる限り賃料が発生してしまいます。そのため、できる限り早く工場の敷地や建物から立ち退くことが必要になるので、工場内の機械の売却や放棄なども迅速に行います。

なお、工場の建物の他に工場の機械を賃借している場合には、機械を賃貸している業者に速やかに機械を引き取ってもらいます。

## 不動産やその他の財産について

不動産は、誰でも利用することのできる事務所や空き地などの不動産であれば、不動産業者などを通じて買い手を探します。工場など特殊な用途の不動産であれば、同業他社に売却することを試みます。また、不動産に抵当権などの担保権がついていると、別除権として自由に実行できますが、通常、競売よりも任意に売却した方が高値で売れますので、任意売却を行って売却代金の一部を破産財団に分けてもらうよう交渉する余地があります。破産者が上場株式を保有している場合には、証券会社を通じて売却します。また、自動車については、中古自動車を扱っている業者を通じて売却し、現金化します。

## 取戻権について

破産手続開始の時点で破産者のもとにある財産は、一見すると破産者が所有している財産のように見えます。しかし、その中には、本当は他人の所有物である財産も紛れ込んでいる可能性があります。

このような場合、財産に対して権利を有する者は、破産者の財産の中からその財産を取り戻すことができます。この破産者の物ではない財産を取り戻す権利のことを取戻権といいます。取戻権を行使できる者としては所有権者が典型例になりますが、賃貸借契約が終了した場合の目的物の返還請求権なども取戻権に該当します。

# 7 別除権について知っておこう

## 担保権の実行は破産手続きとは別に行われる

### どのような権利なのか

担保権は、債務者が倒産したような場合でも確実に債権の回収を図ることを目的に設定されています。そのため、破産者に対して担保権を有する者は、破産手続きとは関係なく自由に担保権を実行することで債権の回収が可能です。このような担保権者の権利の別除権といいます。担保権のうち、特別の先取特権（先取特権のうち、特定の動産や不動産について認められる他の債権者より優先して弁済を受けられる権利のこと）、質権、抵当権などが別除権となります。たとえば、抵当権を有している場合、破産手続開始決定後であっても、抵当権者はいつでも破産者の所有している不動産を競売にかけることができ、競売代金から優先して債権の弁済を受けることができます。破産者に対して債権を有している者は原則として破産手続きの配当によって弁済を受けますが、別除権である抵当権を有していれば破産手続きとは関係なく弁済を受けることができます。また、担保権の実行手続きが開始されている場合に、破産手続きが開始されたとしても、担保権の実行手続きは中止しません。通常の債権者が強制執行手続きを行っている場合に、債務者が破産すると強制執行手続きは中止します。

### 不足額については配当を受けることができる

別除権により担保権を実行したとしても、担保の目的となっていた財産の価額が少なければ、債権全額の回収は不可能です。その場合でも、不足額については、別除権を有していた者であっても破産手続きの中で配当を受けることができます。なお、別除権を行使せずに破産手続きの中で配当を受けることはできない点に注意する必要があります。

担保となっている財産から債権を回収する方法には、任意売却と競売があります。任意売却か競売を行い、担保となっている財産から債権を回収した後に、別除権者も破産手続きの配当を受けることができるのが原則です。

具体的な任意売却の方法としては、まず破産管財人が担保目的物の買い手を探してきて売買契約を締結します。次に、買主の支払う代金の一部を別除権者が有する債権の弁済に充てて、担保権を抹消します。その後、担保権のなくなった状態の財産を買主に渡して、買主が支払った売買代金の残りを破産者に対する債権者への配当に回します。

なお、任意売却は別除権者である担保権者の了承が必要な手続きですので、担保権者が了承しなければ任意売却を行うことはできません。しかし、競売をするよりも任意売却を行った方が高値で売れ、担保権者の利益につながるので、一般的には担保権者は任意売却を了承します。

## 担保権消滅請求について

任意売却のために、破産管財人が、担保権者の債権を完済しても余剰が生じるような多額の代金を支払ってくれる買主を見つけてきたとしても、担保権者が了承しないことで任意売却ができないというのでは不合理です。そのため、担保となっている財産を任意に売却して担保権を消滅させることが破産債権者の利益にかない、担保権を有する者の利益を不当に害しない場合には、破産管財人は裁判所に対して担保権消滅の許可の申立てができます。担保権消滅請求に対して、①自ら担保権を実行するか、②担保となっている財産を買い取るかという、２つの対抗手段が担保権者には用意されています。

担保権者が、担保権の実行や、担保の目的となっている財産を買い取るといった手段を講じない場合には、裁判所は担保権消滅請求に対して許可決定を出します。

# 8 相殺権について知っておこう

通常とは違うルールで相殺を行う

## どのような権利なのか

相殺とは、自分が相手に対して持っている債権（自働債権）と、相手が自分に対して持っている債権（受働債権）を対当額で消滅させることをいいます。相殺をすることで債権回収をしたのと同じ効果を得られるので、相殺は担保としての性格も有しています。

通常は、相殺を行うためには、自分の持っている債権と相手の持っている債権が同種のもので、両方の債権が弁済期にあることが必要とされています。しかし、破産手続きの中では、相殺を行うための条件が通常の場合とは異なっています。

通常、お互いの債権が同じ金銭債権で、両方の債権の弁済期が来ている場合に相殺が行われます。一方の債権が物の引渡しを求める債権であったり、弁済期が来ていない場合には、相殺はできません。

しかし、破産手続きの中では、破産者に対する債権が金銭債権ではない債権も金銭債権と同じように扱われます。また、弁済期の到来していない債権であっても、弁済期が来ているものとして扱われます。

そのため、破産手続きの中では、破産者に対する債権の弁済期が到来していない場合や、債権の一方が金銭債権でない場合でも相殺が可能です。たとえば、破産者に対して貸金債権を有しており、その貸金債権の返還期日はまだ来ていないという場合でも、貸金債権を自働債権として相殺することが可能です。

## 相殺権行使の方法

相殺は、他の債権者に優先して債権回収を達成する手段であるため、相殺を認めるのが不公平と思われる場合には、相殺権の行使が制限されます。支払不能などの状況に至る前の原因により対象となる債権債務を互いに保有している場合は、相殺による優先的な債権回収を認めてもよいですが、支払不能などの状況に至ったときには、以後、債権者間の公平が求められますので、その後の原因により新たに債務を負担したり、債権を取得したような場合は、相殺による優先を保護すべきではないといえます。おおまかには、以下の場合に相殺権の行使が制限されます。

**・破産手続開始の申立後、破産手続開始決定前**

破産手続開始申立てがされていることを、破産者への債権取得・債務負担の際に知っていれば、相殺はできません。

**・破産手続開始決定後**

破産手続開始決定後に破産者に対して債権取得・債務負担をしても、相殺は認められません。

**・支払停止・支払不能**

破産者への債権取得・債務負担の際に、破産者の支払停止・支払不能を知っていた場合には、相殺は認められません。

### ■ 相殺権行使が制限される場合

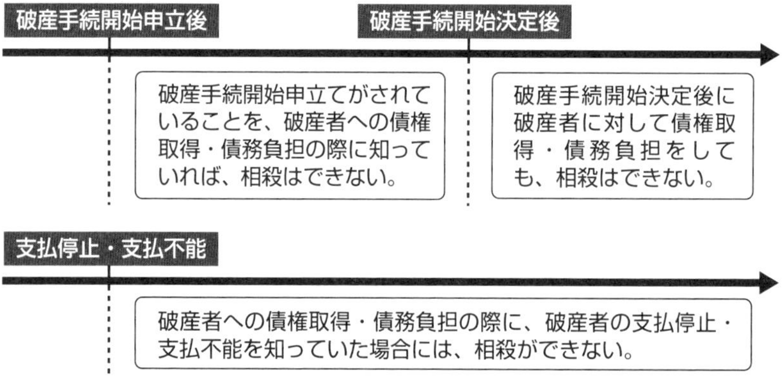

# 9 否認権について知っておこう

破産者の行為を否定できる

## どんな権利なのか

破産手続きでは、債務者の財産を現金化して、破産者に対する債権者に対して公平な配当が行われます。

しかし、会社の資金繰りが苦しくなると、会社の経営者は現金を作るために会社の財産を安い値段で売却してしまったり、取立ての厳しい債権者にだけ弁済を行おうとします。このように、破産手続を行う前の段階で、破産者が自らの財産を減少させるような行為をしたり(詐害行為)、破産者が一部の債権者に対してのみ弁済を行ったりすると（偏頗行為)、債権者に対する公平な財産の分配ができなくなります。

そのため破産手続開始決定がなされる前に破産者が詐害行為や偏頗行為を行っていた場合には、破産管財人はこれらの行為の効力を否定して、流出した財産を破産者の財産の中に戻させることができます。このような破産管財人の権利のことを否認権といいます。

**① 詐害行為**

詐害行為とは、破産者の財産が減少し、すべての債権者が不利益を受けるような行為のことをいいます。たとえば、A、B、Cの債権者がいて、３人の債権者はそれぞれ1000万円の債権を破産者に対して有していたとします。このとき、破産者が総額900万円の財産を有していれば、債権者A、B、Cはそれぞれ300万円ずつの配当を受けることができるはずです。しかし、破産者が900万円の価値のある財産を600万円で売却してしまうと、債権者A、B、Cへの分配額は200万円に減少してしまいます。このような場合に、破産者の行為を否認する必要性が出てきます。

### ②　偏頗行為

偏頗行為とは、破産者が負担している特定の債務のみを弁済したり、特定の者に対してだけ担保を提供する行為のことをいいます。たとえば、A、B、Cの債権者がそれぞれ1000万円の債権をもっており、破産者が900万円の財産を有していれば、債権者A、B、Cはそれぞれ300万円ずつの配当を受けることができるはずです。しかし、破産者がAに対してのみ900万円を弁済してしまうと、BとCは全く弁済を受けることができません。このような破産者の行為が偏頗行為です。

## 行使の仕方について

否認権は、訴えや否認の請求または抗弁（原告の主張を単に否定するのではなく、別個の事実を主張して争う被告側の主張のこと）によって、破産管財人が行使する必要があります。実務上は、訴え提起などを行わなくても、否認権行使の相手方と交渉を行い、任意に財産を返還してもらうような処理が行われています。また、否認の対象となった財産のすべてを返還してもらうのではなく、財産の一部を返還してもらうことで話合いをまとめるという処理も行われています。

否認権を行使すると、否認の対象となった行為は最初からなかったことになり、財産は破産者のもとに戻ります。否認権は、破産手続開始の日から２年を経過すると、行使することができなくなります。

■ 否認権

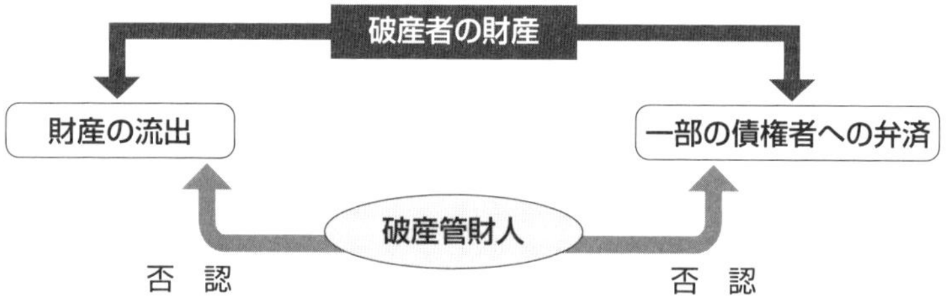

# 10 債権の確定から配当までの注意点

破産債権には優先順位がある

## 破産債権にはどんなものがあるのか

破産債権は、破産者に対し破産手続開始前の原因に基づいて生じた財産上の請求権のうち、財団債権に該当しないものをいいます。

また、破産手続開始前に生じた原因によって生じた債権であれば、破産債権となります。債権に条件や期限がつけられていたとしても、破産手続開始前に契約を締結して債権発生の原因を作っていれば、その債権は破産債権となります。

破産債権には順位がつけられています。優先順位の高い順から、優先的破産債権、一般破産債権、劣後的破産債権、約定劣後破産債権となり、優先順位の高い債権から弁済を受けることになります。

優先的破産債権とは、一般の先取特権など優先権がついている債権のことをいいます。たとえば、国税・地方税のうち一部の債権は優先的破産債権になります。また、労働債権や葬式代を請求する債権も先取特権が認められますので、財団債権にあたる場合を除き優先的破産債権になります。

劣後的破産債権に該当する債権には、破産手続きが開始した後に発生した利息債権や、破産手続きに参加するために必要になった費用を請求する債権があります。約定劣後破産債権とは、破産者と債権者との間で、「劣後的破産債権よりも劣る債権とする」という合意のなされた債権です。

優先的破産債権、劣後的破産債権、約定劣後破産債権のいずれにも該当しない債権が一般破産債権になります。

## 破産債権の確定

債権者が届出をした債権の内容は、破産管財人が認め、届出をした他の破産債権者が異議を述べなければ確定します。

債権の内容について破産管財人が認めない場合や、他の債権者から異議が出た場合には、その債権を届け出た債権者は裁判所に対して査定の申立てができます。裁判所はこの申立てに基づいて破産債権の査定決定を行いますが、この査定決定にも不服がある場合には債権査定異議申立ての訴えを提起することができます。この訴えの裁判が確定した時点で、破産債権の額などが最終的に確定します。

## 財団債権について

財団債権とは、破産手続きとは関係なく破産者の財産から随時弁済を受けることができる債権のことをいいます。財団債権に対しては、債務者の財産から最も優先的に弁済されます。

たとえば、破産手続開始時点で納期限が未到来または納期限が到来して１年経過していない租税債権、破産債権者の共同利益のために行う裁判上の費用の請求権、破産財団の管理費用に関する請求権、破産財団に関し破産管財人がした行為によって生じた請求権、事務管理（法律上の義務がないにもかかわらず、他人の事務を処理する行為のこと）や不当利得（法的に正当な原因がないにもかかわらず利益を受け、そのために他人に損失を及ぼした場合の利益のこと）により破産手続開始後に破産財団に対して生じた請求権などは財団債権になります。

また、破産手続開始前の３か月間、破産者の下で働いていた労働者の給料請求権や退職金請求権の一部は財団債権になります。労働者の保護という観点から、給料に関する債権は優先的に支払うことが認められています。

## 破産財団の換価・配当について

破産管財人が破産財団に属する財産を換価して、破産債権者に配当する手続きを行います。管財人が破産財団に属する財産を換価して得た金銭は、届出債権者に順次債権額に応じて分配していきます。これが配当です。配当には、それがなされる時期によって、中間配当・最後配当・追加配当などがありますが、中小零細事業者の破産の場合には、配当がない場合も多く、よほどのことがない限り最後配当手続がなされるだけです。配当額が少なかったり、債権者の異議がなければ、簡単な手続きにより行うことができる簡易配当が実施されます。

最後配当の手続きとしては、まず破産管財人が配当表を作成します。その後、最後配当の手続きに参加することができる債権の総額と、最後配当をすることができる金額を公告・通知します。配当表に不服がある者は異議を申し立てることができます。異議がなければ配当表が確定します。なお、配当は、銀行振込によって行われます。

配当が終了し、破産管財人は、任務終了の計算報告書を裁判所に提出します。そして、任務終了計算報告集会の終結後、破産終結決定がなされ、裁判所が決定公告を行うことで、破産手続きは終了します。

### 破産債権の種類と優先順位

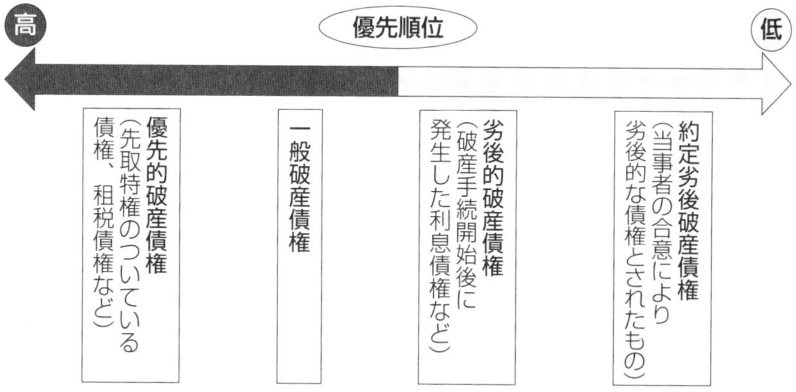

# 11 代表者の個人破産について知っておこう

会社の破産申立てとは別に申し立てる

## 同時廃止にはならないケースが多い

会社の破産に伴い、会社の代表者自身も破産する場合、会社の破産申立てとは別に、代表者個人の破産申立てを行うことになります。

代表者個人の破産の申立て手続きについても、基本は会社の破産手続きと同じです。債務者に財産が残っているかどうかで２つの流れに分かれます。管財事件になれば、破産者の財産は破産財団という形でひとまとまりにして、管財人主導の下で、破産財団を処分してお金に換え（換価）、債権者に分配（配当）する手続きをとっていきます。この手続きが破産手続きです。破産管財人には弁護士が選任されます。

管財事件の場合、破産手続が終了するまでには、少なくとも６か月以上の期間がかかるのが普通です。破産財団に属する財産を売却・処分するのには時間と手間がかかりますから１年以上かかることもあります。また、会社の破産と同時に申し立てた場合、手続終結まで同時並行で進め、片方だけ先に終結させることは少ないのが実際です。なお、事業者や法人の代表者が自己破産を申し立てる場合に、同時廃止になることは、期待できないのが実情です。

## 破産すると法律上の資格制限がある

任意整理や特定調停、民事再生は、手続きを開始しても、法律によって課せられる資格制限はありません。一方、破産手続開始決定を受けると様々な資格制限やデメリットがあることは確かです。

破産者は「士業」といわれる弁護士・弁理士・公認会計士・税理士・公証人・司法書士などにはなれません。すでにそれらの職にある人は免責決定がでるまでは資格を失います。なお、教員や自衛隊員・一般公務員・古物商・薬剤師・医師・看護師・建築士などの職にある人は破産手続開始決定を受けても資格を失うことはありません。

また、破産者は後見人や保佐人、遺言執行者などにはなれません。また、合名会社・合資会社・合同会社の社員（出資者）や株式会社の取締役・監査役については退任事由になります。

## 免責の申立てと免責の決定

個人の自己破産の場合は、原則として、破産手続開始の申立てにより免責申立てをしたものとみなされます。

免責について審理される裁判所は、必要に応じて破産管財人・破産債権者に対して免責についての意見申述を行わせます。破産管財人や破産債権者は、免責の当否について裁判所に意見を述べる機会を与えられるわけです。また、裁判所・破産管財人による免責についての調

### ■ 免責許可の申立てから免責決定まで

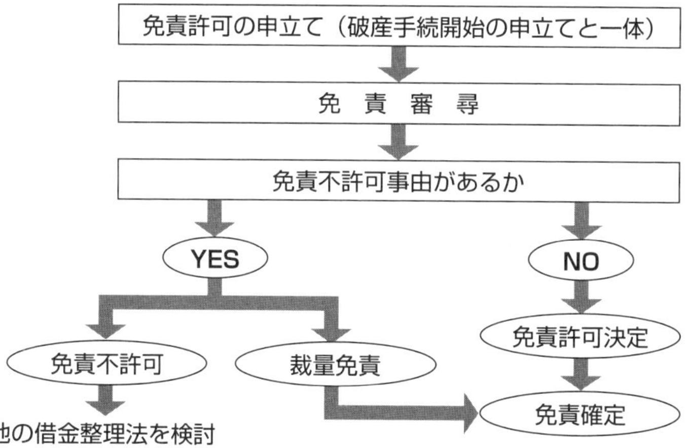


※破産法で定める免責不許可事由があっても、裁判所が免責相当と判断した場合には免責の決定がなされる。これを裁量免責という。会社代表者個人の破産については裁量免責が行われることがある。

査もあります。この調査は必ず行われるものではありませんが、行われた場合には、破産者は調査に対する協力義務を負います。裁判所によっては運用により意見を述べるための審尋の期日を開く場合があります。

免責の決定は、免責決定が官報に掲載され、掲載された日の翌日から２週間以内に、即時抗告がされないことによって確定します。即時抗告とは、裁判の日から一定の期間内に提起することとされている上級裁判所への不服申立制度です。免責の決定は免責の確定により効力が生じます。

免責の決定が確定すると、一定の免責されない債権（下図）を除き、債務の支払いを免れることができます。免責の確定により、破産者は、一部の債務を除き、破産債権者に対する債務の支払義務がなくなります。また、復権（破産によって生じた資格や権利の制限などを消滅させ、本来の地位を回復させること）して破産者ではなくなり、法律上の資格制限から解放されます。なお、一度免責を受けると、原則として以後７年間は免責を受けられません。

## ■ 免責決定後も免責されない債権

- □租税や社会保険（健康保険）料などの請求権
- □破産者が積極的な害意によって人の生命・身体を侵害した場合の不法行為による損害賠償請求権
- □養育費や扶養料など
- □雇用関係に基づいて発生した使用人の請求権（給与など）や使用人の預り金返還請求権
- □債権の存在を知っていながら破産者が故意に債権者名簿に記載しなかった請求権
  （債権者が破産手続開始決定のあったことを知っていた場合は除く）
- □罰金、科料などの請求権

# 第7章

# M&Aと民事再生のしくみ

# 1 新たなスタートのために会社を終わらせることもある

「会社」という名前を捨て、「事業継続」という実をとる

## 会社の継続ではなく事業の継続を選択する

「新たなスタートのために会社を終わらせる」という場合、大きく２種類の局面に分けることができます。①会社が今まで以上に発展すると期待できる場合と、②会社を終わらせることによって今までの借入金など、負の資産をすべて清算して、新しく会社を立ち上げて再スタートする場合です。

①は、優良企業同士のＭ＆Ａのような場合です。M&Aは、「Mergers And Acquisitions」の略で、「合併と企業買収」を意味する言葉です。合併、事業譲渡、株式譲渡などが代表的なM&Aの手段です。

M&Aは、新技術やノウハウの獲得、市場シェアの拡大など経営課題を解決するための有効な手段として、幅広い目的で活用されていますが、事業の拡大だけでなく、整理統合や事業を終わらせる手段として合併・会社分割、事業譲渡といったM&Aも活用されています。

産業構造や競争環境の変化によって、Ｍ＆Ａにより、吸収あるいは買収された方が、将来さらに発展できる可能性が高い場合に行われます。吸収あるいは買収されれば、会社はなくなってしまいますが、吸収・買収先の会社には、事業が引き継がれ、その後も事業は継続します。

②は、たとえば、現在の事業の収益性は高いが、過去の負債が多額に上り、なかなか返済できない状況で見られます。過去の負債のせいで新規の借入れや、設備投資などを行えず、現在の会社の事業運営にも影響を与えているような場合です。この場合、会社を終わらせて、過去の負債を清算にした上で、同じ事業を新しい会社で再スタートさせるという選択肢が考えられるわけです。

## 判断要素は何か

会社を終わらせて、事業の継続を選択する場合の判断要素は、以下のようになります。

まず、将来の事業発展を期待するケースでは、このまま、会社を継続させて事業を行った場合と、他社に吸収・買収されて事業を担ってもらった場合とで、どちらが事業として発展するかということです。吸収・買収してもらった方が事業の発展を期待できると考える場合には、そちらを選択することになります。ただ、このとき忘れてはならないことは、事業の発展の速度を見極めることです。極端な話にはなりますが、吸収・買収してもらっても、事業が発展すると見込めるのは数十年先というような場合は、時間軸から考えますと、今まで通りに単独で事業を進めた方がよいという選択も成り立ちます。

また、後継者問題という判断要素もあります。他の企業に吸収・買収してもらうことで、後継者問題を解決するという考え方です。最近は、中小企業では特に後継者不足が深刻な問題になっています。自分の親族に会社を継いでもらいたいと望む経営者が多いのは確かですが、それができない場合、廃業するか、他の経営者に託すかを真剣に考えてみることも必要でしょう。

他方、②の過去の負債を清算し、新しく会社を立ち上げるケースでは、実際に思った通りに再スタートできるかどうかの見極めが大切です。仮に会社を終わらせても、その影響で今までの得意先につき合ってもらえなくなるおそれがあります。金融機関も新しい会社に対して、簡単に融資に応じてくれるかわかりません。つまり、ステークホルダー（取引先や債権者）に会社を終わらせることを納得してもらえ、再スタート後もつき合ってもらえるのかについて事前に判断・確認しておかなければならないのです。

# 2 不採算部門の切り崩しや第二会社方式で再建する

事業廃止か事業譲渡によって会社を再生させることもできる

## 回復のために事業を切り離す

会社を継続させるための方法として、「不採算部門を切り離す」という方策もあります。

切り離しの方法には、２通りあります。１つは、切り離した事業部門をそのまま廃止する事業の廃止、もう１つは、切り離した事業をどこか別の企業に売却する事業譲渡（195ページ）です。

事業の廃止は、不採算部門と言う悪い部分を切り取ることによって、会社が再生する（＝健康になる）と考えられます。しかし、廃止する事業部門の従業員を解雇しなければならないといった痛みを伴うこともあります。

他方、事業譲渡では、従業員ごと相手に引き取ってもらえれば、経営者として心が痛むことがありませんし、譲渡に伴い、いくらかでも対価を期待できる可能性もあります。しかし、自分たちが撤退したいと思っている事業を喜んで引き取ってくれる相手を探すのが大変です。可能性としては、自社の不採算事業が引き取り先にとっては事業の相乗効果を認められる場合が考えられます。よい引き取り先を見つけるためにも、譲渡する事業部門の資産を分析し直して、少しでも優位な面を見つけ出す作業が必要でしょう。それがうまくできれば、期待以上の好条件で譲渡できる可能性もあります。

事業の切り離しをするには、不採算部門を切り離せば、社業が回復すると見込まれることが大前提になります。それを見極めるためには、会社全体を再生するためのプロジェクトを実施する必要があります。不採算部門の切り離しは、このプロジェクトの一部にすぎないともいえます。

プロジェクトはどのように行うかといいますと、具体的には、まず、会社の業績が不振な原因を明確にします。次に、それを分析し、対応策を作成します。そして、対応策を実行します。ときには、不採算部門の切り離しのような抜本的対策も含みます。続いて実行の検証を行います。

大切なのは、このプロジェクトのサイクルを一度だけで終わらせてはいけないということです。たった一度のサイクルで会社全体が再生できれば、むしろ運がいいと考えなければなりません。悪い体を完治させるには、その後の投薬が必要ですし、社会復帰のためのリハビリや、健康管理も必要です。場合によっては、再手術も必要です。会社の再生プロジェクトも同じです。一度のサイクルで終わらせるのではなく、このサイクルを繰り返し実行することによって、本当に筋肉質な会社として生まれ変われるのだと考えてください。

## 第二会社方式による再建

会社の不採算部門を切り離して会社を再生させる方法に、収益性のある部門を第二会社に移転させる第二会社方式の再建があります。

第二会社方式は、主に中小企業を対象とした事業再生の手法です。第二会社方式では、会社の事業のうち、収益性のあるものを会社分割や事業譲渡により、他の会社（第二会社）に引き継ぎます。そして、不採算の事業（債務を含む）は旧会社に残し、旧会社を特別清算（35ページ）や破産（148ページ）によって消滅させることで債務整理を行います。

# 3 株式売却について知っておこう

株式売却の特徴は、他の企業再編手法と比較して手続きが簡単なこと

## 株式売却とは

株式売却とは、会社を第三者に売却（譲渡）することをいいます。「会社の売却」ということもあります。

株主が保有しているある企業の株式を他人に譲渡することを株式譲渡といいますが、事業再生における株式売却とは、会社の支配権の移転、資本注入を目的として、株式を売却（譲渡）することを指します。本書では、典型例として、会社の創業者である株主などの支配株主（オーナー株主）がその保有している会社の株式のすべてを売却するケースを想定して、以下見ていきましょう。

会社の１つの事業や部門を他者に売却する事業譲渡と異なり、会社の経営権そのものを売却するのが株式売却の特徴です。具体的には、ある会社の発行済み株式の全部を売却することは経営権の譲渡を意味します。他方、株式の一部を売却するのは、資本提携にあたります。全株式を売却することでそれまでの経営者（オーナー株主）は会社と無関係になりますので、それまでの経営者にとっては会社を清算するのと同じ気持ちになるでしょう。ただ、会社は実際のところ存続していますし、それまでの経営者は売却により対価を得ることもできます。

最近の中小企業廃業の大きな原因のひとつは、後継者不足です。廃業の理由が後継者不足の場合は、廃業か売却かを考えてみるのもよいでしょう。また、資金不足により廃業しても経営者が自己破産するしか道がないような場合は、専門家に相談して会社の売却を検討することも必要になります。

株式売却の特徴は、合併などと比較して手続きが簡単なことです。

そのため、事業再生の実務では、株式売却の手法が多用されています。

もし、ある会社を完全に支配するために、合併の手法を使う場合、株主総会を開いて特別決議（原則として議決権を行使することができる株主の議決権の過半数を有する株主が出席し、出席した株主の議決権の３分の２以上の株主が同意した場合に成立する決議）を得る必要があり、手続きが面倒です。さらに、合併に反対する株主からの株式買取請求への対応や債権者保護手続きも必要です。しかし、株式売却であれば売買契約書を作成し、代金を支払い、株主名簿の名義書換えを行えば手続きが完了するのが原則です。会社の経営権を譲渡する方法は、発行済みの株式のすべてを売却先に譲渡することです。複数の株主がいる場合は、全員が売却先に譲渡する必要があります。

## どんなデメリットがあるのか

株式売却には以下の２つのデメリットがあります。

**① 一部の株主が株式売却に反対すると会社支配が不完全になること**

吸収合併の場合は、一部の株主が反対しても株主総会で特別決議を可決すれば合併自体は達成できます。一方、株式売却は、売買契約であるため、当事者の合意がないと契約が成立しません。ただし、全株式を取得しなくても、株式の３分の２を手に入れれば、会社の支配権

### ■ 株式売却のメリット・デメリット

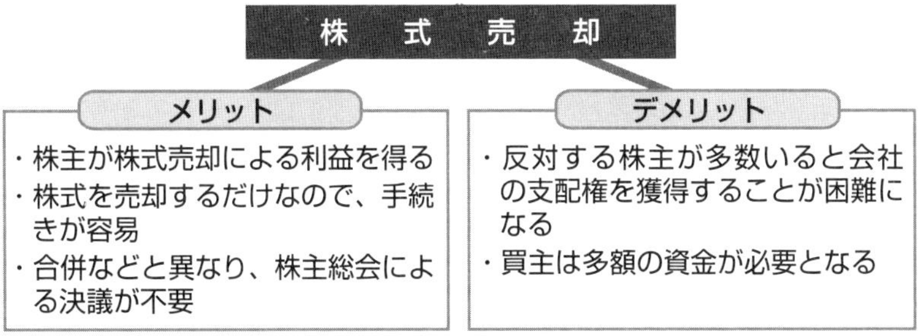

をほぼ手中に収めることができます。株主の３分の２を持っていれば、特別決議が必要な重要事項さえ単独の賛成で可決することが可能だからです。

② 買主に多額の資金が必要な場合があること

株式売却は、株式を取得する対価として金銭を交付する手法であるため、買主側にこのようなデメリットが生じます。ただし、事業再生の局面であり、企業価値の評価次第では、低額に抑えることができる場合もあります。

## 株式交換を上手に利用する

株式売却の難点は、一部の株主が売却に反対している場合に会社の完全支配を達成できなくなることです。さらに、株式売却には、買主側の企業に多額の資金が必要になるというデメリットもあります。

そのため、株式の購入の際、売主側の企業の株式を取得する対価として、売主側の株主に金銭ではなく買主となる企業の株式を交付する株式交換の手続きを利用するという方法があります。

株式交換は、株主総会の特別決議を得ることで、相手企業の株式を100％取得できる制度です。つまり、株式交換を活用すれば、一部の株主が譲渡に反対していても、相手会社の完全支配が可能になります。しかも、株式交換は、相手企業の株式を取得するにあたって、自社の株式を交付するので買収資金が要りません。したがって、ある会社を株式取得により完全買収する場合には、株式売却で株式を３分の２まで取得した後、株式交換を行うことも考えられます。ただし、３分の２の株式を取得するだけの資金を用意できないケースもあると思います。その場合には、買収先企業の株主を説得することで、株主総会において３分の２の賛成票を獲得することをめざします。

この方法を利用する場合は、買収企業と買収される企業の経営陣の間で株式交換に関する合意が整っていることが前提になります。

## Q 会社の売却先はどのように見つけたらよいでしょうか。

**A** 売却先が見つかりやすい場合とは、①会社に収益力があり、②バランスシートがしっかりしているケースです。要は、購入のために支払った以上の利益が出せると判断できる場合です。「会社に収益力がある」とは、組織やビジネスモデルなど一部の業務を変えれば、収益を挙げられると判断される場合を指します。「バランスシートがしっかりしている」とは、会社を清算してもかなりの優良な資産が残るといった場合です。

会社の売却先を探す方法としては、①自分で探す、②法律や税務の専門家（顧問税理士や弁護士）に頼む、③商工会議所に相談する、④取引銀行に相談する、⑤専門のM&A仲介会社に頼むといったものがあります。⑤については、コンサルティング料金や仲介手数料、売却が成功した際の成功報酬など費用がかかります。できることなら費用のかからない方法で売却先を探すのが理想ですが、そう簡単に売却先が見つからない場合も多々あります。実際は、②～⑤の方法で探すケースが多いようです。ある程度の規模の会社になると、株主や取引先など、利害関係者が多くなりますので、仲介の専門家に頼まざるを得なくなるのが実情です。多いケースが③と⑤です。

### ●仲介を相談する場合の注意点

仲介を相談する場合、注意すべきことは、①会社を売却する理由、売却の方法、売却の条件を明確にし、どの程度まで相談に乗って欲しいのかを伝え、お互いに齟齬がないように伝え合うこと、②着手金と成功報酬の金額を認識しておくこと、③自分の希望にかなった仲介機関を選ぶことの３点が挙げられます。

# 4 株式売却の手順を知っておこう

株式売却にまつわる様々な法律上のリスクを確認する

## 株式の売却手続きとは

株式の売却手続きは、①基本合意、②対象会社の精査（デューデリジェンス）、③売却価格などの条件交渉、④双方の社内の内部承認手続き、⑤株式譲渡契約の締結、⑥名簿書換や代金の支払いなどの実行（クロージング）の流れで進んでいきます。最も重要なのは、③売却価格の交渉です。中小企業は一般に非上場で、株式の市場価格がありませんから、価格を決める必要があります。価格を決める方法には、「類似業種比準方式」「純資産価格方式」など様々なものがあります。株式価格は相続税の算定にも関わりますので、税法では、評価法を細かく規定しています。しかし、会社の売却の場合は、算出法の規定はありません。結局、税理士などの専門家に評価を依頼し、決めてもらうことになります。ただ、いくら専門家に価格を決めてもらっても、売却先と合意しなければ意味がありません。算定した株式の価格は交渉の基礎として考えるのが妥当でしょう。また、複数の株主がいる場合は、各株主が価格に合意することが必要になります。

会社の株式が譲渡制限付株式である場合には、原則として、会社が譲渡を承認する必要があります。取締役会設置会社であれば取締役会、取締役会設置会社以外の株式会社では、株主総会の承認を得なければなりません。

株式譲渡契約の締結後、株主名簿の書換と代金の受領を行います。株券を発行している場合は売却先にすべての株券を交付することが必要です。この際に株券の一部が紛失してしまっていると株券喪失登録という再発行手続きが必要となります。再度株式が発行されるまでに

１年かかりますので、株券の一部が紛失している場合には、株主総会の特別決議で株券の廃止を決めることが有効です。

## どんなことに気をつけて売却をすべきなのか

株式売却にあたって注意すべき主な点は以下のとおりです。

**①　買収される企業が株券を発行しているかどうか**

株券発行会社であれば、株式の権利を移転するために株券を譲受人に交付することが必要です。一方、株券不発行会社であれば、株主名簿の書換だけで済みます。

**②　売却の対象となる株式に譲渡制限があるかどうか**

譲渡制限株式を譲渡する場合には、会社の承認が必要になります。少数株主の場合には、会社が株式の譲渡を承認しない場合があるので要注意です。なお、株主が一人である場合、取締役会の譲渡承認がなくても譲渡を有効とした裁判例があります。

**③　株式の売買代金をいつ支払うか**

買収企業は、買収先の企業について隠れた問題が発覚して、株式の価値がゼロになるリスクに備えて、代金の支払日を遅くしたいところです。しかし、株式の譲渡人は、代金をできるだけ早く一括で受け取りたいと考えます。実務上は、売買契約締結と同時かその後の一定期日に、名義書換に必要な書類や株券などの引き渡しと引き換えに代金決済を行う方法が主流のようです。

**■ 株式売却の流れ**

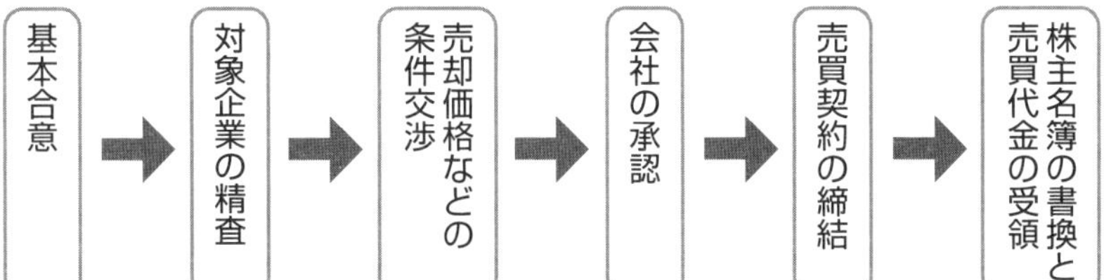

④　隠れた問題点が存在しない旨を表明・保証する旨の条項について

株式の売買契約においては、売買の対象となる株式そのものに瑕疵（問題）があるケースはほとんどありません。しかし、株式の価値は、会社の価値に基づいて決まるため、会社に隠れた問題点があれば株式譲受人は不測の損害を被ります。そこで、買収される会社について、隠れた問題点が存在しないことを表明・保証する旨の条項を契約書に盛り込むようにします。

⑤　株式譲渡人の連帯保証を外すこと

株式の譲渡人が会社のオーナーである場合、会社の債務について連帯保証人になっているケースが多いようです。そのため、オーナーが株式を売却する前に、その連帯保証を事前に外す必要があります。具体的には、債権者である金融機関に事情を説明して、譲受人が新たな担保や保証人を立てるなどの措置を講じることになるでしょう。

⑥　買収される企業が結んでいる各種契約の解除事由を確認すること

ライセンス契約などでは、「会社の支配権移転」を解除事由としているケースもあるので注意が必要です。株式の譲受人は、解除を避けたいのであれば、契約相手と交渉する必要があります。そして、新たに契約を締結する、同意書を提出してもらうなどの対応を行います。

⑦　株式譲渡後の競業禁止を契約書に盛り込むこと

株式の譲受人は株式取得による買収によって、対象会社の支配権を獲得し、その市場における地位を手に入れる目的があります。しかし、株式の譲渡後も旧株主（売主側）が別会社を設立するなどして同じ事業（競業）を行うのでは、その目的を達成できなくなります。そこで、株式売却の契約書には、旧株主（売主側）の競業避止義務を定めた条項を盛り込んでおきます。株式の売却については、事業譲渡の場合のように、株式売却後の競業を禁止する旨の法律の規定は存在しません。そのため、競業禁止の条項を株式売却の契約書に盛り込む必要があるのです。

## 書式１　株式譲渡契約書

### 株式譲渡契約書

○○○○（以下「甲」という）と、株式会社△△（以下「乙」という）は、甲の保有する株式会社□□の発行済株式を、乙に譲渡することにつき合意し、以下の通り契約する。

**第１条（目的）** 甲は、甲の保有する次の株式を乙に対して譲渡することを確認し、合意する。

本　店　　　○○県○○市○○町○丁目○番○号
商　号　　　株式会社□□（以下「丙」という）
発行済株式　○○○○株

**第２条（譲渡価額及び支払方法）** 甲は、本件株式を、令和○年○月○日限り、譲渡の対価として金○○○万円で乙に譲渡する。

２　乙は、甲に対し、前項の譲渡日において、本件株式の株券の交付および名義書換の完了と引換えに代金全額を支払うものとする。

３　前項に定める支払いは、乙が甲の指定する銀行口座に振込むことにより行うものとする。

**第３条（表明保証）** 甲は、乙に対し、以下の事項を保証する。

①　本件譲渡につき、譲渡日までに丙の取締役会の承認を得、かつ、乙に本件株式を譲渡するについて必要な手続きをすべて完了すること
②　甲は、本件株式全部についての完全な権利者であること
③　本件株式に譲渡担保権、質権等の担保権は設定されておらず、その他何らの負担も付されていないこと
④　令和○年○月○日現在の丙の財務内容は、別紙記載の丙の貸借対照表及び損益計算書のとおりであり、簿外債務が存在しないこと

２　乙は、甲に対し、譲渡日までに乙の取締役会の承認を得、かつ、本件株式を譲り受けるために必要な手続きをすべて完了することを保証する。

**第４条（賠償責任）**甲または乙は、前条に違反したときは、それによって相手方が被った損害、損失等を相手方に賠償または補償するものとする。

**第５条（競業避止義務）**甲は、株式の譲渡日以降２年間の期間については、乙と競合する業務を行うことができないものとする。

**第６条（秘密保持）**甲及び乙は、本契約の交渉過程及び本契約の履行を通して相手方より開示された情報を、相手方の書面による承諾がない限り、第三者に漏洩または開示してはならない。ただし、以下のものはこの限りでない。

① 相手方から知得する以前にすでに所有していたもの
② 相手方から知得する以前にすでに公知のもの
③ 相手方から知得した後に、自己の責によらない事由により公知とされたもの
④ 正当な権限を有する第三者から秘密保持の義務を伴わずに知得したもの

**第７条（協議）**本契約に定めのない事項、または、本契約の条項の解釈に関して疑義が生じたときは、甲乙誠意をもって協議のうえ、これを決定する。

**第８条（合意管轄）**甲及び乙は、本契約に関して紛争が生じた場合には、甲の住所地を管轄する裁判所を第１審の専属的合意管轄裁判所とすることに合意する。

本契約の成立を証するため、本書２通を作成し、甲乙記名押印の上、各１通を保有することとする。

令和○年○月○日

(甲)　○○県○○市○○町○丁目○番○号
○○○○　㊞
(乙)　○○県○○市○○町○丁目○番○号
株式会社△△
代表取締役　○○○○　㊞

〈別紙貸借対照表及び損益計算書は省略〉

# 5 事業譲渡について知っておこう

**譲渡する資産・負債は自由に決められるメリットがある**

## 事業譲渡とは

事業譲渡とは、会社の事業を他に譲渡（売却など）することです。これに対し、会社の株式そのものを売る場合は、株式売却といいます。事業譲渡の場合は、事業を譲渡した後も会社の経営権、支配権に変更はありませんが、株式売却の場合は、会社の経営権、支配権自体が変更される点が、事業譲渡とは異なります。会社は、従業員、工場、設備、取引先とのつながり、金銭などの個々の財産は、その財産以上の価値を持ちませんが、様々な財産を上手に組み合わせて、1つのしくみとして機能させることで利益を生み出しています。この「利益を生み出すしくみ」を「事業」といいます。判例は、事業を「一定の営業目的のため組織化され、有期的一体として機能する財産」と定義しています。判例の定義は、抽象的な言葉ですが、先ほどの「利益を生み出すしくみ」を言い換えたものということができます。

会社法は、事業を譲渡する場合と、事業を譲り受ける場合の両方について一定の場合に株主総会の特別決議を求めています。事業譲渡については、①手がけている事業を全部譲渡する場合と、②複数ある事業のうち重要な事業を譲渡する場合に、株主総会の特別決議が必要です。

なお、事業全部の賃貸、経営委任に関する契約の締結、変更、解約についても、事業の譲渡と同様に株主総会の特別決議が必要になります。

一方、他社から事業を譲り受ける場合は、事業を全部譲り受ける場合に株主総会の特別決議が必要になります。事業の一部を譲り受ける場合には、株主総会の決議自体が不要である点に注意してください。

## 株式売却とはどう違うのか

事業の譲渡と株式売却（会社の譲渡、会社売却）は似て非なるものです。事業の譲渡は、会社が手がけている事業のみを譲渡するもので、会社の経営体制（株主、取締役等）に変化をもたらしません。一方、株式売却は、会社の経営権・支配権の譲渡です。株式の譲渡により、株主が入れ替わり、それに合わせて取締役も交代するのが通常です。

## 事業譲渡のメリット

事業譲渡は、①事業を再編する場合や、②会社を清算する場合に使われます。

### ①　会社を倒産から救う

不採算事業を譲渡したり、収益力があっても自社の他の事業とのシナジーが期待できない事業などを譲渡することで、事業を再編する場合です。事業の選択と集中により、今後の収益力を高めるだけでなく、譲渡代金を負債の返済や新たな投資に回すことができます。なお、事業譲渡は、株式売却などと異なり、譲渡対象となる資産や負債を個別に選択することができますので、買主にとっては、不要な資産や不測の負債を承継するリスクを避けることが可能な方法だといえます。

### ②　会社を清算する

事業を売却して、その売却益を会社清算のための資金にするケースです。法的な義務はありませんが、売却する事業の従業員も一緒に売却先へ移るのが通常ですので、会社清算後に従業員を路頭に迷わせないための方策にもなります。

## 事業譲渡契約を締結するときの注意点

事業売却をするには、当然のことながら、事業を買ってくれる相手がなければ話になりません。経営者自身の人脈を使って探すことから始めて、地元の商工会議所や取引銀行、専門のコンサルティング会社などに相談するのも、１つの方法です。

事業の売却先の候補を決め、秘密保持契約を結び、交渉のルールを合意書として文書化した上で交渉を始めます。交渉では、譲渡する事業の範囲を確定し、どの程度の売却金額が適当なのかを決めます。事業譲渡は、売却する資産・負債を交渉しだいで自由に決められますので、慎重な交渉が望まれます。交渉の対象となる事業の範囲には、譲渡する事業の資産や負債の他、ノウハウ、従業員、得意先のリストなども含まれます。概念的にいえば、事業を行う上で有機的に一体とみなされるものすべてが譲渡交渉の対象となります。譲渡する事業の範囲の決定後、それが金額にしてどの程度の価値があるのかを計算します。損益計算書、バランスシートといった財務書類などを用意する必要があります。譲渡価額の評価方法には様々なものがあります。

交渉で合意がまとまると、事業譲渡契約を締結します。記載事項は、①事業譲渡する対象と内容、②譲渡代金、③表明保証、④許認可関連事項、⑤債務や係争（訴訟で争っているトラブル）の継承、⑥競業の禁止、⑦秘密保持、⑧譲渡会社に無断で権利の質入・事業譲渡するこ

### ■ 事業譲渡のしくみ

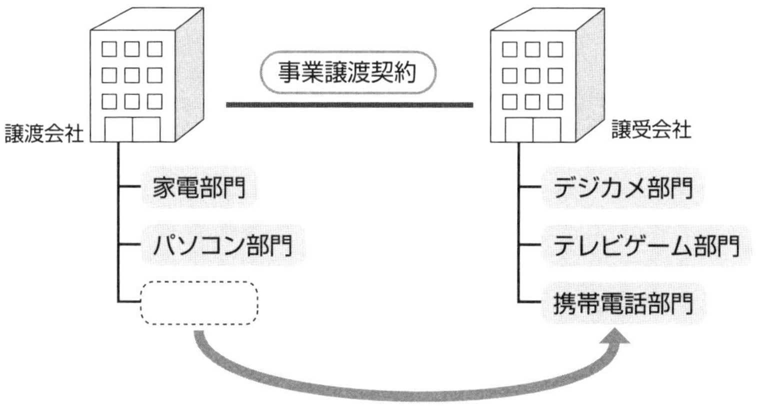

との禁止、⑨契約の変更・解除の要件などです。事業譲渡では、合併と違って、譲渡する資産や負債を個々に移転する手続きをとらなければなりません。

したがって①では、譲渡する資産を具体的に一覧表にしておくのがよいでしょう。事業の譲渡と共に移籍する社員の処遇なども明記しておく必要があります。④の許認可関連事項とは、譲渡する事業を継続するために許認可（国または地方自治体といった行政に申請する手続きの総称のこと）が必要な場合にどちらがどのような負担をするのかを決めることです。円滑に許認可が得られるように譲渡する企業が協力することも明記する必要があります。

⑤については、事業譲渡と共に商号の譲渡が行われた場合に譲受会社が負う弁済義務の内容についても明記しておきます。登記や通知といった一定の手続きをとらないと、譲渡会社の事業によって生じた債務についても弁済義務を負うことになります（会社法22条）。⑥については、競業避止義務について明記しておくのがよいでしょう。

## 簡易事業譲渡と略式事業譲渡

事業譲渡については株主総会の特別決議を省略できる場合があります。それは、簡易事業譲渡と略式事業譲渡の場合です。簡易事業譲渡は、譲渡会社については、譲渡の対象になる資産の帳簿価額が会社の総資産額の５分の１を超えない場合、譲受会社については、譲受の対価の帳簿価額が純資産額の５分の１を超えない場合です。他方、略式事業譲渡は、譲渡会社について、事業譲渡の相手会社が特別支配会社である場合です。具体的には、A社がB社の議決権の９割以上を保有している場合、B社から見てA社が特別支配会社にあたります。

# 6 事業譲渡の手続きの流れをおさえておこう

株主総会での決議が必要になる

## 譲渡手続きについて

事業譲渡の手続きは、①事業譲渡契約の締結、②取締役会決議、③株主総会決議、④反対株主の株式買取請求、⑤権利移転手続きなどが必要になります。以下、①から⑤について説明します。

### ① 事業譲渡契約の締結

事業譲渡契約は「利益を生み出すしくみ」である事業を売買する契約です。そのため、「○○の建設部門に関する営業」という記載で、譲渡対象を特定できます。しかし、譲渡の対象になる財産があいまいだと、何が譲渡の対象になる財産であるかについてトラブルが起こるおそれがあります。そこで、事業譲渡の契約では、譲渡の対象となる個々の財産を明示するのが、通常の取扱いです。ただし、譲渡財産をどこまで詳細に記載するかは、ケース・バイ・ケースです。

### ② 取締役会決議

会社法では、「重要な財産の処分」「重要な財産の譲受け」については、取締役会の決議が必要とされています。したがって、事業の譲渡や譲受けが「重要な財産の処分・譲受け」にあたる場合は、取締役会決議が必要です。ただし、何をもって「重要な財産」にあたるのか、判断に迷う場合が多いと思います。判断に迷った場合は、取締役会の決議を経ておくのが無難です。取締役会を開催するのはそれほどの手間がかからないだけでなく、そのような慎重な取扱いを行った方が、後の紛争を予防できるからです。

なお、「重要な財産の処分」にあたらなければ、代表取締役の判断だけで譲渡を決定できます。

### ③　株主総会の決議

事業譲渡が「事業の全部の譲渡」または「事業の重要な一部の譲渡」にあたる場合には、株主総会の特別決議が必要になります。他方、事業譲受については、他社の事業を全部譲り受ける場合に、株主総会の特別決議が必要になります。

「事業の重要な一部」という表現が抽象的であり、株主総会決議の要否の判断に迷うケースが多いと思います。譲渡する資産の帳簿価額が譲渡会社の総資産額の５分の１を超えない場合は、簡易事業譲渡となり、株主総会の特別決議は不要とされているところ、その他の場合は「事業の重要な一部の譲渡」として特別決議を経ておくのが無難だといえます。

### ④　反対株主の株式買取請求

事業譲渡に反対の株主は、会社に株式の買取を請求する権利があります。この権利を行使するには、あらかじめ株主総会で決議に反対する旨を書面で会社に通知して、実際に株主総会で決議に反対する必要があります。買取請求された場合、会社は公正な価格で株式を買い取らなければなりません。

### ⑤　権利移転の手続き

事業譲渡の場合は、譲渡する事業に関連した個々の資産について、個別に権利を移転させる手続きが必要です。事業譲渡は合併と違って、資産や負債の移転は個々に行われます。したがって、譲渡する事業に関連した債務を移転させるために、債権者から個別に承諾を得る必要があります。なお、事業譲渡に伴い商号や役員を変更したり、不動産の譲受けが行われる場合には商業登記申請や不動産登記申請が必要になります。

## 書式2　事業譲渡契約書

### 事業譲渡契約書

甲及び乙は、次のとおり事業譲渡契約（以下「本契約」）を締結する。

**第1条（契約の目的）** 甲は、乙に対して、令和○年○○月○○日（以下「譲渡日」）をもって、その○○に関する事業（以下「本事業」）を譲渡し、乙はこれを譲り受ける。

**第2条（譲渡日の変更）** 甲及び乙は、手続上の事由その他必要があるときは、協議の上、前条に定める譲渡日を変更できる。

**第3条（譲渡の対象となる財産）** 甲から乙に譲渡される財産（以下「譲渡財産」）は、譲渡日における甲の本事業に関する一切の資産とする。

2　譲渡財産および承継する負債の詳細は、甲乙協議の上、これを定める。

**第4条（譲渡代金）** 本契約の代金は、譲渡日における時価を基準とし、金○○○円から×××円までの範囲で、甲乙協議の上、これを定める。

**第5条（代金の支払方法等）** 譲渡代金の支払方法、支払時期は、甲乙協議の上、これを定める。

**第6条（引渡）** 甲は、譲渡日をもって、乙に譲渡財産を引き渡す。

2　譲渡財産の移転に関する登記、通知、通知等の手続きは、前項の引渡後遅滞なく、甲から乙に対して行う。

3　前項の手続きに要する費用は、乙が負担する。

**第7条（表明・保証）** 甲は、本契約につき、乙に対して、以下の事項を表明し、保証する。

① 本契約締結にあたり、甲の財務諸表その他の情報は正確であり、完全であること。
② 本事業につき、甲は事業継続に必要なすべての権利を適法かつ有効に保有しており、事業継続の維持に悪影響を与え、またはそのおそれのある事由は一切ないこと

**第8条（善管注意義務）** 甲は、本契約締結後引渡完了まで、善良な管理者の注意をもって、譲渡財産を管理運営する。

２ 甲は、譲渡財産について重大な変更を加える場合には、事前に乙と協議を行わなければならない。

**第9条（公租公課の負担）** 譲渡財産に関する公租公課は、譲渡日の前日までの分を甲が、効力発生日以降の分を乙が負担する。

**第10条（従業員の処遇）** 本事業に従事する甲の従業員は、譲渡日の前日をもって甲を退社する。乙は、譲渡日をもって、これらの従業員を○○名上限として新たに雇用する。

３ 本事業に従事する甲の従業員に関するその他の取扱いは、甲乙協議の上、これを定める。

**第11条（株主総会の承認）** 甲及び乙は、令和○年○○月○○日までに株主総会を開催し、本契約について承認を得なければならない。

**第12条（競業避止義務）** 甲は、譲渡財産の引渡完了日の翌日から５年間、本事業と同一の事業を行ってはならない。

**第13条（本契約の効力発生要件）** 本契約は、次の各号に定める要件を満たさなければ効力を生じない。
① 甲及び乙が、株主総会の承認（第11条）を得ること。
② 私的独占の禁止及び公正取引の確保に関する法律に基づく届出を行い、かつ同法所定の期間を経過すること。

**第14条（契約の変更及び解除）** 本契約締結から引渡完了までの

間に、次の事由が発生したときは、甲と乙は協議の上、本契約を解除するか、または、本契約の条件を変更できる。

① 天災地変その他の事情により、譲渡財産に重大な変動が生じたとき

② 譲渡財産に本契約の内容に適合しないものがあったとき

**第15条（損害賠償）** 甲または乙が本契約の締結後、解除その他の事由により、相手方に損害を与えたときには、甲または乙は、その損害を賠償する責任を負う。ただし、相手方の本契約上の重大な義務の不履行などのやむを得ない事由により本契約を解除した場合を除く。

**第16条（協議事項）** 次のいずれかの事由が生じたときは、甲及び乙は誠意をもって協議し解決を図る。

① 本契約に定めのない問題が発生したとき

② 本契約の解釈について、甲乙間で疑義が生じたとき

**第17条（裁判管轄）** 本契約に関する紛争については、○○地方裁判所をもって第一審の専属的合意管轄裁判所とする。

本契約の内容及び成立を証明するため、本書を２通作成し、甲乙各１通を保有する。

令和○年○○月○○日

（甲）○○県○○市○○町○○丁目○○番地

○○○○株式会社（譲渡会社）

代表取締役　○○○○　㊞

（乙）○○県○○市○○町○○丁目○○番地

○○○○株式会社（譲受会社）

代表取締役　○○○○　㊞

# 7 合併について知っておこう

合併のメリット・デメリットをしっかりおさえておく

## 合併とは

合併とは、複数の会社がひとつの会社になることです。合併は大きく２種類に分類できます。

会社法では吸収合併と新設合併があります。吸収合併は、合併する複数の会社の１社が存続して、他の会社を吸収する方式です。新設合併とは、新しい会社を作って、合併する複数の会社が新会社に吸収される方式です。いずれの場合も吸収された会社は消滅します。

合併では、吸収合併を利用するのが普通です。その理由は、新設合併の場合、新会社の設立に伴う諸手続きをしなければならなかったり、許認可が必要な業種では新しく許認可を取り直さなければならなかったりするといった事務手続上の煩わしさがあるからです。

また、よく耳にする言葉で「対等合併」という言葉があります。これは、吸収合併の場合に吸収する会社と吸収される会社の合併比率（株式の価値）が１対１になるようなケースを指します。しかし、これは、法律上の用語ではありません。にもかかわらず対等合併という言葉がなぜあるかといいますと、買収の負のイメージが少ないことや、税務上、対等合併にする方が存続会社にとって有利な場合が多いからです。

対等合併とは異なり、業務不振の会社を救済するために行う合併を救済合併といいます。救済合併は、最終的な合意に到達する可能性が高いといわれています。救済される方の会社に合併以外の生き残り策がなく、救済する方に強い主導権があるため、交渉がまとまりやすいからです。反対に、対等合併の方は、合併条件などの面で折り合いがつかず、合併合意に至らないケースも多いようです。

## 吸収合併はどのような場合に行うのか

合併の方式は吸収合併が使われるのがほとんどです。そこで、本書では、吸収合併を前提に説明します。

吸収合併が行われるのは、企業が金を払って自社に取り込んででも価値があると思える会社を見つけ、見つけられた側の会社も吸収されることを容認した場合です。具体的には様々なケースがあります。

■ 新設合併と吸収合併

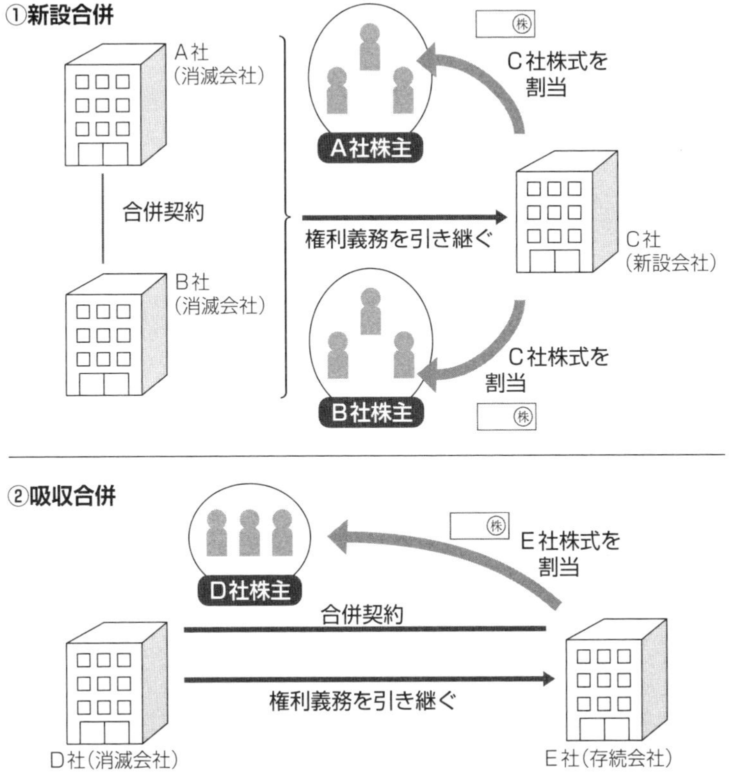

吸収される会社が吸収する会社に対して下請けのような関係にあり、会社を一緒にした方が事業を行いやすくなるという場合や、吸収される会社に特殊な技術があり、吸収する会社にとってその技術が事業継続のために不可欠な場合などが考えられるでしょう。

また、吸収合併するためには、相手がいなければなりません。よい相手を見つけるために地元の商工会議所や取引銀行、専門のコンサルティング会社などに相談することも必要になります。

## 合併のメリット

合併のメリットとして代表的なものを３つ紹介します。

① 事業規模の拡大

事業の規模が大きくなれば、資金余力が生まれます。そのため、ある事業が赤字でも、他の事業から上がる収益により建て直すことができます。異なった地域で事業を展開している会社同士が合併すれば、広域展開が可能になり、会社の知名度アップを図ることもできます。

② 事業部門の合理化

どんな会社であっても、本社機能は１つあればよいわけです。そのため、２つの会社が合併すれば、２つの管理部門を１つにまとめることができ、管理部門にかかる経費を抑えることができます。また、合併する会社が、同じ地域に競合店舗を展開している場合、店舗を削減して、事業部門を合理化できます。

③ 事業の相互補完による競争力の強化

同じ業界の会社でも、それぞれに得意な商品、サービス、技術は異なります。合併によって、得意分野を相互活用すれば、顧客に提供できる商品やサービスの幅や質を高めることができます。また、物販会社とクレジット会社などの異業種の組み合わせでは、商品の販売と購入資金の融資の両方が可能になり、総合的なサービスを提供できます。

## 経営者は連帯保証人から外してもらう必要がある

吸収される側の会社経営者が合併の際に注意する必要があるのが、連帯保証人の問題です。吸収された会社は消滅しますが、消滅した会社の債務は吸収した会社に承継され、承継された債務の担保として、消滅した会社に対してしていた連帯保証の義務は消滅しません。したがって、吸収される際に吸収する会社の経営陣と相談し、連帯保証人から外してもらう必要があります。場合によっては、担保を差し入れるなどの妥協を強いられることがあるかもしれませんが、連帯保証人から外れることができるのであれば、担保を差し入れることも検討に値します。

## 株式会社と持分会社の合併について

原則として、合併の当事会社について制限はありません。つまり、株式会社同士で合併ができることはもちろんのこと、持分会社同士（合名会社、合資会社、合同会社）の合併、株式会社を存続・設立会社、消滅会社を持分会社とする合併、その反対の合併のいずれも可能です。ただし現存の有限会社は、新しく設立することができない会社形態なので、有限会社を存続会社とする合併は認められておらず、まず、株式会社に移行させる必要があります。

なお、会社分割（214ページ）、株式交換（188ページ）、株式移転（株式会社がその発行済株式の全部を新たに設立する株式会社に取得させること）については、合併とは異なり、利用できる会社の種類に一定の制限があります。たとえば、会社分割については、分割会社となることができるのは、株式会社と合同会社だけです。ただし、承継会社についてはそのような制限はありません。

## どんな種類があるのか

合併には通常の合併の他に、以下の３種類の合併があります。

### ①　簡易合併

簡易合併は、吸収合併に関して、存続会社における株主総会の特別決議を省略できる制度です。簡易合併の要件は、吸収合併について、存続会社が合併対価として交付する株式等の額が純資産額の５分の１以下であることです。存続会社について株主総会の特別決議が要るのは、合併対価が過大だと会社の財産が流出して、会社に重大な影響を及ぼすためです。しかし、簡易合併では、合併対価が、会社の資産の５分の１以下に抑えられているため、会社の財産に重大な影響を及ぼすことはないものとして、簡易合併では株主総会決議の省略が認められています。

### ②　略式合併

略式合併は、吸収合併の存続会社が消滅会社の総株主の議決権の９割以上を保有している場合に、消滅会社の株主総会決議を省略できる制度です。簡易合併と同じく、株主総会の特別決議を省略できる点に特徴があります。決議を省略できる理由は、消滅会社の株主の９割は存続会社であるため、存続会社にさえ合併の意向があれば、株主総会を開けば特別決議の承認を得ることができるのが明らかだからです。

### ③　三角合併

吸収合併を行う際、存続会社は自社の株式以外のものを合併対価として交付できます。存続会社がその親会社の株式を交付するタイプの合併を三角合併と呼びます。三角合併のメリットは、100％親子関係を維持したまま、子会社が吸収合併を行えることです。具体的には、外国会社を親会社とする100％子会社が、日本国内で他の会社を吸収合併する場合などにこのメリットが発揮されます。

この場合、子会社が自社の株式を合併対価にすると、消滅会社の株主がその子会社の株主になるため、100％親子関係が損なわれます。その点、子会社がその親会社の株式を合併対価として交付すれば、消滅会社の株主は親会社の株主となり、100％親子関係を維持できます。

# 8 合併手続きの流れをおさえておこう

合併手続きには大きく分けて7つの段階がある

## どんな手続きをしなければならないのか

合併の手続きには、①合併契約書の作成、②事前開示、③株主総会、④反対株主の株式買取請求、⑤債権者保護手続き、⑥登記、⑦事後開示の７つの段階があります。

### ①　合併契約書を作成する

存続会社と消滅会社が締結する合併契約書を作成します。合併契約書に会社法に定められた事項の記載がないと合併が無効になるので注意してください。

### ②　合併契約に関する資料を開示する

吸収合併の場合、存続会社と消滅会社の本店に、合併契約に関する資料を備え置く必要があります。合併によって影響を受ける株主や会社債権者が合併に関する情報を入手できるようにするためです。

### ③　株主総会で決議する

吸収合併を行うには、存続会社、消滅会社の両方について、株主総会の特別決議（27ページ）を得る必要があります。ただし簡易合併や略式合併に関しては、例外的に株主総会の決議を省略できます。

また、消滅会社の株主が保有する株式に譲渡制限がないのに、存続会社が交付する株式には譲渡制限がある場合、それまで自由に株式を譲渡できた株主が、株式の譲渡が制限され、大きな不利益を被るため、特別決議よりも厳しい条件が課される特殊決議が求められています。

特殊決議の要件は、議決権を持つ株主の半数以上であって、かつ当該株主の議決権の３分の２以上が賛成することです。特殊決議は、議決権を持つ株主の半数以上でかつ議決権の３分の２以上の賛成が必要な点で、特別決議よりも要件が厳しくなっています。

④　反対株主の株式買取請求

合併に反対する株主は、会社に対して、「公正な価格」で株式を買い取るように請求できます。ここでいう「公正な価格」とは、合併による企業価値の上昇を見込んだ株式の価格です。仮に合併がなかったら、その株式が有していた価格ではありませんので注意してください。また、消滅会社の新株予約権者は、合併後の存続会社が従前と同じ条件で新株予約権を与える場合以外は、新株予約権の買取請求が可能です。

⑤　債権者保護手続き

吸収合併の当事者となる会社は、債権者に一定の事項を官報で公告し、かつ、知れている債権者には個別に催告をしなければなりません。官報で公告する事項は、ⓐ合併する旨、ⓑ合併する相手会社の商号・住所、ⓒ合併する全会社の計算書類等、ⓓ一定期間内に債権者が異議を述べられる旨です。なお、官報公告に加えて、日刊新聞紙による公告または電子公告を行う場合には、個別の催告を省略できる場合もあります。債権者が期間内に異議を述べない場合、合併を承認したとみなされます。

⑥　登記

吸収合併を行った場合、存続会社については変更登記を消滅会社については解散の登記を申請します。

⑦　事後開示

存続会社は、吸収合併の効力発生後、遅滞なく、事後開示書面を作成し、本店に備え置き、株主と債権者が閲覧できるようにします。備え置く期間は、効力発生日から６か月間です。事後開示書面には、存続会社が吸収合併により承継した消滅会社の権利義務その他吸収合併に関する事項を記載します。

## ■ 合併の手続きの流れ

| | |
|---|---|
| ① 合併契約書の作成 | ・存続会社と消滅会社との間の合併契約<br>・合併契約書の記載事項に不備がないようにする |
| ② 事前開示 | ・株主や会社債権者のために合併に関する資料を備え置く<br>・存続会社と消滅会社の各本店に備え置く |
| ③ 株主総会 | ・原則として存続会社、消滅会社双方で株主総会の特別決議が必要<br>・簡易合併の場合には存続会社の総会決議を省略できる<br>・略式合併の場合には消滅会社の総会決議を省略できる |
| ④ 反対株主の株式買取請求 | ・合併に反対する株主は会社に対して公正な価格での株式の買取りを請求できる |
| ⑤ 債権者保護手続き | ・債権者に対する公告を行う<br>・存在を知っている債権者には個別の催告が必要 |
| ⑥ 登記 | ・効力発生日から２週間以内に登記をする<br>・吸収合併の場合、存続会社については変更登記を、消滅会社については解散の登記を行う |
| ⑦ 事後開示 | ・吸収合併の効力発生後、遅滞なく、事後開示書面を作成し、本店に備え置き、株主と債権者が閲覧できるようにする<br>・備え置く期間は、効力発生日から６か月間 |

## 書式3　吸収合併契約書

### 吸収合併契約書

○○株式会社（東京都○○区○○一丁目１番１号、以下「甲」という）と△△株式会社（東京都○○区○○二丁目２番２号、以下「乙」という）は、両会社の合併に関して、次のとおり契約する。

**第１条（吸収合併）** 甲は乙を合併して存続し、乙は解散するものとする。

**第２条（新株の割当）** 甲は、この合併に際して普通株式○株を発行し、効力発生日の前日の最終の乙の株主名簿に記載された株主に対して、その所有する乙の株式○株につき甲の株式○株の割合をもって割り当てるものとする。

**第３条（資本金及び準備金の額）** 甲の合併後の資本金、資本準備金の額は、次のとおりとする。ただし、効力発生日における乙の資産および負債の状態により、甲乙協議の上、これを変更することができる。

１．資　本　金　　金○円（増加する資本金の額　金○円）

２．資本準備金　　金○円（増加する資本準備金の額　金○円）

**第４条（効力発生日）** 合併が効力を発生する日を平成○年○月○日とする。ただし、その日までに合併に必要な手続きを行うことができないときは、甲乙協議の上、これを変更することができるものとする。

**第５条（引き継ぎ）** 乙は、その作成による平成○年○月○日現在の貸借対照表および財産目録を基礎とし、効力発生日において、その資産、負債その他の権利義務一切を甲に引き継ぐものとする。

２　乙は、令和○年○月○日から効力発生日までの間の資産および負債の変動につき、別に計算書を作成し、その内容を明確にするものとする。

**第６条（善管注意義務）** 甲及び乙は、本契約の締結後効力発生日に至るまで、善良なる管理者の注意をもって業務の運営および財産の管理を行うものとし、その財産および権利義務に重大な影響を及ぼす行為を行う場合には、あらかじめ甲乙協議の上、これを行うものとする。

**第7条（従業員）** 甲は、効力発生日現在の乙の従業員を、甲の従業員として引き継ぐものとする。

2　乙の従業員の退職金計算にまつわる勤続年数については、乙における勤続年数を通算し、その他の事項については甲乙協議の上決定するものとする。

**第8条（合併費用）** 本合併に必要な費用は、すべて甲が負担するものとする。

**第9条（合併条件の変更等）** 本契約締結の日から効力発生日に至るまでの間において、天災地変その他の事情により、甲および乙の財産または経営状態に重要な変動を生じたとき、もしくは、隠れたる重大な瑕疵が発見された場合には、甲乙協議の上、合併条件を変更し、または本契約を解除することができるものとする。

**第10条（規定外条項）** 本契約に定める事項の他、合併に関して協議すべき事項が生じた場合は、甲乙協議の上、これを決定するものとする。

**第11条（合意管轄）** 本契約に関する紛争については、○○地方裁判所を第一審の専属的合意管轄裁判所とするものとする。

上記契約の成立を証するため、本契約書２通を作成し、甲及び乙は各１通を保有するものとする。

令和○年○月○日

甲（存続会社）　東京都○○区○○一丁目１番１号
○○株式会社
代表取締役　○○○○　㊞

乙（消滅会社）　東京都○○区○○二丁目２番２号
△△株式会社
代表取締役　△△△△　㊞

# 9 会社分割について知っておこう

吸収分割と新設分割がある

## 会社分割とは

会社分割とは、会社の事業を切り分けて別の会社に移すことです。会社分割には吸収分割と新設分割の２つの方法があります。吸収分割とは、会社が切り分けた事業を既存の他の会社に継承させる方法です。新設分割は、新設した会社に事業を継承させる方法です。事業を分割する側の会社を分割会社、事業を継承する会社を承継会社と呼びます。

会社分割により、承継会社は、事業を譲り渡した対価である株式等を分割会社に交付します。このことを物的分割といいます。会社法における会社分割は、物的分割です。なお、旧商法上では、承継会社が、分割の対価を株主に直接交付する人的分割がありましたが、会社法で廃止されました。会社法上、物的分割により分割会社が取得した対価を、株主に配当するという方法で人的分割と同様の効果を得ることができます。

吸収分割では、株式を対価とするのが一般的ですが、会社分割を利用した会社清算などの場合のように株式の代わりに金銭を支払うこともできます。新設分割では、分割の対価は、株式、社債、新株予約権に限られます。会社分割の対象は事業に関して有する権利義務の全部または一部です。事業とは、事業譲渡における事業と同義とされています。

## どんな場合に利用するのか

会社分割を利用する場合には、①会社を倒産から救う、②会社を清算する、③事業再編するといった目的が想定されます。①会社を倒産から救う、②会社を清算するという目的は事業譲渡の項目でも出てきましたが、同様の目的で会社分割制度を利用することもできます。承継会社から受け取る金銭や株式を資金として分割会社を建て直したり、有望な事業を新会社に移して再起を図ったり、清算したりします。事業再編では、一部の事業部門を独立させて分社化する場合などに活用されます。分社化は、具体的な事業活動の展開や投資というよりは、他の株式会社を支配することを目的としてグループ企業を効率的に運営するための方策のひとつだといえます。

事業再生の場面での活用としては、会社分割により不採算部門を切り分け事業の再生を図る活用法です。既存の会社を借入金や不良資産だけを持つ会社と優良資産を持つ会社に分割するのです。借入金や不良資産だけを持つ会社が分割会社に、優良資産を持つ会社が承継会社

## ■ 新設分割と吸収分割

・新設分割

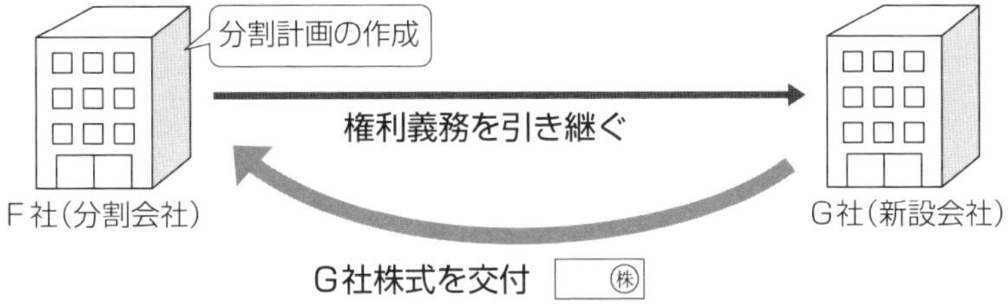


・吸収分割

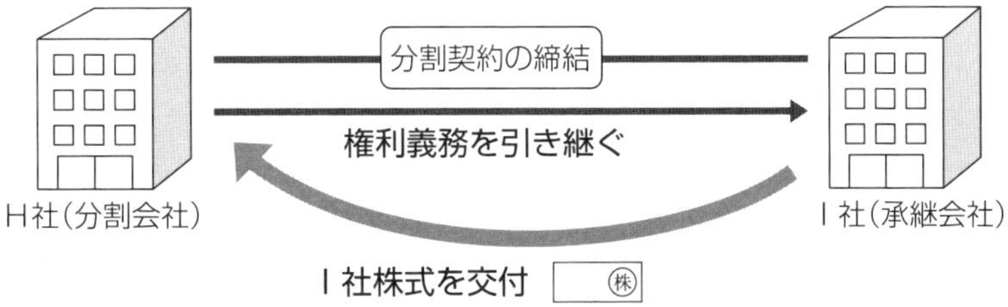

となります。承継会社は優良資産しか持っていませんので、投資や融資による資金を集めやすくなります。一方、分割会社は借入金と不良資産しかありませんので、破産や特別清算などにより清算することになります。承継会社は分割の適正な対価として分割会社に金銭等を支払い、残りを事業資金に回して事業を継続します。分割会社に残った債務は、分割の対価を原資として一定の弁済を受けることができる可能性があります。

## 会社分割のメリット

会社の１つの事業を別の会社に移転させる方法として会社分割を利用するメリットとしては、株式等を交付する場合は譲渡対価としての金銭の交付が不要であるという点があります。事業譲渡（195ページ）の場合、譲渡を受ける会社は対価として通常金銭を交付することになりますが、会社分割の場合、事業を承継する会社は株式などの財産を分割会社に交付します。金銭に限られない点で事業を譲り受ける会社にとって都合がよいことがあります。

また、事業譲渡との大きな違いは、会社組織を一括して売却するという形をとることができますので、許認可事業を継承する場合では承継会社が一部の例外を除いて許認可を取り直す必要がなくなる場合がある点などが挙げられます。事業譲渡は、譲渡先が個人でもかまいませんが、会社分割では、事業を承継するのは会社でなければなりません。会社分割は継承する対象や資産・負債を自由に決められる事業譲渡に比べて規制は強いかもしれませんが、現在では、会社分割を活用するケースも増えています。さらに、会社分割は、債務の承継にあたって、事業譲渡や現物出資と異なり、個々の債権者の承諾を得る必要がなく、現物出資の場合に要求されている検査役の調査も不要です。会社分割は、他の手法と比べて手続上のメリットがある場合もあるといえるでしょう。

# 10 分割契約書の作成や手続きについて知っておこう

会社分割契約書や会社分割計画書を作成する

## 承継先を見つけるには

吸収分割の場合に承継先を見つけるのは、合併のときなどと同様に骨の折れる仕事になります。経営者が自身の人脈で探す他、地元の商工会議所や取引銀行、専門の経営コンサルティング会社などに相談することも必要になる場合があります。

## 分割契約書を作成する必要がある

会社分割を行うためには、吸収分割の場合は会社分割契約書、新設分割の場合は会社分割計画書を作成する必要があります。合併契約書と同じく、これらには必ず記載しなければならない事項が会社法で決められています。吸収分割を行う場合の吸収分割契約書の法定記載事項は、以下のとおりです。１つでも記載漏れがあった場合は、会社分割は原則として法的に無効となりますので注意が必要です。

①　分割会社、承継会社の商号と住所

②　承継会社が分割会社から継承する資産・債務・雇用などの権利・義務に関する事項

③　分割により分割会社または承継会社の株式を承継会社に承継させる場合はそれに関する事項

④　継承の対価として株式・金銭等を支払う場合はそれに関する事項

⑤　承継会社が分割会社の新株予約権の新株予約権者に対して、その新株予約権に代わる承継会社の新株予約権を交付する場合はそれに関する事項

⑥　⑤の場合には、新株予約権者に対する承継会社の新株予約権の割

当に関する事項

⑦　効力発生日

⑧　吸収分割株式会社が効力発生日に全部取得条項付種類株式の取得や一定の剰余金の配当を行うときは、その旨

## 会社分割の手続きについて

会社分割契約書、会社分割計画書の策定後に、利害関係者の承認を得る必要があります。分割会社、承継会社は共に会社分割の効力が発生する前日までに株主総会の特別決議による承認を受けます。株主総会の開催にあたり、それらに関する資料を総会開催の２週間前から会社分割の効力が発生する日まで会社の本店に置き、株主や債権者が閲覧できるようにしておかなければなりません。取締役会や株主総会の終了後には議事録を作成します。

総会決議に反対する株主は保有する株式を会社に対して買い取るように請求できます。会社が、株主から、株式の買い取りを請求された場合、会社はこれを拒否することはできません。会社は適正な価格で株主から買い取りを行います。価格が折り合わない場合は、裁判所に金額を決めてもらうこともできます。

会社分割では、債権者の保護も必要です。会社分割によって不利益を被るおそれのある債権者は異議を申し立てることができます。会社は最低１か月の異議申立て期間を設定した上で、吸収分割の内容を公告します。債権者が特定できる場合は、直接通知します。異議申立て期間中に異議を述べなかった債権者は会社分割を承認したとみなされます。異議を申し立てた債権者には、不利益が生じるおそれがある場合には弁済や担保の差入れといった救済措置をとる必要があります。

会社分割では、従業員も承継の対象になりますので、従業員にも保護措置をとる必要があります。会社には、会社分割をする前の協議や転籍などの書面通知交付などが義務付けられている他、一定の従業員

には会社に対して分割への異議を申し立てる権利が与えられています。

## 最後に登記を申請する

吸収分割では、分割会社と承継会社の双方について変更登記を申請します。一方、新設分割では、分割会社について変更登記と、新しく設立する会社についての設立登記を申請します。

これらの登記の申請期間は、起算日から２週間以内（支店所在地では３週間以内）です。吸収分割の起算日は、当事者が契約で定めた日（分割の効力発生日）になります。新設分割の場合、必要な手続きがすべて終わった日または分割会社が定めた日のいずれか遅い日が起算日となり、その日から２週間以内（支店所在地では３週間以内）に登記を申請する必要があります。

### ■ 会社分割の手続き

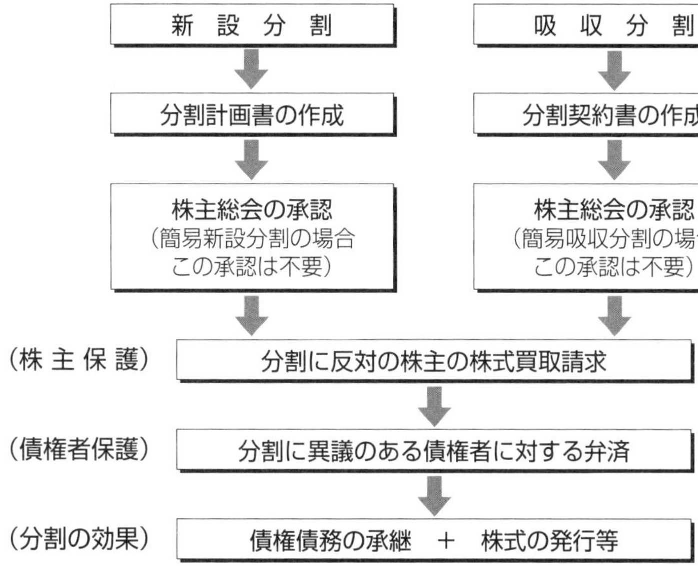

## 書式４　会社分割契約書

### 会社分割契約書

甲と乙は、甲を分割会社、乙を承継会社として、次のとおり会社分割契約（以下「本契約」）を締結する。

**第１条（分割により承継される事業）** 乙は、次の部門の事業全部を会社分割によって甲から承継する。

① ○○部門（事業内容　○○の仕入れ）

② ○○部門（事業内容　○○の製造・販売）

**第２条（分割新株の発行及び割当）** 乙は、分割に際して新たに普通株式○○株を発行する。

２　乙は、分割によって甲から承継する権利義務の対価として、甲に対して第１項の株式を割り当て交付する。

**第３条（分割後の資本金及び資本準備金の額）** 分割後の乙の資本金及び資本準備金の額は、次のとおりとする。

① 資本金　金○○○○万円（資本金の増加額○○○万円）

② 資本準備金　金○○○○万円（資本準備金の増加額○○○万円）

**第４条（承継される権利義務等）** 乙は、○○部門及び○○部門（第１条１項各号）に関連した資産、債務、契約上の地位等の権利義務を承継する。承継される権利義務の詳細は、別紙「承継する権利義務目録」記載のとおりとする。

２　乙は、甲から承継する債務につき、併存的に債務を引き受ける。

３　乙は、○○部門及び○○部門（第１条１項各号）に所属するすべての従業員についての雇用契約及び甲と当該従業員との間に存在するすべての権利義務を承継する。

**第５条（分割交付金）** 本契約においては、乙は分割交付金の支払いは行わないものとする。

**第６条（効力発生日）** 本契約の効力発生日は、令和○年○月○日とする。

**第７条（効力発生日の変更）** 甲及び乙は、必要があるときは、第６

条に定める効力発生日を変更することができる。
2　効力発生日の変更にあたっては甲と乙で協議を行うものとする。
**第８条（株主総会の承認）** 甲及び乙は、令和○年○月○日までに株主総会を開催して、本契約の承認を求めることとする。
**第９条（会社財産の管理等についての善管注意義務）** 甲及び乙は、本契約締結から効力発生日までの間、善良な管理者の注意をもって業務を執行すると共に、財産の管理を行う。
**第10条（契約の変更及び解除）** 本契約締結から効力発生までの間、次の事由が発生したときは、甲と乙は協議の上、本契約の条件を変更し、または本契約を解除することができる。
① 天災地変その他の事情により、甲または乙の財産に重要な変動が生じたとき
② 甲の財産に本契約の内容に適合しないものがあったとき
**第11条（協議事項）** 次のいずれかの事由が生じたときは、甲及び乙は誠意をもって協議し解決を図るものとする。
① 本契約に定めのない問題が発生したとき
② 本契約の解釈について、甲乙間で疑義が生じたとき
**第12条（合意管轄）** 本契約に関する訴訟については、○○地方裁判所をもって、第一審の専属的合意管轄裁判所とする。

本契約の内容及び成立を証明するため、本書を２通作成し、甲乙各１通を保有する。

令和○年○月○日

（甲）　○○県○○市○○町○○丁目○○番○○号
○○○○株式会社（分割会社）
代表取締役　○○○○　㊞
（乙）　○○県○○市○○町○○丁目○○番○○号
○○○○株式会社（承継会社）
代表取締役　○○○○　㊞

## 書式5　新設分割計画書

### 新設分割計画書

○○○○株式会社（以下「甲」）は、その事業の一部を、新たに設立する××××株式会社（以下「乙」）に承継させるため、会社分割を行うこととし、次のとおり計画する。

**第1条（分割により承継する事業）** 甲は、次の部門の事業全部を会社分割によって乙に承継する。

① ○○部門（事業内容　○○の仕入れ）

② ××部門（事業内容　××の製造）

**第2条（新会社に関する事項）** 乙の商号、目的、本店所在地、発行可能株式総数、その他定款で定める事項は、別紙「定款写し」のとおりである。

2　乙の設立時取締役は、次のとおりとする。

取締役　○○○○

取締役　××××

**第3条（分割に際して乙が発行する株式）** 乙は、本分割に際して、普通株式○○○株を発行する。

2　乙は、本分割によって甲から承継する権利義務の対価として、前項の株式を甲に割当交付する。

**第4条（新会社の資本金及び準備金等）** 乙の資本金及び資本準備金の額は、次のとおりである。

① 資本金の額　金○○○○円

② 資本準備金の額　金××××円

2　乙の利益準備金、資本剰余金、利益剰余金の額はいずれも零とする。

**第5条（承継する権利義務等）** 乙は、甲の○○部門及び××部門（第1条各号）に関連した資産、債務、契約上の地位等の権利義務を承継する。承継される権利義務の詳細は、別紙「承継する権利義務目録」記載のとおりである。

**2**　乙は、○○部門及び××部門（第1条各号）に所属する全従業員についての雇用契約及び甲と当該従業員との間に存在するすべての権利義務を承継する。

**第6条（分割交付金）** 本分割においては、乙は分割交付金の支払いを行わない。

**第7条（分割期日）** 本分割については、令和○年○○月○○日までに、必要な手続きを終了させ、新設分割による設立登記及び変更登記を申請する。

**2**　甲は、手続上の事由その他必要があるときは、前項の期日を変更することができる。

**第8条（競業避止義務）** 甲は、本分割の効力発生後、分割によって承継した○○部門及び××部門（第1条各号）と競合する事業を行わない。

**第9条（計画の変更等）** 天災地変その他の事由により、分割によって承継する事業（第1条）及びその事業に属する財産に重大な変動が生じたときは、甲は、本計画を変更し、または本分割を中止できる。

**2**　前項による計画の変更及び中止は、本計画が甲の株主総会で承認された時から分割期日の前日まで行うことができる

**第10条（本計画に規定のない事項）** 本計画に規定のない事項については、甲は、本分割の趣旨に従い、必要な事項を決定することができる。

上記計画の内容を証明するため、本書を作成する。

令和○年○○月○○日

（甲）　○○県○○市○○町○○丁目○○番○○号

○○○○株式会社

代表取締役　○○○○　㊞

# 11 再建型の倒産処理手続きについて知っておこう

## 私的整理・民事再生がよく利用されている

### 再建型手続きには３つある

ここでは、再建型の倒産手続きについて、①私的整理、②会社更生、③民事再生の順に簡単に見ていきましょう。

**① 私的整理**

法定の手続きに拘束されない私的整理は、もっとも頻繁に利用される方法です。費用を節約し、迅速に処理することができます。純粋な私的整理の手続きは、基本的には当事者間の取り決めに従えばよいだけなので、関係者の状況に応じた柔軟な対応が可能です。

**② 会社更生**

株式会社を対象として、裁判所や管財人の厳格な管理・監督の下で、企業の再建を図る制度です。2002年、法改正によって手続きが見直され、大企業などの倒産事件を迅速かつ円滑に処理できるようになりました。大企業の再建型の法的手続きとしては有効な制度といえます。他方、経営者は原則として会社から退陣させられてしまい、株主の権利がなくなるというマイナスの面も持ち合わせています。もう少し柔軟にできる再建型手続きとして、民事再生手続きが用意されています。

**③ 民事再生**

再建型倒産処理手続きです。債務者の事業を再生するために裁判所の監督の下で、債権者の権利行使を制約しつつ、再生計画の成立・遂行を図る手続きです。破産や会社更生とは異なり、原則として債務者が財産の管理処分権を持ったまま民事再生手続きを行っていきます。なお、民事再生は、株式会社以外の形態の会社でも、中小企業でも、また個人でもこの手続きを利用することができます。

民事再生は、債務者が「支払不能や債務超過に陥りそうなおそれがある場合」、つまり、破産一歩手前の状況にある場合に申し立てます。

なお、法人以外の個人を対象にした個人再生手続きもあります。個人再生手続きには、小規模個人再生、給与所得者等再生といった手続きがあります。小規模個人再生は、債務総額（住宅ローンなどを除いた無担保の借金）が5000万円を超えない個人が利用できます。

## 再建型の私的整理が一般的

私的整理は、再建目的（再建型）、清算目的（清算型）のどちらの目的でも利用することができます（227ページ図）。

再建型の場合、再建計画を策定して、計画を実行していくことになります。一方、清算型の場合、財産を換金して配当を実施していくことになります。どちらの場合も、債権者の同意を得ることが重要になることには変わりはありません。

もっとも、清算型の私的整理というのは実務上それほど行われておらず、債務者と債権者の話し合いによって債務を整理し、会社を建て直すことを目的とする再建型の私的整理が一般的といえます。

## 私的整理に関わる団体

私的整理には、「債務を個別に処理できる」といったメリットがある反面、裁判所の関与なしで手続きを進めることもあり、手続きが不明確といったデメリットもあります。そのため、中小企業再生支援協議会や事業再生実務家協会（事業再生ＡＤＲ）などの団体を通して私的整理を行う方法もあります。

再建型の私的整理として利用される基準や制度としては、事業再生ADR、中小企業再生支援協議会による私的整理手続きなどがあります。再建型の私的整理の場合、債権者らと秘密裏に交渉することで弁済期の先延ばしや債権放棄をしてもらうことになります。そのため、法的な倒産手続きと異なり、倒産に関する風評によって企業が被害を受けないというメリットがあります。事業再生ADRは、裁判外での自主的な紛争解決手続き（ADR）の一種である私的整理の手続きです。手続きにかかる期間としては、通常、４～５か月程度は必要です。

## 再建型の私的整理とはどのようなものなのか

再建型の私的整理には、様々なタイプ・規模のものがあります。最も規模が小さなものは、社長が銀行や取引先を訪問して交渉する程度のものです。事案が複雑になれば、弁護士が会社と債権者の間に入って調整を行う必要も出てきます。また大規模なものになれば、大手の金融機関や大企業などが主導権を握って、債権放棄やデットエクイティスワップ（債権者が会社にもっている債権を現物出資して、株式を取得する手法のこと。DESと記載することもある）などの手法を用いて私的整理を行う場合もあります。

法的整理と比較した場合、私的整理には①法的整理よりも柔軟な対応が可能、②法的整理と比べて、会社の信用低下のリスクが少ない、③商取引債権を対象から除外して事業の毀損を避けることができる、などの利点があります。

以上のような利点を持つ私的整理ですが、難点もあります。最大の難点は、債権者全員の同意を必要とすることです。非協力的な債権者が存在する場合には、手続きが長期化するおそれがあります。また、すべての債権者の同意が得られないと、法的整理に移行せざるを得なくなります。そうなると、費やした時間やお金がムダになります。

## どんな手続きをするのか

弁護士などの法律家が介入した私的整理は、一般的に、①計画案の検討、②債権者との交渉、③同意書の提出という流れで進みます。

### ①　計画案の検討

債権者と交渉する前提として、債権者に提示する再建計画の案を検討する必要があります。また、計画立案には、債務者の財政状態および今後のキャッシュフローの見通しの確認が必要です。債権者を説得するためには、公平性、合理性、実現可能性のある計画でなければなりません。

**② 債権者との交渉**

債権者との交渉では、債務整理に至った経緯や債務整理案を債権者に説明し、債権者の同意を得るために説得に努めます。各債権者との個別交渉の他、債権者説明会を開いて行う場合もあります。

**③ 債権者からの同意書の提出**

債務整理案に同意する債権者から、同意書を提出してもらう段階です。債権者の全員から同意書の提出があれば、債務整理案は成立し、後は債務整理案のとおりに配当や債務の弁済を行うことになります。なお、同意書を提出しない債権者がいる場合には、その債権者を私的整理から除外するか、民事再生など、法的整理の利用も検討しなければなりません。

### ■ 任意整理の分類

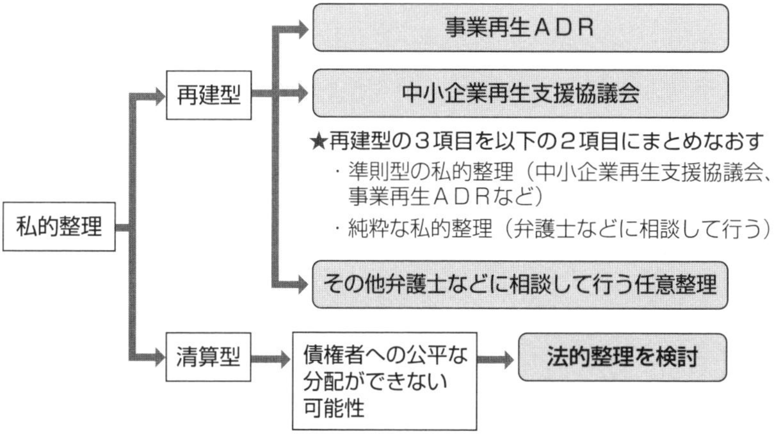

# 12 民事再生手続きについて知っておこう

申立権者、申立てのタイミングをつかむ

## 民事再生とは

民事再生は、原則として、債務者である会社の経営陣が業務執行や財産管理を続けながら、会社の再建を図る手続きです。具体的には、債権の支払いを引き伸ばしたり、一部をカットすることを債権者に認めてもらいます。株式会社のみが利用できる会社更生と異なり、民事再生は法人だけでなく、個人も利用することができます。ただし、一般には、法人がメインであり、個人事業者や個人は個人再生を利用する場合が多いでしょう。なお、再生手続きが開始すると、債務者は再生債務者、債権者は再生債権者となり、手続きの対象となる債権は再生債権と呼ばれるようになります。

## どんな特徴があるのか

まず、民事再生の適用対象は限定されていないという特徴があります。原則として現経営陣がそのまま手続きに関わることができるという点も、民事再生手続きの特徴です。破産や会社更生であれば、第三者によって手続きが進行しますが、民事再生では原則として現経営陣がそのまま会社に残ることができます。

また、再生債務者に対して担保権をもっている者は、民事再生とは関係なく担保権を実行できます。会社更生では担保権者は自由に担保権を実行することはできないので、この点は民事再生の特徴といえます。

破産の場合、取締役は会社の破産により会社財産の管理処分権を失うことになりますが、民事再生においては、原則として手続開始後も債務者である会社の経営陣が業務遂行と財産管理を行います。このような手続きをDIP（Debtor In Possession）型手続きといいます。

しかし、「既存の経営陣の悪質な経営によって会社の財産状況が悪化した」というような場合、民事再生においても管財人を選任することができます。管財人が選任されると、経営陣は業務遂行、財産管理をする権利を失い、会社の経営をすることができなくなります。また、管財人が選任されなくても、スポンサーの支援による事業再生の場合は、経営陣の交代を伴うのが通常です。

## 申立ての要件とは

申立てを行うことができるのは、債務者と債権者です（これらの者を申立権者といいます）。債務者の例としては、財産状態が危機に瀕している法人があります。一方、債権者の例としては、その法人に代金を払ってもらっていない取引先があります。債務者会社は、以下の２つの場合に民事再生の申立てができます（民事再生法21条）。

① 債務者に破産手続開始の原因となる事実が生ずるおそれがあるとき

② 債務者が事業の継続に著しい支障をきたすことなく弁済期にある債務を弁済することができないとき

①の例としては、会社が債務超過に陥るおそれがあるときで、②の例としては、本社ビルを売却すれば債務を弁済することができるが、本社ビルがなければ、営業を続けることができないときです。

債権者は、上記の①の場合にしか民事再生を申し立てることができません。②ができない理由は、②は会社の内情に通じた会社自身にしか判断することができないからです。

なお、民事再生の手続きは複雑で、専門家でなければ行うことは非常に困難ですから、弁護士などに依頼する必要があります。時間のかかる手続きですので、タイミングを失すると破産の申立てしかできないということにもなりかねません。したがって、経営陣は、会社の業務内容が悪化したときには、迅速に専門家に依頼する必要があります。

顧問弁護士や、会計監査をお願いしている公認会計士がいる場合には、会社の状況に詳しいでしょうから、相談してみるのがよいでしょう。

## 手続きの流れをおさえる

民事再生手続きは、債務者等から裁判所が申立てを受けて、裁判所が民事再生手続開始決定を下すことで始まります。

民事再生開始決定が下されると、債務者の資産の調査が行われます。また、債務者の負債を確定するために、債務者に対する債権の届出や調査などの手続きも行われます。

その後、再生計画案が作成されます。その再生計画案が債権者によって可決され、裁判所の認可を受けることで再生計画が正式に成立します。再生債務者は再生計画に沿って債務の弁済などを実行します。その後、再生にメドがついた場合などには、裁判所は再生計画の終結を決定します。

再生手続開始の申立てを行うには、裁判所に書面を提出する必要があります。申立書には、申立人の氏名・住所、再生債務者の氏名・住所、申立ての趣旨、再生手続開始の原因となる事実、再生債務者の財産状況などを記載します。

また、再生手続開始の申立書には、再生債務者が個人であればその住民票の写し、再生債務者が法人であれば定款と登記事項証明書、債権と担保権の内容を記載した債権者の一覧表、債務者の財産目録、再生債務者の貸借対照表及び損益計算書などを添付します。

民事再生の申立てをする際には、申立手数料と予納金を裁判所に納める必要があります。予納金の額は、再生債務者の状況を考慮して、各地方裁判所が定めています。

申立後の手続きの流れは図のようになります。手続きの開始にあたって、保全処分や監督委員の選任が行われます。

## ■ 民事再生の特徴

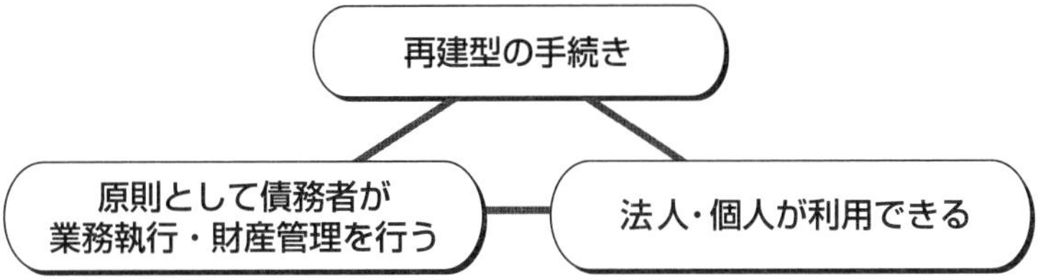


## ■ 手続きの全体像

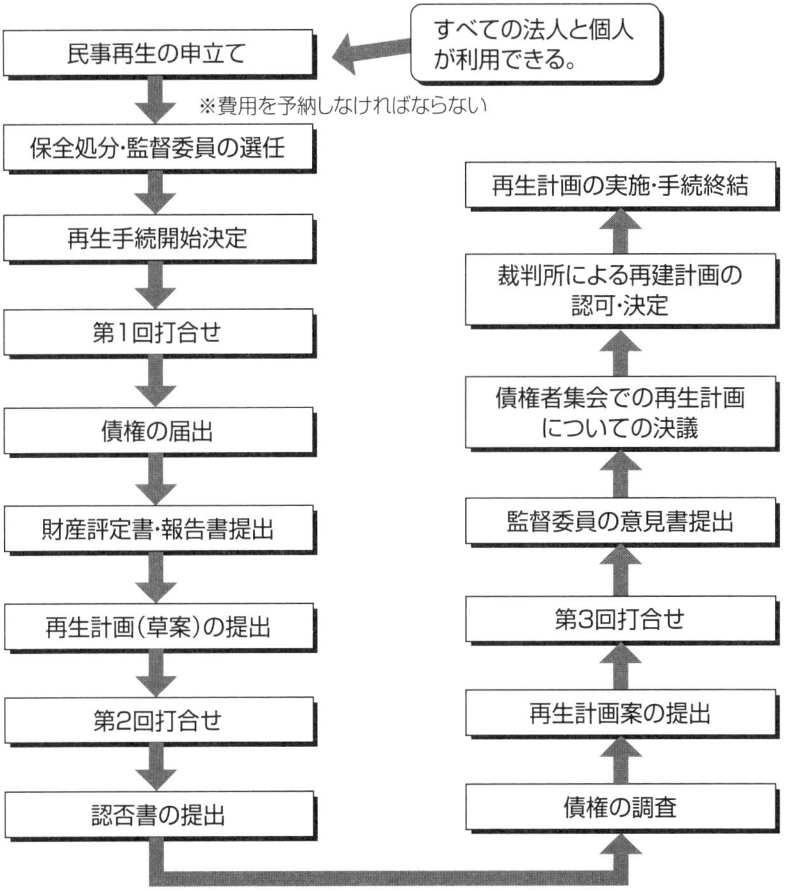

## Q 小規模な事業に関する個人再生手続きとはどのような手続きなのでしょうか。

**A** 個人再生は、通常の民事再生手続きに比べて簡略化された手続きです。また、監督委員や管財人をつけずに、申立人本人が中心となって手続きを進行していくため、予納金が低く抑えられています。手続きに異議のない債権者の意思表示を不要とするなど、債権者の負担についても軽減されています。事業を個人で営む者に関係する個人再生手続きとしては、小規模個人再生が挙げられます。以下では、小規模個人再生について見ていきましょう。

小規模個人再生とは、継続的または反復的に収入を得る見込みがあって、債務総額が5000万円を超えない個人が利用できます。

ここでいう債務総額は、住宅ローンなどを除いた無担保の借金をいいます。住宅ローンについては､別に住宅資金貸付債権（住宅ローン）に関する特則が設けられています。具体的には、個人が住宅ローンを抱えており、返済に窮するようになった場合でも、住宅ローンについては従来通り返済するか、返済スケジュールを組み直すなどしてローンの支払いを継続すれば一度手に入れた住宅を失わずに再生できるという制度を指します。

小規模個人再生では、３年間（特別な事情があれば５年間）で債務を弁済するのが原則です。また、再生計画の認可決定には、債権者の書面による決議が必要になります。

### ●会社員と個人事業主では利用方法が異なる

個人再生手続きについては、給与所得者等再生手続きも設けられています。

同じ個人向けの民事再生でも、小規模個人再生と給与所得者等再生を比較してみると､給与所得者等再生は､再生計画の認可決定にあたって、債権者の決議を必要としないので、債務者にとっては、再生計画を立てやすくなるというメリットがあります。これは、給与所得者の方が、個人事業主などに比べると、相対的に収入が安定しているとみなされているためです。

他方、小規模個人再生では、再生計画を認可決定する際に、債権者の書面決議を行います。再生計画等に同意しない旨を回答した債権者が債権者総数の半数に満たず、かつ、同意しない債権者の債権額の合計が債権額の合計の２分の１を超えないときに限り、再生計画等は可決されます。つまり、債権者の反対が多いと再生計画等は認可されません。もっとも、給与所得者再生の場合、再生計画における弁済総額が高くなる可能性が高いため、債権者の反対が予想されない場合は、会社員でも小規模個人再生の方が適切な場合が多いでしょう。

## ■ 個人民事再生手続きの流れ

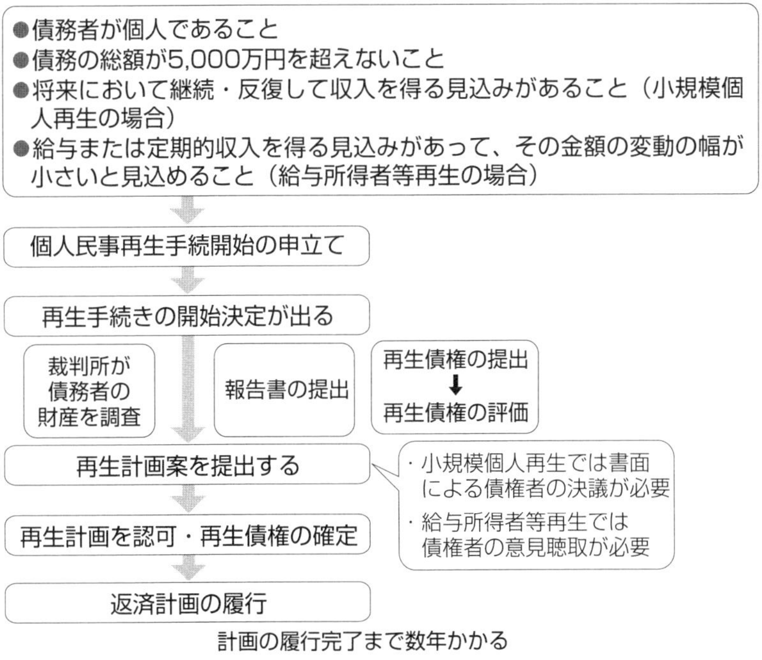

## Column

### 株式交付

株式交付とは、ある株式会社（株式交付親会社）が他の株式会社（株式交付子会社）を子会社にする目的で、株式交付子会社の株式を譲り受ける対価として、株式交付親会社の株式を交付することをいいます。令和元年の会社法改正で新たに導入された制度です。株式交付を行う際には、株式交付親会社は、株式交付計画を作成しなければなりません。株式交付計画には、株式交付子会社から譲り受ける株式の下限や対価に関する事項の他、申込期日、株式交付の効力発生日などを定めた上で、記載しなければなりません。

そして、これらの事項を記載した株式交付計画を開示した上で、株式交付子会社の株主に対して、株式の譲渡を募ります。株式交付に応じる株式交付子会社の株主は、株式の譲渡を株式交付親会社に申込み、申込みに対して、株式交付親会社は、株式交付親会社の株式について割り当てを行います。これによって、株式交付計画に記載した効力発生日において、株式交付親会社の株式の交付を受けた、株式交付子会社の株主は、株主交付親会社の株主になります。一方で、株式交付親会社は、株式交付子会社の株式を取得することができたため、株式交付親会社は、株式交付子会社を子会社化することに成功します。

なお、株式会社が他の株式会社を子会社化する方法としては、株式交換という方法（188ページ）もあります。株式交換では、株式交換完全子会社の株主は、原則として強制的に、株式交換完全親会社の株式買取請求に応じなければなりません。そのため、株式交換完全親会社は、株式交換完全子会社の株式すべてを取得することが可能なため、「完全な」子会社化が可能です。

これに対して、株式交付子会社の株主は、株式の譲渡に応じるか否かを選択することが可能であり、この点は、株式交換とは異なります。

# 第8章
# 事業承継の知識

# 1 事業承継で会社の株式を引き継ぐ

ヒト・モノ・カネのそれぞれに問題がある

## 事業承継で自社株式を引き継ぐ意味

事業承継とは、会社の今までのオーナーから次の世代の新オーナーに経営を引き継ぐことです。具体的には、創業者の保有する株式をその子どもに引き継ぐ場合などが挙げられます。

この際、気をつけなければならないことは、単に親から子へ自社株式が相続されるだけではないということです。事業継承とは、会社を引き継ぐことだからです。

会社は「ヒト」「モノ」「カネ」で成り立っています。事業承継を考える上では、「ヒト」は次の世代の新オーナー、「モノ」は株式、「カネ」は税金となります。この３つの要素をスムーズに引き継ぎ、あるいは処理し、会社が今までどおりに機能していくようにすることが大切です。

## 相続財産が自社株式だと何が問題なのか

相続財産が自社株式の場合には、他の株式や財産を相続するときと違った問題が起こります。典型的なケースは、①複数の法定相続人がいる場合、②相続税を納めるためのお金が必要になる場合の２つです。いずれも、単なる相続という側面だけでなく、事業承継という会社経営にも影響を及ぼすことから起こる問題です。

### ①　複数の法定相続人がいる場合

株式は会社の所有権そのものです。株式を所有する割合で会社の所有権の割合も変わります。ですから、事業を承継する場合、新オーナーが株式を集中して持つ必要があります。株式が分散しては、会社の迅速な意思決定に支障をきたし安定経営ができなくなるからです。

しかし、法定相続人が複数いる場合、新オーナー以外の相続人にも当然、財産を相続する権利があります。新オーナー以外の相続人の権利を無視することは明らかに違法です。自社株式は分散させたくない一方で新オーナー以外の相続人に相続させる財産がない、という場合に問題が起こります。

**② 相続税を納めるためにお金が必要になる場合**

相続財産が自社株式の場合でも、当然、相続税が課されます。その際相続財産が自社株式以外にほとんどない場合、相続税を払うために、相続した株式を売却してお金を作らなければならなくなるケースも起こり得ます。

しかし、事業承継という本当の目的のためには新オーナーが株式を保有し続ける必要があり、売却してしまっては本末転倒です。こういった場合に、相続税を納めるためのお金をどうやって調達すればよいのかという問題が起こります。

## どんなことが問題になるのか

事業承継という側面から見ますと、典型的なケースばかりでなく、「ヒト（次世代の新オーナー）」「モノ（株式）」「カネ（相続税）」のそれぞれで問題が起こり得ます。

**・ヒトについて**

誰を次世代の新オーナーにするか、という問題があります。

先の典型的なケースはいずれの場合も、新オーナーが旧オーナーの親族（子ども）で、相続によって事業承継することによって起こる問題でした。しかし、たとえば新オーナーを子ども以外の他人に任せ、株式の売買によって事業承継を行えば、典型的なケースのような問題は起こりません。新オーナーが株式を受け取る対価として、旧オーナー側には現金が入るからです。現金は分けることができますから、相続の際の財産の分割問題は起こりません。相続税の納付に必要なお金の工面に悩む必要もありません。

・モノについて

新オーナーにいかに円滑に株式を譲り渡すか、ということが大きな問題になります。譲り渡す方法には「相続」の他「生前贈与」「売買」など様々な方法がありますが、法的手続きも権利義務関係も違います。ですから、それぞれの利点・欠点を比較し、最もスムーズに譲渡できる方法を選択する必要があります。

なお、オーナーから子どもへの事業承継を税制の面から促進する「事業承継税制」の利用も検討すべきでしょう（244ページ）。

・カネについて

前項の２つの典型的なケースがそのまま、一番の問題となります。相続税対策と他の法定相続人への遺産相続です。

相続税対策には、自社内で手を打つことで軽減する方法と、法律で負担軽減制度を活用する方法の２通りあります。

自社内で手を打つ軽減対策には、①相続した株式を自社に売却する方法、②オーナーの死亡退職金を自社から支給させる方法、③会社が金融機関からお金を借り、そのお金をさらにオーナーの一族に貸し付ける方法、④会社の資産を売却する方法などが考えられます。しかし、いずれも会社のお金をオーナー一族の相続税の工面に使うという点で、会社にとっても従業員やその他の利害関係者にとっても決して推奨できる対策とはいえません。

また、少し苦労を必要としますが、相続する自社株の評価額を下げることによって相続税を抑えるという方法もあります。評価額を下げる方法には、株価を下げる方法と、株式数を減らす方法の２通りあります。相続する株式の評価額は「１株の株価×相続する株式の数」で算出するからです。株価を下げる方法としては、①配当金の減額、②不良資産の処分による含み損失の計上、③会社分割・合併などによる組織再編などが考えられます。また、株式数を減らす方法としては、①新オーナー以外への株式譲渡・売却、②従業員持ち株会など、会社関係者への売却、③自社への売却、④関連会社や得意先への売却などがあります。

一方、法律で決められた負担軽減制度を活用する方法においては、相続時精算課税制度、贈与税の納税猶予制度などの利用が考えられます。これらは、適用を受けるために様々な要件を満たす必要がありますが、積極的に活用すべきです。

## ■ 相続財産が自社株の場合の問題点

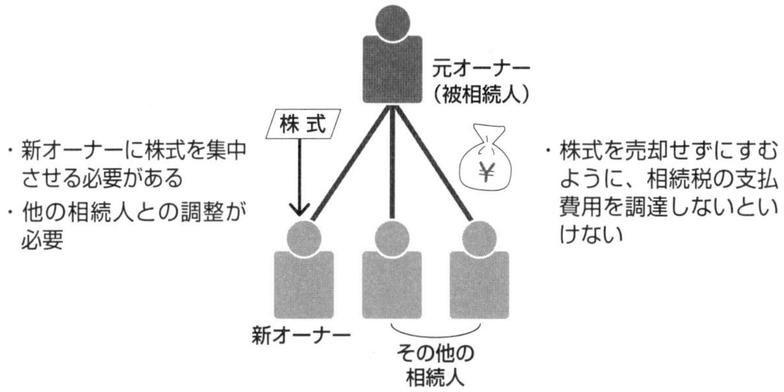


## ■ 事業承継で問題になること

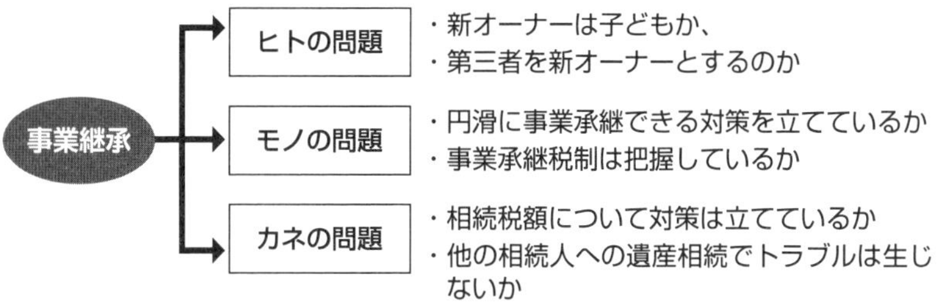

# 2 生前贈与の活用と贈与による事業承継

生前贈与には相続税対策としての効果がある

## 生前贈与には相続税の節税効果がある

中小企業経営者が会社の自社株の大半を所有している場合、事業承継の際には、後継者に対する自社株の贈与や相続が発生し、贈与税や相続税の対象となります。

贈与税は、個人から財産を譲り受けた人が負担する税金で、通常は１月１日から12月31日までの１年間に贈与を受けた財産の合計額から、基礎控除の110万円を差し引いた残りを課税価格として課税する国税です。贈与税は、原則として暦年単位で課税されます。この課税方法を暦年課税制度といいます。

生前贈与とは、自分の生きているうち（生前）に、配偶者や子どもなどに財産を贈与することです。

生前贈与には相続税対策としての効果があります。相続税の節税のポイントは、贈与税の負担をいかに最小限に抑え、財産を移転するかにかかっています。その基本となるのは、年間１人あたり110万円の贈与税の基礎控除の積極活用です。毎年110万円の贈与をしたとしても金額が少なすぎて効果がないように思えますが、仮に、配偶者と子ども２人の３人に対して、110万円ずつ10年間にわたって贈与したとすれば、無税で3,300万円までの贈与が可能となります。

ただし、このような連続した贈与（「連年贈与」といいます）は「定期贈与」とみなされる可能性がありますので注意が必要です。毎年110万円ずつ親族のひとりに贈与した場合、税務当局は「向こう10年間にわたり合計1,100万円を贈与するという権利を最初の年に贈与した」とみなし、その評価額を課税対象とし、高額の贈与税を課税する場合があります。

税務当局から定期贈与と疑われないためには、贈与人及び譲受人において、定期に支払いを行うものではないことを双方で認識を明確にした上で、贈与するごとに贈与契約を結ぶなどの対応をしていく必要があります。

## 生前贈与加算に注意

相続により財産をもらった人が、被相続人からその相続開始前３年以内に贈与を受けた財産がある場合には、贈与を受けた財産の贈与時の価額を受贈者の相続税の課税価格に加算しなければなりません。これを生前贈与の加算といいます。その際、その加算された財産に課されていた贈与税の額は、加算された人の相続税の計算上控除されることとなりますので、二重課税にはなりません。

この制度は、相続が近くなってから生前贈与を行うような、過度な節税を防止するためのものです。対象になれば生前贈与による節税効果はなくなりますので、生前贈与を行う場合には早い時期から計画的に進めることが重要です。また、孫への生前贈与など条件によっては加算の対象にならない相手もいますので、そういった点を利用した対策も考えられます。

## 生前贈与により相続財産を減少させる

事業承継にあたって自社株を移動する場合、最もポピュラーな手法は贈与による移動です。いつ起こるか分からない相続と違って、旧オーナーが自分の意志で、タイミングを見計らって承継を行うことができます。また、相続財産を減少させておくことで相続税を抑える効果があります。

ただし、贈与税には年度ごとに110万円の非課税枠があるため、この範囲内で行おうとすると自社株の移動に時間を要する点には注意が必要です。

もちろん、贈与税を払ってでも贈与するメリットがある場合は基礎控除を超えて贈与してもかまいません。事業承継という面で考えると、仮に相続税の方が安いとしても、相続後にトラブルが生じることの方が心配です（237ページ）。このようなときは、贈与税が少しばかり高くついても、生前に問題を解決してしまう方がよいこともあるでしょう。

## 株式の評価額上昇による相続税の増加を抑えられる

自社株式の評価額が上昇する要因として、利益の増加、配当の増加、類似業種の上場株式の株価上昇、会社所有の不動産・有価証券の価格上昇等があります。将来に向けて会社がますます成長を続け、さらに上場株や土地の価格も上昇に転じれば、自社株式の評価額も何倍・何十倍と跳ね上がり、将来の相続時には多額の相続税が課されることが予想されます。そうなる前の早い時期に自社株を贈与しておくことで、相続税を抑える効果が期待できます。

この点、現金等のように将来においても価値の増加しない財産よりも、将来価値の増加が見込まれるものの贈与を先に行った方が、相続税の節税メリットは格段に大きくなるといえるのです。

## 自社株贈与ではどんな点に注意が必要か

贈与税対策の基本は、贈与する相手を多くし、少額を贈与することが原則とされています。しかし、株式をどんどん分散していくと会社の経営に関係しない人も株主になり、会社の安定的な経営などの観点から何かと問題が生じやすくなりますので、自社株の贈与にはこの原則があてはまりません。

## 手続きをしっかりしないと贈与が否認されることもある

自社株の贈与手続きを確実にしておかないと、贈与として認められない可能性もあります。対策として、①贈与契約書を２通作成し、贈与した者と贈与を受けた者がそれぞれ１通ずつ保管すること、②株式の譲渡制限のある会社の場合には、贈与についても株式の譲渡承認が必要ですので、贈与する人が会社に対して譲渡承認申請をすることの２点を忘れないでください。

## ■ 暦年贈与課税制度

**贈与税** ＝ （1月1日から12月31日までの１年間に贈与を受けた財産の合計額 − 基礎控除額（110万円）） × **贈与税率**

**生前贈与の加算**

相続開始前3年以内に贈与を受けた財産を、贈与を受けた人の相続税の課税価格に加算すること

## ■ 事業承継にあたって生前贈与をする場合のメリット・注意点

**生前贈与のメリット**

・相続財産を減少させることができる
・株式の評価額の上昇に伴う相続税の増加を抑えることができる

**生前贈与の注意点**

自社株の生前贈与の場合は、贈与する相手を限定し、自社株の分散を避けること

※暦年課税で課税する場合を想定

# 3 相続税と贈与税の納税猶予特例について知っておこう

オーナー企業の事業承継を円滑に行うための特別な措置

## 事業承継税制とは

急速な高齢化が進む中、中小企業が代替わりによって経営困難に陥るケースが起こるようになりました。そのため、健全な中小企業を保護し経済を活性化する目的で、事業承継をスムーズにするための「事業承継税制」が創設されました。具体的には、相続税と贈与税の納税猶予特例があります。納税猶予特例には、一般措置と特例措置があり、いずれかが適用できます。特例措置とは、平成30年度税制改正により創設された平成30年1月1日から令和9年3月31日までの相続・贈与の10年間限定の制度です。

## 法人版の相続税の納税猶予特例とは

非上場会社の後継者（新オーナー）が相続等によってその会社の株式等を取得した場合、一定の要件を満たすと、取得した株式等に対する相続税のうち、一般措置では80％、特例措置では100％が納税を猶予されます。

支払いを猶予される株式数は、後継者である相続人がすでに保有している株式を含めて、一般措置では総議決権数の３分の２まで、特例措置では全株式です。

## どんな要件が必要なのか

相続税の納税猶予特例を利用するには、主に下のような要件があります。相続開始の日から８か月以内に都道府県知事に申請を行い、要件を満たしていることについて認定を受ける必要があります。なお、後継者にとって特例措置を利用する方が通常はメリットが大きいため、以降では特例措置を中心に説明します。

**①　会社の要件**

・非上場会社であり、資産管理会社や風俗営業会社にあたらないこと

**②　相続人（新オーナー）の要件**

・相続開始の直前において、会社の役員であること

・相続開始の日から５か月後に会社の代表権を有すること

・相続開始の時において新オーナーとその同族関係者とで総議決権数の50％超を有すること

・新オーナーが１人の場合には、新オーナーとその同族関係者の中で筆頭株主であること。新オーナーが２人または３人の場合には、総議決権数の10％以上を有し、新オーナーとその同族関係者の中で最も多くの議決権数を有すること（一般措置では、１人の後継者しか認められていません）。

**③　被相続人（旧オーナー）の要件**

・会社の代表権を有していたこと

・相続開始の直前において旧オーナーとその同族関係者とで総議決権数の50％超を有し、その中で旧オーナーが筆頭株主であったこと

**④　特例承継計画の策定（特例措置のみ）**

特例措置を受ける場合には、会社の後継者や承継時までの経営見通し等を記載した「特例承継計画」を策定し、認定経営革新等支援機関（税理士、商工会、商工会議所等）の所見を記載した上で、平成30年４月１日から令和５年３月31日までに都道府県知事に提出する必要があります。

また、その他の手続きとして、相続税の申告期限（相続開始の日の翌日から10か月以内）までに、納税猶予の特例を受けることを記した納税申告書などの必要書類を、所轄の税務署に提出する必要があります。さらに、猶予を受けるための担保も提出しなければなりません。

担保は、猶予される納税額とその利子税に相当する金額分となります。ただし、特例の適用を受ける非上場株式のすべてを担保として提供すれば、別の担保は必要ありません。

## 猶予を受けた後に注意すべき点

相続税の納税猶予の特例を受けたからといって、その後は何もしなくてよいわけではありません。特例は、あくまで納税の「猶予」ですから、猶予の継続には一定の要件を満たす必要があり、相続税の申告期限の翌日から５年間とそれ以降とで違います。

まず、相続税の申告期限の翌日から５年間は、「経営承継期間」と呼ばれる期間になります。この５年間における猶予のための要件としては次ページ図のようなものがあります。

新オーナーは、これら要件を満たしていることを証明するために、１年ごとに税務署に「継続届出書」、都道府県知事に「事業継続報告書」をそれぞれ提出しなければなりません。

５年間の「経営承継期間」以降は、「株式保有期間」と呼ばれます。納税猶予のために必要な要件は、最初の５年間よりも緩くなりますが、株式の保有継続などの要件は満たす必要があります。また、所轄の税務署へ３年ごとに「継続届出書」を提出しなければなりません。

納税猶予のための要件を満たせなくなったり、税務署や都道府県知事に必要書類の提出を怠った場合には、猶予が打ち切られ、猶予されていた相続税の全部または一部と、申告期限の翌日から納税猶予を受けた日までの利子（税）が徴収されることになります。

一方、新しいオーナーが死亡した場合、経営承継期間経過後に会社の破産手続開始の決定があった場合、また特例措置として経営承継期間経過後に事業の継続が困難な一定の事由が生じて、会社について譲渡・解散が生じた場合などには、相続税納付の「免除申請書」か「免除届出書」を税務署に提出することによって、納税が全部または一部、免除されます。

## 法人版の贈与税の納税猶予特例とは

オーナー企業のオーナーが、長男に会社を継がせるために自分の保有する株式を長男に贈与するということはよくあることです。この場合、贈与には贈与税がかかりますので、長男は、譲り受けた株式の価値に応じた贈与税を、金銭もしくは株式そのものの一部により納めなければなりません。しかし、株式で相続税を支払うということになりますと、長男に会社を継がせるという、贈与の本来の目的が実現できなくなってしまいます。

そこで、会社の後継者が、経営者から非上場株式を一括して受贈した場合、後継者がその事業を継続するといった一定の条件を満たせば、その非上場株式に課せられる贈与税の全額の納税が猶予される特例が設けられています。

### ■ 5年間納付猶予を受けるための要件

1. 後継者である新オーナーが代表者であり続けること
2. 常時雇用者の8割以上の雇用を維持すること(特例措置の場合には、一定の要件を満たせば8割未満の場合でも猶予の継続が可能)
3. 新オーナーと同族関係者とで総議決権の50%を超える決議権を持ち続けていること
4. 新オーナーが同族内で筆頭株主であり続けること。新オーナーが複数(2人または3人)の場合には、さらに総議決権数の10%以上を有していること(一般措置では10%基準の適用はなし)
5. 会社の収入金額がゼロでないこと
6. 従業員が1人以上いること
7. 会社が資産保有型や資産運用型会社に該当しないこと(例外あり)

贈与税の納税猶予特例を受ける要件は、245ページで説明した相続税の納税猶予特例の①会社の要件、②の新オーナーの議決権数の要件、③旧オーナーの要件、④特例承継計画の策定についてはほぼ同じで、それ以外の要件として次のものがあります。

・贈与時において、新オーナー（受贈者）が20歳以上（令和４年４月１日以降は18歳以上）であり、会社の代表権を有していること
・新オーナーが役員の就任から３年以上を経過していること
・旧オーナー（贈与者）が、贈与時において代表権を有していないこと

この特例の適用を受けるためには、贈与を実行した年の翌年の１月15日までに都道府県知事に申請書を提出し、認定を受ける必要があります。また、期限までに贈与税の申告を行い、併せて納税猶予額及び利子税に見合う担保を提供します。なお、贈与を受けた株式を担保とすることもできます。

## 猶予を受けた後に注意すべき点

贈与税の納税猶予の特例を受けたら、その後５年間は、「経営継承期間」と呼ばれる期間になります。この５年の間は、納税を猶予されるための数々の要件を満たさなければなりません。

主な要件は、相続税の場合とほぼ同様です。

受贈者は、これらを証明するために、１年ごとに税務署に「継続届出書」、都道府県知事に「事業継続報告書」を提出しなければなりません。さらに、この５年間を経過した後も、納税猶予のために一定の要件を満たし続ける必要があります。税務署へは３年ごとに「継続届出書」を提出しなければなりません。

## 全部または一部の免除

次のような事態が起こった場合、贈与税が全部または一部免除されます。

・贈与者が死亡した場合
・贈与者の死亡前に受贈者が死亡した場合
・経営継承期間経過後に会社で破産手続開始の決定などがあった場合
・経営承継期間の経過後に事業の継続が困難な一定の事由が生じて、会社について譲渡・解散した場合（特例措置のみ）

## 個人版事業承継税制

令和元年度税制改正により、青色申告を行っている個人事業者に対しても、事業承継税制が創設されました。これは、令和10年12月31日までに行われる相続または贈与等について、後継者が平成31年４月１日から５年以内に都道府県知事に「個人事業承継計画」を提出するなど一定の要件を満たせば、事業用資産の相続税または贈与税が猶予されるという制度です。

### ■ 法人版事業承継税制の一般措置と特例措置

| | 一般措置 | 特例措置 |
|---|---|---|
| 対象株式数 | 発行済み株式数の３分の２まで | 全株式 |
| 納税猶予割合 | 80%（贈与の場合は100%） | 100% |
| 後継者の人数 | １人のみ | ３人まで |
| 雇用確保要件 | 承継後５年間平均８割の雇用維持が必要 | 雇用維持８割が未達でも猶予は継続（理由報告が必要。指導助言を受ける場合もある） |
| 事前の計画策定 | 不要 | 特例承継計画の提出が必要平成30年４月１日から令和５年３月31日まで |
| 適用期限 | なし | 平成30年１月１日から令和９年12月31日まで |

# 4 納税資金が不足する場合の対策

自社株式は、譲渡制限がなければ原則として物納できる

## 発行会社に譲渡して納税資金を調達する

オーナー会社で相続が発生したときに、持株を発行会社に売却することで資金調達を行うケースが少なくありません。被相続人が所有していた財産の大半が自社の持株というケースでは、換金性の低い非上場株式の譲渡先を発行会社とすることで、納税資金を調達することが会社の支配権維持の観点からも都合がよいからです。

通常、個人が非上場株式をその発行会社に売却した場合「みなし配当課税」が生じ、所得税と住民税合わせて最高55%もの高率で課税されます。しかし、それが相続により取得した非上場株式である場合には、相続税の申告期限から３年以内であれば、譲渡益全体について譲渡益課税20%（所得税15%・住民税５%）が適用されます。いわゆる金庫株の活用です。

さらに、相続により取得した自社株式を金庫株として取得してもらう場合に、「相続財産を譲渡した場合の取得費加算の特例」を使うことができます。この特例は、相続税の申告期限から３年以内に株式を他者に譲渡した場合、相続税額のうちの一定の金額を譲渡した自社株式の取得費に加算できる制度です。取得費が増えるわけですから、その分、納税額が減ることになり、有利に納税資金の確保ができます。

この特例を受けるための手続きとして、譲渡所得の確定申告書に、相続税の申告書の写しや計算明細書など一定の書類を添付して提出する必要があります。

## 自社株式は物納できる

相続税については、延納によっても金銭での納付が困難と認められる場合には物納が認められています。譲渡制限株式でない限りは、非上場株式も物納できます。

前述のように、相続により取得した自社株を発行会社に売却した場合は譲渡益課税の対象として20%が課税されます、一方、物納による資産譲渡は非課税として扱われます。よって、売却より物納の方が、税負担という観点からは有利です。

また、物納した株式を、後に会社が買い戻すことも可能です。物納された資産は国が競争入札により売却することになるため、株式が第三者の手に渡ってしまう可能性があります。それを防ぐためにも会社自身が買受資金を用意して買い戻すことが必要です。会社が買い取る際の価額は買取時の評価額になるので、物納後に株式の評価額を下げる対策をしておくことで、物納時より低い価額で株式を買い戻せるケースもあります。物納できる財産には優先順位が付けられています。非上場株式は第２順位にあたり、不動産や国債証券といった第１順位にあたる資産に適当なものがない場合に限って、物納に充てることができます。

### 非上場株式のみなし配当課税の特例

**相続または遺贈により取得した非上場株式を譲渡した場合、一定の要件を満たせば、みなし配当課税とせず、譲渡所得課税とされる**

**適用要件**

相続等により取得した非上場株式を、同日以後３年10か月以内に、その発行会社に譲渡すること

※相続税額の取得費加算特例も適用できる

# 5 相続によらない事業承継

自社株を売買するのも事業承継の効果的な方法である

## 株式を売買するのも事業承継の効果的な方法である

事業承継対策として株式を贈与すると、贈与した人の財産から株式がなくなります。

しかし、株式を売却した場合には売買の対価として他の財産が増えますので、財産の合計額は全く同じです。「それなら株式の売買効果はないのではないか」と思う人もいるでしょうが、売却時は財産価額が同じでも、自社株評価が今後上昇すると予測されるのであれば、早く売却しておいた方が有利です。

したがって、会社の中長期的な計画との関わりあいで、株価もある程度の予測も可能ですので、株価の低い時期に売買すれば効果があるといえます。贈与ほど直接的ではありませんが、立派な事業承継対策になります。しかし、贈与では贈与を受ける人に資力は不要ですが、売買では買う人に資金が必要です。

## 親子間売買はどんな点に注意が必要か

一般的に、親子間で自社株を売買するのは、相続税対策のため親が持っている自社株を子どもに売却するというケースです。

親子間で売買するのであれば他人に売るわけではないので、なるべく安い値段で売りたいと思うのが人情です。なぜなら売った親の譲渡所得に対する所得税が安くなり、子どもの方でも買取資金が少なくてすむからです。

売る側の譲渡所得に対する所得税の計算ではそれで問題ないのですが、時価以下で売買した場合、買う子どもの方には経済的利益が生じますので、その利益に対して贈与税が課税されます。

自社株の生前贈与が節税対策になるというのはどういうことなのかといいますと、「事業承継税制における納税猶予制度」を活用できるということです。非上場のオーナー企業が、たとえば自分の子どもなど次世代の新オーナーに、円滑に事業を承継できるようにする制度です。

非上場企業のオーナーが法定相続人のうちのひとりに自社の株式を贈与する場合、一定の要件を満たせば発行済株式の３分の２または全株式に関して、贈与税の納付が猶予されます（247 ～ 249ページ）。

ただ、これはあくまで、後継ぎを探すのが難しい中小企業の現状を考慮して、税制の面から支援することを目的とした制度です。したがって、制度の適用を受けるためにはいろいろな要件を満たす必要がありますし、制度の適用を受けた後でもいろいろな要件を満たし、税務署などに対して書類を提出するといった義務を果たさなければなりません。たとえば、納税猶予制度の適用を受けるためには、制度を受けることができる会社の要件、相続人の要件、被相続人の要件などをクリアする必要があります。

## ■ 相続によらない事業承継

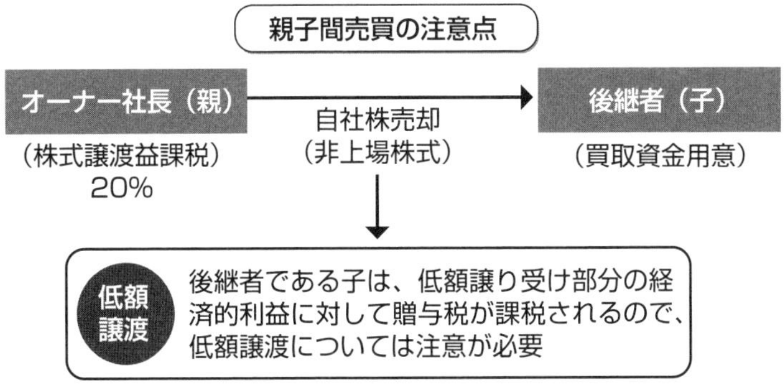

## Column

### 中小企業倒産防止共済って何？

企業が倒産するきっかけのひとつに、「取引先が倒産してしまい、売掛金が回収できなくなったために、資金繰りが立ち行かなくなった」という場合があります。いわゆる連鎖倒産です。

「倒産するような会社を信用して掛け売りをするなんて、経営判断が甘いから連鎖倒産するんだ」と思う人もいるでしょう。ただ、業績には問題がなくても、突然の自然災害や火災、経営者の急死など、予測できない事態が起きて取引先が倒産してしまうこともあり得ます。そこで、独立行政法人中小企業基盤整備機構（中小機構）では、このような事態に備えるものとして、中小企業倒産防止共済（経営セーフティ共済）という制度を設けています。

経営セーフティ共済に加入できるのは、たとえば製造業・建設業・運送業その他であれば資本金等の額が３億円以下、従業員数が300人以下などのように、業種ごとに定められた資本金等の額と従業員数の条件に合致する中小企業のうち、引き続き１年以上事業を行っている業者です。月額5000円から20万円の範囲内で掛け金を支払うと、取引先事業者が倒産して売掛金債権等が回収困難となったときに、「無担保・無保証人」「無利子」で共済金の貸付けを受けることができます（ただし、共済金の貸付けを受けると、貸付金額の10％が積み立てている掛金金額から控除されます）。

貸付けを受けることができる金額は、①回収困難となった売掛金債権等の額、②掛金総額の10倍に相当する額（最高8000万円）のいずれか少ないほうを上限とする額です。

償還の期間や方法は貸付額によって違いますが、たとえば5000万円未満であれば５年間の54回均等分割償還、6500万円以上8000万円以下であれば７年間の78回均等分割償還となっています。

なお、経営セーフティ共済の掛金は税法上の損金または必要経費として算定できますので、節税としての効果も得られます。もしものときの備えとして、加入を検討してみるとよいでしょう。

## 【監修者紹介】

### 武田　守（たけだ　まもる）

1974年生まれ。東京都出身。公認会計士。
慶應義塾大学卒業後、中央青山監査法人、太陽ASG有限責任監査法人（現太陽有限責任監査法人）、東証１部上場会社勤務等を経て、現在は武田公認会計士事務所代表。
監査法人では金融商品取引法監査、会社法監査の他、株式上場準備会社向けのIPOコンサルティング業務、上場会社等では税金計算・申告実務に従事。
会社の決算業務の流れを、監査などの会社外部の視点と、会社組織としての会社内部の視点という２つの側面から経験しているため、財務会計や税務に関する専門的なアドバイスだけでなく、これらを取り巻く決算体制の構築や経営管理のための実務に有用なサービスを提供している。
著作として『株式上場準備の実務』（中央経済社、共著）、『入門図解　会社の税金【法人税・消費税】しくみと手続き』『不動産税金【売買・賃貸・相続】の知識』『入門図解　消費税のしくみと申告書の書き方』（小社刊）がある。

### 松岡　慶子（まつおか　けいこ）

認定司法書士。大阪府出身。神戸大学発達科学部卒業。専攻は臨床心理学。
音楽ライターとして産経新聞やミュージック・マガジン、クロスビート、ＣＤジャーナルなどの音楽専門誌等に執筆経験がある。2013年４月司法書士登録。大阪司法書士会会員、簡裁訴訟代理関係業務認定。大阪市内の司法書士法人で、債務整理、訴訟業務、相続業務に従事した後、2016年に「はる司法書士事務所」を開設。日々依頼者の方にとって最も利益となる方法を模索し、問題解決に向けて全力でサポートしている。
監修書に『図解で早わかり　商業登記のしくみ』『図解で早わかり　不動産登記のしくみと手続き』『福祉起業家のためのNPO、一般社団法人、社会福祉法人のしくみと設立登記・運営マニュアル』『入門図解　任意売却と債務整理のしくみと手続き』『最新　不動産業界の法務対策』『最新　金銭貸借・クレジット・ローン・保証の法律とトラブル解決法128』『図解　土地・建物の法律と手続き』『入門図解　内容証明郵便・公正証書・支払督促の手続きと書式サンプル50』『入門図解　相続・遺言・遺産分割の法律と手続き　実践文例82』『財産管理【信託・成年後見・遺言】の法律知識と活用法』（いずれも小社刊）がある。

はる司法書士事務所
大阪府大阪市中央区平野町3-1-7　日宝平野町セントラルビル605号
電話：06-6226-7906
mail　harulegal@gmail.com　　http://harusouzoku.com

## 編集協力

### 望月慎之助（もちづき　しんのすけ）

1980 年生まれ。神奈川県出身。認定司法書士（神奈川県司法書士会所属）。東京都立大学法学部法律学科卒業。神奈川大学大学院法務研究科卒業。都内司法書士事務所勤務・退職の後、司法書士もちづき法務事務所を開設（2017年８月）。

### 森島大吾（もりしま　だいご）

1986年生まれ。社会保険労務士、中小企業診断士。三重大学大学院卒業。観光業などで人事労務に従事後、介護施設で人事労務から経営企画、経理まで幅広い業務に従事する。2020年１月に「いちい経営事務所」を開設。

# 事業者必携
# 入門図解　会社の終わらせ方・譲り方
# 【解散清算・事業承継・M＆A】の法律と手続き
# 実践マニュアル


2020年4月30日　第１刷発行

2024年1月30日　第２刷発行

監修者　武《たけ》田《だ》守《まもる》　松《まつ》岡《おか》慶《けい》子《こ》

発行者　前田俊秀

発行所　株式会社三修社

〒150-0001　東京都渋谷区神宮前2-2-22

TEL　03-3405-4511　FAX　03-3405-4522

振替　00190-9-72758

https://www.sanshusha.co.jp

編集担当　北村英治

印刷所　萩原印刷株式会社

製本所　牧製本印刷株式会社





ISBN978-4-384-04841-4 C2032